FIRST EMPIRE OF FRANCE

李宏图 郑春生 何品 著

拿破仑帝国

法 兰 西 热 血 荣 光

中国国际广播出版社

青年时的拿破仑

近卫军

拿破仑出征

拿破仑第一任皇后约瑟芬

拿破仑第二任皇后玛丽·路易丝

拿破仑和孩子在一起

拿破仑加冕为皇帝

拿破仑帝国的大炮

荣誉军团项链

滑铁卢战场纪念碑

拿破仑的宝座

拿破仑的怀表

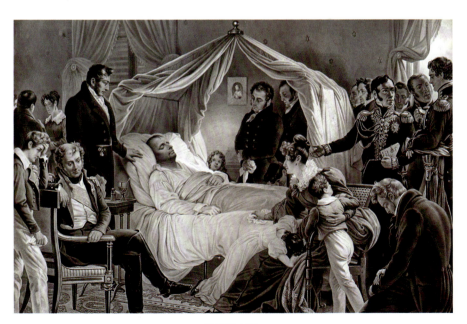

拿破仑之死

宫廷灶台

拿破仑灵柩迁回法国纪念章

前　言

司汤达在他的《拿破仑传》（1837）中说："的确，他是从恺撒以来世界上曾经出现过的最伟大的人物……是从亚历山大以来最令人震惊的人物之一。"同样的赞誉还有"世纪的巨人""法国革命的体现者""拿破仑大帝""战争之神"等。当然，也有人斥之为"暴君""科西嘉岛吃人的妖魔""篡位者""法国革命的扼杀者"等。无论崇扬还是诟骂，都无法否认，正是拿破仑·波拿巴这一位没落贵族子弟，普普通通的科西嘉岛民，建立起了庞大的法兰西帝国，曾叱咤欧洲，震撼世界，并以其不朽的业绩载入史册。

1821年，拿破仑在去世前这样说道："我是一位新普罗米修斯，我被钉在悬崖绝壁的一块大石头上，一只秃鹫啄食我身上的肉。是的，我曾从天上窃了火种，作为一份礼物，奉献给法兰西；火种已经上升到原来的地方，我却一直被钉在这里！爱光荣如同撒旦横架在混沌上面的一座桥，使地狱能通往天堂。光荣把被无边无际深渊隔开的过去和将来联结起来了。我无物遗留给我的儿子，我只有把我的威名留给他。"的确，作为一代名将、军事天才，他在无数次征战中创造了传奇般的辉煌，留下了光荣与威名。

1793年围攻土伦时，作为法军炮兵副指挥的拿破仑就表现出了卓越的指挥才能和惊人的勇敢精神。1794年1月14日，年仅24岁的他就被破格提升为炮兵准将。1796年3月，26岁的拿破仑就被任命为意大利军团司令，开始了他独立指挥作战的军事生涯。从此以后，拿破仑如鱼得水，尽展才华，连创奇迹。在皮埃蒙特之战中，他集中兵力，各个击破，击败了居于优势地位的奥撒联军，创造了军事史上以弱胜强、以寡胜众的卓越典范；在洛迪战役中，他大胆实施迂回机动，广泛采用欺骗手段，积极调动敌人，努力造成敌人过失，抢占米兰，粉碎了奥地利人在伦巴底的统治；在卡斯奇里恩之战中，他不以攻陷城池为满足，而以歼灭敌人的有生力量为目标，彻底改变了法军在意大利战场的不利局面；在里沃利战役中，他敢于机动，善于机动，长于进攻，巧于调动，再次以少胜多，夺取"意大利锁钥"曼图亚要塞，并最终击败了奥地利，瓦解了第一次反法同盟，凯旋巴黎。第一次远征意大利也使拿破仑名震全欧洲。1798年，拿破仑又巧避强大的英国舰队，横渡地中海，去征服神秘、古老的东方文明古国——埃及，并远征叙利亚，直逼英帝国王冠上最明亮的宝石——印度。1800年，初掌政权的拿破仑又声东击西、出其不意地穿越阿尔卑斯山天险圣伯纳德山口，出现在一马平川的马伦哥平原上。在战略上，他趋利避害，避实就虚；在战术上，他在判断部署失误后，仍指挥若定，临危不惧，终于绝处逢生，败中取胜。1805年的法奥战争，拿破仑将主要兵力使用在有决定意义的战线上，充分发挥机动作战的威力，不用武器，而用士兵的双腿来作战，采取大纵深迂回包围的战术。当奥军意识到危险的时候，他们已在乌尔姆损兵折将，损失惨重。一个多月之后在奥斯特里茨，拿破仑又抛弃以往"堂堂正正"的作战方式，开创近代大野战之先，灵活用兵，欲擒故纵，以计诱敌分兵，自己则集中兵力，击敌之隙。这一次法、俄、奥"三帝会战"，既瓦解了第三次反法同盟，又终结了神圣的罗马帝国，还成就了拿破仑"欧洲第一名将"的美誉。1806年10月14日这一天，法军在耶拿和奥厄施泰特同时打了两个歼灭战。拿破仑只用6天就基本制伏欧洲军事强国普鲁士，仅19天即进占柏林，并摧毁了曾风行一时的"线式战术"。1807年6月法俄弗里德兰之战，则把拿破仑的事业推向了顶峰。1809年7月的瓦格拉姆战役，拿破仑用密集的炮火很快就洗刷了一个多月前他在阿斯佩恩-艾斯林的耻辱，并闪烁了他败而不乱的优秀军事品质。1812年，野心勃勃的拿破仑发动了征俄战争，但遭到了失败。第六次反法同盟趁势进攻法国，并在莱比锡一场50万人的"民族会战"中击败拿破仑。拿破仑帝国因此走到了尽头，拿破仑的辉煌军事生涯也走到了尽头。1815年6月18日，复位的拿破仑在滑铁卢悲壮地结束了其传奇的戎马生涯。"滑铁卢"一词也成为最后失败的代名词。拿破仑的军旅历程虽然是悲剧性的，但这从来就没有掩盖掉他杰出的军事才华，掩盖掉他那令亚历山大、汉尼拔和恺撒都望尘莫及的众多军事奇迹的伟大价值，更没有减少人们对拿破仑的缅怀和敬仰。

著名史学家基佐曾这样评价拿破仑："他比任何人都更了解他的时代的需要，了解当时的社会要生存和政党发展所需求的是什么。我说，他不但比别的人更了解这些，而且还比别的人更懂得怎样去动员社会上的各种力量，引导他们去达到这种目的。他就这样取得了权力和光荣。也就是这样，他一经出场，就为大家所接受和听从；大家都参加他所领导的谋求共同利益的工作。"在发动雾月政变，推翻督政府，建立执政府，夺取法国最高统治权之后，拿破仑唯才是举，任人唯贤，严立法度，善于治国，巧于斗争。结果，内安法国，外败强敌，其直接结果是让现代资本主义社会体制在法国扎根，如《拿破仑法典》的颁布就为法国确立起了现代社会的基本原则。拿破仑自己也曾说过："我真正的光荣不在于打了40场胜仗，滑铁卢之战抹去了关于这一切的胜利……但有一样东西不会被任何东西摧毁的，会永远存在的，那就是我的民法典。"同样，拿破仑还把1789年的革命原则，即代表资本主义社会的原则传播到了整个欧洲，用武力"清扫了奥吉亚牛圈，修筑了文明的交通大道"，促进了许多国家从封建主义迈向资本主义。从这一意义上说，拿破仑是1789年革命的产儿和一位优秀的承继者。

19世纪的法国思想家托克维尔曾对法国革命中以及革命后为什么会重建专制帝国的原因作过犀利的解剖："我深信，法国人民在不知不觉中从旧制度中继承了大部分感情、习惯、思想，他们甚至是依靠这一切领导了这场摧毁旧制度的大革命，他们利用了旧制度的瓦砾来建造新社会的大厦。"说到底，法兰西民族在心态上和社会结构上还无法确立起实现自由民主政治的条件。我们从中可以看到，当拿破仑在夺取政权实现了法国的稳定与经济发展时，法国人也给予了他丰厚的回报：终身第一执政，可以选举继承人的终身第一执政。1804年，他建立了法兰西第一帝国，把皇冠戴到了自己的头上，从而达到政治权力的顶峰，其帝国也达到了鼎盛。因此必须从法兰西民族自身，从历史进程的长时段中理解拿破仑帝国，理解皇帝拿破仑——这些名称及其行动本身又明显违背了他曾经信奉并又在一定程度上实现着的1789年的大革命原则——现代资本主义社会的基本原则，这表明：一个自由民主的时代还未到来，法兰西民族只能选择这样一种新权威主义式的政治体制。

史学家基佐曾这样写道，在他普遍而真实的需要几乎满足以后，这位伟大人物的思想和意志就去追求更为远大的目标。他冲向现实事件以外；他坚持他个人的观点；他热衷于搞一些或多或少规模巨大的内容空洞的计划，这种计划不同于他以前的业绩，它们是完全远离社会的实际状况、公众的本能和坚定的愿望的。当拿破仑在建立起横跨欧、亚、非的庞大帝国后，拿破仑也达到了历史上任何一位主宰者没有达到过的地位：他既是法国的皇帝、意大利的国王，又是新成立的莱茵联邦的保护人、瑞士的仲裁人，同时还是荷兰王国、那不勒斯王国、华沙大公国和其他附庸国的太上皇。

　　称帝后的拿破仑不再像过去那样选贤任能，而是实行家族统治方式，想通过对他的兄弟、亲属封王晋爵来巩固帝国的统治。但他的兄弟、亲属却在挖帝国的墙脚，腐蚀帝国的肌体。同时他好大喜功，搞大陆封锁，企图扼杀英国经济，从而击败英帝国；他不断东征西讨，奴役其他民族，把一场资产阶级和封建主两大阶级的战争变成了一场法国的对外侵略战争，把等待用资本主义来解放的封建农民变成了法兰西资产阶级的"奴仆"。总之，拿破仑总是相信自己理性的万能和无限，殊不知过度膨胀的理性和野心必将会走向反面。结果，拿破仑的穷兵黩武榨干了法国人的作战热情和作战精力，激发了被奴役民族的反抗斗志，从而使欧洲的封建君主们坐收渔人之利，击败拿破仑，维护其反动的封建统治。1814年、1815年，反法同盟两次击败拿破仑，最终瓦解了拿破仑帝国。

　　1821年当俄国诗人普希金得知拿破仑去世后，写下了一首长诗《拿破仑》：

　　　　一个奇异的命运终了，

伟大的人已经逝去。
在暗淡的囚居中，沉没了
惊人的拿破仑世纪。
……
世人会长久地、长久地
留下你的血写的记忆。
……
赞扬吧！他给俄罗斯的人民
指出了崇高的命运；
在幽暗的流放里，他死了，
却把永远的自由遗给世人。

目 录

第七章　"把鹰徽插到敌人的土地上去"

第八章　"我们是胜利者"——鼎盛的帝国

第九章　风雪莫斯科（1812）

第十章　"光荣不复存在"——走向覆亡

第十一章　东山再起

第十二章　滑铁卢之战与帝国的瓦解

第一章
从科西嘉少年到葡月将军

科西嘉少年

1769年8月15日，即圣母升天之日，地中海上的科西嘉岛阿雅克修城诞生了一个非凡的人物。他的父亲夏尔·波拿巴是一个破落贵族律师，母亲莱蒂齐亚·波拿巴为他取名"拿破仑"。这与他1767年牺牲的叔叔的名字相同，意为"荒野的狮子"。这对伟大的父母一共生了13个孩子，但有5个出生后不久便夭折。在存活的8个孩子中，拿破仑排行老二，上有一个哥哥，下有6个弟妹。哥哥是约瑟夫，3个弟弟是吕西安、路易和热罗姆，3个妹妹是埃利萨、卡罗利娜和波利娜。全家靠担任法律顾问的父亲的薪金维持生计，日子过得并不宽裕。在这个家庭中，母亲严厉、勤劳、刚强、坚忍，对他影响很大。拿破仑后来回忆说："我的母亲虽为女性，看似柔弱，但心胸、头脑决不亚于男子汉大丈夫，我之所以有今日，全是母亲的大力栽培。"这位伟大的母亲还视富贵如浮云。在她的儿子拿破仑称帝后，她的其他子女为头衔、地位争得不可开交时，她却一人在罗马索然独居。在不得已的情况下，她去巴黎参加加冕大典。在参加这人世间最最辉煌荣耀的盛典时，本可以陶醉的她只淡淡地留下一句："但愿这一切能持久！"

科西嘉，位于地中海西部，面积约8681平方公里。它的东部是意大利，北部是法国，西部是西班牙，南部是撒丁岛。历史上该岛为各国纷争之地。迦太基人、罗马人、汪达尔人、比萨人、热那亚人都曾成为这儿的统治者。在拿破仑出生前15个月左右，法国取得了科西嘉，拿破仑因而也就成为法国人。科西嘉的这种历史也贯穿了拿破仑的人生史，科西嘉人的许多特质也深深根植于拿破仑的身上：吃苦耐劳，英勇无畏，不屈不挠，敢于以弱抗强，家族观念和凝聚力强，同时好猜忌和好耍政治阴谋。这一切都对拿破仑以后的成功和失败产生了很大的影响。

童年的拿破仑沉默寡言，性格孤僻，易怒且好斗。尽管他是家里的老二，但却是"家里的头"。他的兄弟和妹妹虽然不喜欢他，却承认他的权威。童年的他最喜欢玩的游戏是"打仗"。在两组对垒中，拿破仑常主动担任较弱方的指挥。他跟对方拼力量和英勇，还跟对方比聪明和智慧，常常以智取胜。这种童年的游戏深深地影响了拿破仑。童年的游戏孕育成年的梦，他渴望将来驰骋疆场；童年的游戏启迪着战场上的拿破仑，弱可以胜强，胜利和失败的转化可以发生在顷刻之间。

1778年年底，夏尔·波拿巴利用他亲法的立场和同科西嘉总督的密切关系，把约瑟夫和拿破仑送到法国，在奥顿中学学习法语。1779年5月，拿破仑又利用波拿巴家族的贵族血统和科西嘉总督的介绍，通过入学考试，以公费生身份转入专收贵族子弟的布里埃纳军校。拿破仑迈出了人生之旅的第一步。在那儿，拿破仑独自客处他乡，举目无亲，而且常常遭到同学们的嘲弄和欺侮。因为他家境不佳，个子和年岁都很小，而且不善言辞，他的法语里还带有浓浓的科西嘉口音。本来就孤独、沉默寡言的他变得更阴沉、忧郁，在孤独与屈辱中，他把他的时间献给了学习和梦想。他知道只有发奋学习才有出头之日，于是全力以赴地投入学习。那些被拿破仑称为"高贵的小丑"的同学曾错误地认为他"除了几何之外一无所长"，但拿破仑却在15岁时以优异的成绩毕业，并被保送到巴黎的法国军事学校。

1784年，拿破仑来到了巴黎，进入了这所专门为法国培养高级军官的军校深造。拿破仑原想成为一名海军，但由于母亲的反对而成为一名炮兵。这所军校在法国名声极高，学校师资阵容强大。著名的数学家蒙日和天文学家拉普拉斯都是这所学校的教员。在这里，拿破仑再次展现了他的顽强、勤勉和天赋。1785年2月，他年仅39岁的父亲死于胃癌，家里又因种植桑树负债近9000法郎，哥哥约瑟夫因在比萨大学读书而无法担负家庭重担。16岁的拿破仑在这样的情况下，仅用了1年时间就学完了军校规定的3年的课程，顺利地通过了毕业考试，并与其他3位同学一起被授予了少尉军衔。当时学校已看到了拿破仑的巨大潜力。他们给拿破仑写了这样的鉴定："拿破仑·波拿巴：为人勤劳、谨慎，兴趣广泛，博览群书，酷爱抽象科学，擅长数学、地理；沉默寡言，喜欢独处；任性、高傲、自私、善辩，自尊心强，雄心勃勃，求知欲强，有培养前途。"

此后，他被派往当时驻扎在瓦朗斯的拉斐尔炮兵团服役。在最初的3个月，他站岗放哨，执行一些列兵任务，直到1786年元月才正式下团任职。与此同时，他也承担起了家庭的重负。1786年9月，他以家有急事为由请假回到科西嘉，清理父亲留下来的产业。在故乡逗留了21个月之后，1788年拿破仑回到了部队。此时他将19岁。他所在的炮兵团被编为当地一所炮兵学校的训练部队。该校校长是当时法国有名的，也许是最杰出的炮兵军官杜特少将。这使拿破仑有条件学习本兵种中最新的战术和技术。拿破仑凭借他过人的才智和突出的表现，受到校长的赏识。1788年8月，他被杜特将军提名，负责研究由长管炮发射爆破弹的方法（以前这种炮弹仅从臼炮发射）。这是一项涉及许多技术难题的实践。

1789年，当革命席卷法国后，一切都在松动，太多太多的未知数出现。所有的人都想利用这个机会得到什么，达到什么。拿破仑则始终惦记着他的科西嘉：科西嘉的亲人、科西嘉的自由、科西嘉的独立，以及他所有的科西嘉之梦。于是拿破仑请了6个月的长假，并两次逾假，回到科西嘉，参加保利领导的群众运动。他们呼吁法国制宪议会保障科西嘉公民的自由权。革命的巴黎终于注意到革命的科西嘉。国民议会根据米拉波的建议，允许那些过去为科西嘉的自由而战斗的流亡者回到法国，将科西嘉纳入了革命的法国。过去为科西嘉战斗的拿破仑现在开始为法兰西而战斗。沉浸在科西嘉之梦实现喜悦之中的他，以普通战士的身份在阿雅克修的国民自卫军服役。

1791年2月10日，他带上他12岁的弟弟路易回到拉斐尔炮兵团。他想把路易也培养成为一名军官。他想把军营当作另一个科西嘉。但他的雅各宾腔调受到了指责。虽如此，在军事当局改组炮兵、加官晋级的时候，拿破仑还是在4月份被升为中尉。

1791年6月10日，拿破仑由拉斐尔炮兵团调往罗讷河畔的瓦朗斯的格勒诺布尔炮兵团（第四炮兵团）。在当地，他加入了雅各宾俱乐部，成为一个不折不扣的雅各宾分子。但他的心仍然惦记着科西嘉。9月，在杜特将军的帮助下，他又请了3个月带薪长假回到阿雅克修。

但这次不是为了科西嘉的自由独立，而是为了把科西嘉当作他未来未知事业的起飞之地。他要回去为哥哥约瑟夫参加竞选呐喊助威，要回去加速晋升军衔。果然，他被任命为科西嘉国民自卫军一个营的副营长，并授以代理上尉军衔。但在1792年2月3日，陆军部发布了一道新的命令，要求所有在自卫军中服务的正规军官，凡是军衔在中校以下者，一律在4月1日前返回原单位。留在科西嘉的唯一办法是上升为中校，但这需要投票才能决定。于是拿破仑耍弄手段，强行劫走一位官方监票人。4月1日，他被选为科西嘉国民自卫军第二营中校营长。但不久，他企图让他所辖的自卫军军营占据阿雅克修城堡，遭到驻军和当地居民的反抗。拿破仑被告发，陷入困境。摆脱困境的唯一办法是归队。5月28日，他匆匆地赶回巴黎。

大革命以来，法国军队中的逃亡军官越来越多，军官开始缺乏，波拿巴因此受惠。7月10日，他被调到第四炮兵团，并被提升为上尉。

经过大革命的一系列风风雨雨之后，拿破仑认识到要有所作为，最佳的选择是上前线去和战友并肩战斗，利用战争的机遇求得发展。

土伦战役初露锋芒

自1789年法国大革命爆发以来，人民革命的目标一步步明确，对象日渐清晰，斗争矛头直指以路易十六为代表的波旁王朝的反动统治，指向整个封建贵族阶级和整个封建制度。1792年8月10日革命，法国人民推翻君主专制制度，9月22日又建立了资产阶级共和国。

1793年1月，他们甚至处死了封建波旁王朝的国王路易十六。法国人民的革命行为遭到了国内外反革命势力的极端仇视和疯狂反抗。早在1792年8月，普鲁士和奥地利就组织联军，公然干涉法国革命，试图消灭新政权，恢复旧制度。但普奥联军9月20日在瓦尔密遭到了法国义勇军的沉重打击。1793年2月1日，不甘心失败的反动势力又组成了第一次反法同盟。参加国有英国、普鲁士、奥地利、荷兰、西班牙、撒丁王国、那不勒斯等国。与此同时，国内反革命势力的气焰也日益嚣张。1793年夏天，他们在国外反革命势力的支持下策划了一系列反革命叛乱，企图推翻革命政权，恢复波旁王朝。叛乱像瘟疫一样迅速蔓延整个法国，在当时法国83个省当中，有60个省发生了叛乱。

革命政权的威胁不仅来自政治和军事方面，而且来自经济方面：纸币贬值，物价飞涨。这种现象在战争爆发前已经出现。随着战争开始，情况变得更加严重。1792年8月，指券已贬值到相当于票面额的61%。物价急剧上涨，买一磅面包要8个苏（20个苏为1锂），而工人一天的工资一般只有20个苏。到1793年年初，在科雷兹、上维埃纳、克勒兹等郡，黑市面包价格已涨到了7—8个苏一磅，而工人的日工资只有9—10个苏。

面对种种危机，下层要求限价和打击投机商的呼声越来越高，但掌权的吉伦特派无视群众的要求，反而镇压限价运动。于是，1793年5月31日至6月2日，巴黎人民又举行了第三次武装起义，推翻吉伦特派的统治，雅各宾派登上了历史舞台。

雅各宾派虽掌握了共和国政权，却面临严重的危机。纸币继续贬值，物价继续飞涨，经济继续恶化，而更大的危机来自军事上。1793年6月，在法国保王党分子的要求和策应之下，英国、奥地利、荷兰、西班牙等国组成的反法联军，相继入侵法国。英荷干涉军从北面包围了法国北部的重要港口——敦刻尔克；普奥干涉军越过北部，攻占了美因兹，并包围了瓦楞西恩；撒丁王国干涉军从东部逼近了格勒诺布尔；西班牙干涉军从南面越过了东比利牛斯山。年轻的共和国四面楚歌。

土伦是一个位于法国瓦尔省南部地中海海岸的城市，当时方圆只有几平方千米，居民仅十几万人。地方虽小，却非常重要。因为它不仅是法国南部的一个重要港口，还是一个良好的海军基地。故对兵家来说，此为必争之地。但在1793年的8月下旬，盘踞在土伦城内的保王党人为了防止政府军占领土伦，并换取英国军队的庇护，居然引狼入室，将土伦要塞和拥有30余艘舰只的法国地中海舰队，拱手交给了英国人和西班牙人，从而使他们不费一枪一弹就轻而易举地占领了土伦。之后，那不勒斯、皮埃蒙特和直布罗陀的军队也相继开到这儿。到9月底，土伦的外国军队已经达到1.4万人，其中英国3000人，西班牙5000人，那不勒斯4000人，皮埃蒙特2000人。

国内外反动势力狼狈为奸的土伦事件像一个晴天霹雳，震惊了整个法国。为了打退国内外反动势力的猖狂进攻，保卫资产阶级共和国，新生的雅各宾派政府采取了一些革命措施，颁发了一系列法令：它颁发3个土地法令，无偿废除一切封建权利；6月24日通过近代历史上最民主的共和元年宪法；改组救国委员会，使之成为雅各宾执政时期最主要的政权机关；7月颁布关闭交易所法令和严禁囤积垄断法令，规定以死刑对付投机商；8月23日颁布全国皆兵法令，号召所有公民起来保卫祖国。9月更是以革命的恐怖对付反革命的恐怖：革命政权机关救国委员会和治安委员会得到加强；一系列重要法令颁布，如9

月9日的建立革命军法令，11日的低价法令，17日的惩治嫌疑犯法令，29日的全面限价法令等。

面对共和国的危机，法国人民迸发出了极大的革命热情，他们纷纷组织义勇军走向前线，只用了很短的时间，就有42万大军开往各条战线，仅巴黎就达1.5万人。法军很快就从东、西两个方向完成了对土伦敌军的包围。东面是卡尔托将军指挥的阿尔卑斯军团的卡尔托师，兵力约8000人，司令部设在科日，前哨设在博瑟通往土伦的几条道路附近。另有4000人布防在马赛以及沿海几个据点。西面是拉波普将军指挥的意大利军团的拉波普师，兵力约6000人，司令部设在索利厄，前哨设在伐累塔一带。由于法隆山横亘在两军中间，他们无法协同作战，只能各自为阵。1793年9月上旬，法国国民公会任命卡尔托将军为土伦前线部队指挥官，负责收复土伦。

反法联军在占领土伦时，就料到法国军队必然来攻。为了保证海上舰队的安全，他们首先拆除了大小停泊场沿岸的全部海岸炮垒，占领了耶尔群岛，并且在布伦海角和克尔海角高地上分别构筑了防御工事，以控制基座可以直接射击停泊在大小停泊场军舰的炮台。另外，联军还在靠近奥利乌尔和拉瓦莱特的路上，在法隆山地，部署了大量的兵力，以防止法军从东、西两面进攻土伦。

9月8日，西线法军开始向奥利乌尔方向进攻。经过数小时的艰苦战斗，法军攻占了奥利乌尔，并且夺取了附近的几条重要隘路，但法军炮兵指挥官马尔田少校却不幸负伤致残。以后几天，西线法军经过激烈的争夺，从敌人手中夺取了法隆山以北的山谷，并且包围了波姆等一些堡垒以及马尔博斯克炮台，占领了锡富尔。东线法军也不断把战线前移。拉波普军队的左翼到达了布伦海角附近，右翼到达了法隆山地和法隆炮台，并且控制了通往伐累塔的大道。法军用了很短的时间便完成了从陆地对土伦的包围，但反法联军仍然控制着从法隆山地到马尔博斯克炮台的整个地区，占据着可以控制大小停泊场的克尔海角和塞佩半岛，而且增援部队也陆续而来。法军收复土伦仍然任重道远。由于法军已经失去了原先那位优秀的炮兵指挥官马尔田，因而非常需要得到一个新的优秀的炮兵指挥官。因为在这一时期的攻城作战中，炮兵起着举足轻重的作用。就是在这一关键时刻，拿破仑出现了，他抓住了机遇。

波拿巴闪亮登场

1793年9月，24岁的拿破仑奉命前往一个海防部队，恰巧路过革命军部队驻地，他的同乡、老朋友萨利希蒂这时也恰好在卡尔托将军的司令部，其身份是国民公会的特派员。经萨利希蒂推荐，拿破仑接替了马尔田的职务，成为土伦平叛部队的炮兵指挥官。拿破仑终于得到了在战场上展示才华的机会。

9月中旬，拿破仑到达了土伦前线。他很快发现情况实在令人担忧。这里的炮兵形同虚设，既无足够的火炮，又无充足的弹药，只有几门破破烂烂的野炮和臼炮。士兵没有最起码的军事素养，他们既不会使用火炮，更不懂得如何修理。更令人不可置信的是，他的上司卡尔托将军也缺乏起码的炮兵常识。对那寥寥的几门大炮，连射程有多远都一无所知。

年轻的拿破仑即刻以忘我的精神投入了改变法军炮兵落后的工作

中。首先，他想方设法搜集各种火炮。在不长的时间里，便弄到近百门大口径火炮，其中有远射程的臼炮，有发射24磅炮弹的大炮，还有大量的弹药。接着，他派专人到里昂和格勒诺布尔等地，搜集一切有用的军械器材，并且在奥利乌尔建立了一个有80名工人的军械工厂。他还征用了从尼斯到瓦朗斯和蒙彼利埃一带的马匹，在马赛组织生产柳条筐，来解决炮兵的机动性和工事修筑问题。更难能可贵的是，拿破仑处处以自己的行动和精神影响着士兵，激励着士兵。"他总是坚守在自己的工作岗位上，即使需要休息，也是裹着大衣，睡在地上。他从未离开过炮群。"很快，拿破仑以他非凡的才干和忘我的精神改变了法军炮兵的面貌，也获得了士兵的尊重和上级的器重。不久，他被晋升为炮兵少校。

10月1日，东线法军开始进攻法隆山地，但由于地势险恶，敌军防守严密，只好无功而返。土伦的反法联军受此鼓舞，10月14日，出动4000人马，分两路同时出击，一路向西，一路向西北，企图夺回马尔博斯克与奥利乌尔之间的阵地和占领最近由拿破仑指挥构筑的、位于勃列加海角的、直接对小停泊场构成严重威胁的戈拉炮垒和圣克洛特炮垒。但由于拿破仑指挥下的法军英勇抵抗，加上担任前卫的那不勒斯军战斗力不强，联军的图谋落空，只得撤回土伦。10月15日，东线法军左翼再次发动猛攻，终于攻占了具有重要战术价值的布伦海角高地。10月25日，拿破仑指挥炮兵从戈拉炮垒和圣克洛特炮垒发动进攻，并首次轰击停泊在小停泊场的英国舰队，给联军造成了很大损失。拿破仑在战场上初试牛刀，即闪寒光。但从整个战场而言，双方仍处于僵持局面，法军还处于劣势。因为联军仍有兵多和地利之便，而法军还没有找到打开土伦的钥匙。

如何打破僵持的局面，如何攻克土伦？这是法国人急切要解决的问题。10月15日土伦前线总指挥部召开会议讨论巴黎下达的一个作战计划：集中一支6万人的军队，不管敌人正面的火力如何，都从东、西两个方向同时发动进攻，先粉碎反法联军的外围防线，夺占法隆山地，法隆、鲁日等炮台，而后，在土伦要塞附近挖堑壕，筑工事，伺机攻占土伦。

对这个计划，拿破仑表示强烈反对。他认为这个计划很难行得通。首先，反法联军有坚固的外围防线。他们既有坚固的工事，又有良好的地形，还有地面和舰炮火力的支援，兵力又充足，要正面突破，实在难上加难。其次，若正面强攻形成对峙局面，敌人就能从容调集援军巩固防守。再次，即使正面进攻得手，也很难围剿敌人和保全土伦。敌人很可能会烧毁仓库，炸毁船坞，捣毁军械库，洗劫土伦城，挟法国军舰而去。果真如此，法国就损失太重。

若不如此，法国该如何夺取土伦呢？其实拿破仑早就以其敏锐的洞察力和丰富的想象力找到了收复土伦的钥匙：夺取小直布罗陀。在9月，拿破仑就多次向卡尔托将军建议，派足够的兵力，攻占并固守港湾西岸的小直布罗陀（马尔各雷夫堡）和克尔海角，然后在埃吉利耶特海角和巴拉去耶海角修筑炮垒，集中火炮猛击停泊在大小停泊场的英国舰队，切断英国舰队与土伦守敌之间的联系，迫使英舰撤出港口。若能如此，土伦之敌一无退路、二无援兵、三无火力支援，法军必能迅速收复土伦。只可惜，平庸无知的卡尔托将军没有认识到它的价值。他以兵力不足为借口，仅仅派去400人。结果几天后，反法联军轻而易举地夺回了克尔海角和小直布罗陀，并加强和巩固了阵地。之后，尽管小直布罗陀形势迥异，但拿破仑还是再次抛出了他的这一设想，并进一步提出：为了有效地封锁大小停泊场，使英舰无立足之地，法军在攻占小直布罗陀和克尔海角之后，就立即在埃吉利耶特海角和巴拉去耶海角各设一座大型炮垒，并且分别配置30门可以发射36磅炮弹和24磅炮弹的火炮，4门发射16磅赤热炮弹的火炮以及10门戈美尔臼炮，以使其构成足够的火力密度。拿破仑以其敏锐的洞察力和丰富的想象力制订的这一天才计划征服了与会人员，包括巴黎来的特派员。他的计划被批准了，他也被任命为攻城炮兵的副指挥。正是这一计划大大地影响和改变了整个战役的进程和结局。

但收复土伦光有出色的计划是不够的，还必须有出色的指挥。卡尔托将军因为他的平庸无知加傲慢使法军付出了沉重的代价。法军不仅丢失了一个不可多得的绝好机会，丧失了一个极其重要的阵地，还将为攻占这儿付出沉重的代价。11月上旬，卡尔托被调往阿尔卑斯军团。但接替他职务的多普将军同样不能担负起指挥收复土伦的重任。11月11日，由于不堪目睹西班牙军队欺辱和虐待被俘的法军士兵，小直布罗陀对面的法军擅自向反法联军阵地发起攻击，整个布罗尔师都卷入了战斗。为了控制局势，拿破仑被临时授权指挥这场战斗。拿破仑即刻赶往前线。他审时度势，因势利导，亲自率领士兵突入敌军阵地。在很短时间里便控制了整个克尔海角，从背后接近小直布罗陀，法军眼看胜利在望。然而就在这关键时刻，远离战场的土伦攻城总指挥多普将军却因身旁的一名副官中弹身亡感到恐惧而下令法军停止进攻。结果，反法联军乘机反扑。无能的指挥又一次白白断送了唾手可得的胜利。年轻的拿破仑怒不可遏，冲到多普将军面前，大骂道："就是因为一个……就下令退却，我们对土伦的攻击白搭了。"

在战争中，好的计划必须有好的执行者。如果没有好的执行者，天才的计划也如同蠢材的计划。拿破仑早就认识到这一点，而其他前线官兵这时也认识到这一点。因而他们对多普将军表示了强烈的不满。可怜的多普只好去了比利牛斯军团。杜戈梅将军接替了他的职位。

杜戈梅将军到来之后，立即和拿破仑等一起精心做收复土伦之准备。然而一群无知的人民代表又差一点将他们的努力付诸东流。原来，拿破仑为了出其不意，攻其不备，突然猛烈地打击敌人，在小停泊场的北面、敌人的眼皮底下秘密修筑了一个炮兵阵地，并用橄榄枝进行了巧妙的伪装。10月29日下午，一批人民代表前来视察这座炮垒。视察中，竟然有人愚蠢透顶地擅自命令士兵开炮，这彻底地暴露了炮兵阵地。第二天拂晓，土伦联军总司令奥哈腊将军就率7000人渡过勒拉斯河，向西北方向出击，打乱了法军的进攻部署，并对西线法军造成了极大的威胁。法军只好从这些炮垒撤退。拿破仑一面沉着地指挥炮兵掩护部队有秩序地撤退，并阻止敌人向奥利乌尔方向前进，一面积极牵制敌人，掩护杜戈梅将军迂回到敌人侧翼。拿破仑更出奇的一招是，他亲自率领一支部队，沿着一条隐蔽的通道，插入敌人战斗队形的中间。这真是艺高人胆大。这一招给敌人造成了极大的混乱。在混战中，拿破仑还意外抓获了反法联军的总司令奥哈腊将军。而此时，法军主力已在杜戈梅将军的率领下迂回到敌人的右翼，直接威胁到敌人的退路。反法联军害怕被歼，立即溃退，逃回土伦要塞。法军乘势一举收回全部被占阵地。杜戈梅和拿破仑这一次挽法军于危难之中，充分说明了优秀的指挥对于战争是何等的重要！

杜戈梅将军年近60，已有40年军龄。他顽强、勇敢、正直，具有战略眼光。他参加过抗击英国人的战斗，他担任过意大利军团的一个旅长，抗击皮埃蒙特人的入侵。他热爱自己的士兵，也深受士兵的爱戴。他的出现对拿破仑来说是如鱼得水，拿破仑终于可以自由地展示才华了，而法军也终于找到了打开土伦的另一把钥匙。

反法联军在出击失败后，士气日衰。而土伦的形势也使奥地利不敢贸然行事。他们拒绝履行几个月前做出的派5000名正规军前来援助土伦守敌的诺言。与此同时，法军士气高昂，援军也源源而来。12月上旬，法军总数达3.8万人，超过守敌一倍以上，法军按拿破仑的计划做好了总攻准备。

12月14日，对土伦的总攻正式开始。法军使用45门大口径火炮，集中向小直布罗陀猛烈轰击。猛烈的炮火轰击了两天两夜。反法联军精心构筑的防御工事被一颗接一颗的炮弹摧毁了，反法联军士兵的心理防线也被一颗接一颗的炮弹摧垮了。17日午夜1点，当海风呼啸、寒风刺骨、暴雨磅礴的时候，6000名法军，分成四个纵队，在杜戈梅将军指挥下从南、北两翼发起攻击，直扑小直布罗陀。第一二纵队严密注视巴拉去耶和埃吉利耶特海角守敌的动向；第三纵队是主力，由拉博尔德指挥，主攻小直布罗陀；第四纵队是预备队，由拿破仑指挥，准备随时应付紧急情况。

但一开始，战斗并不顺利。由于天黑雨大，敌人又依托复杂的地形和残留防御工事，负隅顽抗，猛烈还击，法军伤亡很大，还有整连整连的法军在黑暗和混乱中迷失了方向。尽管如此，法军还是突破了敌军的第一道防线，占领小直布罗陀堡。但当他们进攻第二道防线时，遭到了来自小直布罗陀炮台的猛烈还击。法军一次又一次地进攻，结果是一批又一批的士兵倒在血泊之中。许多官兵开始惊慌失措，有些甚至绝望了。

土伦战役

　　就在这危急时刻，拿破仑出现了。他率领预备队冲了上来，并立即命令炮兵大尉米尔隆率领一个营实施迂回进攻，出其不意地从棱堡的后门进攻小直布罗陀。凌晨3点左右，该营突入了小直布罗陀炮台，给后续部队打开了一个缺口，进而一举夺取了整个小直布罗陀。敌人也深知此地之干系，故进行了几次疯狂的反扑。法国士兵英勇阻击。拿破仑以敌之炮攻敌之阵，并身先士卒，冲锋陷阵，发挥榜样的作用。当天色大亮时，敌人感到大势已去，便放弃了抵抗。17日上午10时，法军在调整部署后，再次发起进攻。经过几小时的激烈战斗，克尔海角又被收复。在这次战斗中，法军伤亡1000人，拿破仑也两处负伤。而反法联军的伤亡则有2.5万人。更重要的是，法军仅用十几个小时，就实现了拿破仑收复土伦计划的关键一步——攻占了小直布罗陀和克尔海角。土伦反法联军的防御完全动摇了。

　　法军在占领小直布罗陀和克尔海角之后，立即着手改造工事，并迅速调集火炮，将英国舰队完全置于法军火力控制之下，并于当天就

英国海军上将胡德勋爵

开始轰击英国舰队。英国海军上将胡德勋爵被迫命令舰队张帆起锚，不顾强烈的东南风，于当晚匆匆逃离土伦港。

英国舰队逃离土伦，使土伦守军和王党分子惊恐万分。就在这个漆黑之夜，王党分子成群地挤在码头上，大声地向英国、西班牙和那不勒斯的船只发出哀号，请求帮助他们逃离这座马上就要陷落的城市，而联军也丧失了负隅顽抗的信心。17日下午，反法联军召开军事会议，决定放弃土伦。当晚，联军撤出了法隆炮台和马尔博斯克炮台，放弃了鲁日等一些多面堡。18日白天，法军收复了土伦城外的所有炮台和阵地。晚上法军先头部队冲进了土伦城。19日上午，法国大军开进了土伦。这个法国南部的重要港口城市从外国侵略者手中回到了法国人手中。这极大地鼓舞了法国人民的斗志，打击了王党分子的叛乱活动和反法联军的侵略气焰。10月25日，国民公会在全国各地举行盛大集会，隆重庆祝法军收复土伦。

土伦战役规模虽然有限，但这是拿破仑指挥的第一个重要战役。正是在这次战役中，拿破仑第一次显示了他敏锐的洞察力、丰富的想象力和卓越的指挥才能；正是在这次战役中，拿破仑身先士卒，冲锋陷阵，从而赢得了广大士兵的崇高信任和衷心拥戴；正是在这次战役中，拿破仑由一个默默无闻的普通军官一跃成为令人瞩目的风云人物；正是在这次战役中，拿破仑开始受到了上层的赏识。当时担任围攻部队炮兵指挥官的杜戈米埃将军，在战后写给巴黎陆军部的报告中不无夸张地写道："我简直无法用语言向你们形容波拿巴的功劳。他知识非常丰富，智力相当发达，性格异常坚定，但这还不能够使你对这位非凡的军官的优秀品质有个最起码的了解。"因此，他热切希望陆军大臣为了共和国的利益，留下拿破仑。杜戈梅将军在战后为拿破仑晋升军衔时给救国委员会的信中写道："请你们奖励并提拔这位年轻人，因为如果不酬谢他，他也会靠自己而出人头地的。"根据杜戈梅将军的提议，拿破仑于1794年1月14日被破格提升为炮兵准将，年仅24岁。

波拿巴炮震花都

在1793年的共和国内外交困之时，革命的人民以巨大的热情攻陷里昂，平息联邦派叛乱；克旺代，击败叛军主力。10月16日，打败奥地利主力军；12月19日把英国人从土伦赶走，普鲁士、西班牙军队也一一溃退。1794年年初，法军已到外线作战，外国干涉军全被赶出法国国土。在经济上，囤积居奇、哄抬物价的现象已经得到相当大的遏制，经济混乱得到一定的克服。这一切成绩的取得离不开雅各宾派政府实行的革命恐怖统治。

然而在以革命的恐怖对待反革命的恐怖的过程中，违反法制、滥杀无辜、侵犯人权的现象比比皆是，令人心寒，特别是资产阶级。当听到巴雷尔的"里昂曾向自由进攻，里昂已不存在"的狂妄叫嚣的时候，当看到巴拉斯、弗雷隆在土伦将大批的叛乱者和普通民众杀死的时候，当听到卡里埃与他的"马拉连队"在南特肆意搜查民宅，将数以万计的被捕者驱入河中集中溺死或集体枪杀的时候，当企图消灭基督教的"非基督教化运动"如火如荼开展的时候，革命的恐怖已在平民百姓的心底滋生。当王后玛丽·安托瓦内特，吉伦特派的布里索、维里奥、让索内、拉索斯、罗兰夫人，立宪派的巴伊等一个个政敌被送上断头台的时候，绝大多数人也许还心系革命，还在为恐怖统治欢呼。

但当罗伯斯庇尔以"制止那些无法无天的、与外部阴谋正相吻合的狂乱行为"为借口，将雅各宾派内部持不同政见者的埃贝尔派和丹东派也送上断头台时，许多人，特别是迫于形势而接受恐怖统治的资产阶级清楚地意识到恐怖统治的使命已经完成，罗伯斯庇尔已把"恐怖变成了保护自己的一种手段，从而变成了一种荒谬的东西"。为"珍惜人类鲜血"，必须将罗伯斯庇尔送上断头台。于是，政见各异的人们在反罗伯斯庇尔这一点上联合起来，包括以塔里安、弗雷隆、巴拉斯、富歇为首的宽容派，以科洛-德布瓦、比约-瓦雷纳、瓦迪耶、阿马尔为代表的埃贝尔派以及平原派等。他们在热月9日发动政变，将罗伯斯庇尔、圣茹斯特等人逮捕，并送上断头台。

土伦战役之后，在1794年2月，波拿巴被任命为意大利方面军炮兵指挥官。任职期间，他深受国民公会特派员萨利塞蒂和罗伯斯庇尔的弟弟奥古斯丁·罗伯斯庇尔派赏识。他为军团预计发动的春季攻势拟制了作战计划，并创造性地解决了炮兵在冬季山地作战中的机动问题。但在热月政变发生后，热月党人因他与小罗伯斯庇尔关系密切而解除了他的职务，并于8月8日（另有9日、10日说）将他逮捕，拘禁在地中海沿岸的昂蒂布方形堡中。他的副官朱诺曾建议他越狱，但被他拒绝。他在信中这样写道："人们可以不公正地对待我，亲爱的朱诺，但我是清白无辜的，这就够了。我自己的良心是使我的行为受审的法庭""当我检查我的行为时，我的良心是安宁的"。他写信给驻意大利方面军人民代表萨利塞蒂、阿尔比特，提出申诉说："从大革命开始起，我一直没有同原则（指1789年原则）联结在一起吗？没有看见我不论为反对国内敌人，还是作为军人反对外国人所进行的斗争吗？我牺牲了我在自己省区的家园，我抛弃了我的财产，我为共和国失去了一切。——爱国者该不该不加考虑地抛弃一位曾经对共和国并非毫无用处的将军呢？"他要求"消除环绕在我周围的迫害，重新树立我的爱国者的荣誉"。8月20日，因无证据，加上萨利塞蒂的帮忙，拿破仑被释放。不久，他又恢复了军衔。

德茜蕾

出狱后的波拿巴渴求沙场显身手，但很长一段时间他处于半失业状态。郁郁寡欢的他回到了马赛。在这儿，有他的亲人，更有他的心上人德茜蕾·欧仁妮。这位未满16岁的小姑娘已深深地占据了拿破仑的心。1794年春，他在富商克拉里家结识了她。波拿巴瞬间情窦绽开，坠入了爱河。在他被拘之日，德茜蕾曾千方百计地为她的心上人送去包裹，令波拿巴感动不已。波拿巴说："当时欧仁妮的包裹送来的是柔情，是勇气，是力量，是我挣脱锁链的信念。"回到马赛时，他的欧仁妮已出落得益发俏丽，波拿巴已经深深爱上了她。

1795年年初，波拿巴获悉保利呼吁英国前往科西嘉援助他。法国决定组织远征军。心系法国、梦念前程的拿破仑实在无法在马赛无所事事地待下去。4月21日，他与欧仁妮私订终身。5月8日，一个漆黑之夜，身无分文的他向欧仁妮借了98法郎。藏好她送给他嵌有她秀发的胸饰，带上他的生死部下和好友朱诺、马尔蒙和弟弟路易直奔花都巴黎而去。波拿巴满怀希望地来到巴黎。他原以为凭借土伦之功必可谋得一份好差使，但他只谋得了出征科西嘉岛军队炮兵司令之职。两个星期之后，法国舰队大败而归。

5月底，波拿巴回到巴黎。当局不信任他，不断排挤他。当局给他高位，要他去旺代，以便调虎离山。他拒绝了。之后，他走门串户，总算在救国委员会所属作战委员会地志办公室又谋得武官一职。一位新来的陆军部长急于改善意大利前线的状况，准备起用新人。几年来一直醉心于研究意大利沿海地区和边境情况的波拿巴被推荐给了陆军部长。但这个申请并没有被批准，波拿巴反而被当局派往了意大利。但在意大利的将领们推三阻四，使波拿巴根本无法就任。波拿巴只能再回到巴黎，继续他的流落生活，等待一个生命的转机。

此时，马尔蒙已经带着他的弟弟路易去了夏龙炮兵学校，他在那儿找到了一个职位。只有朱诺不顾父亲的反对，仍然紧紧跟随着他敬仰的波拿巴，并且时常用他那从家里得到的一点点生活费接济贫穷的波拿巴。生性憨直的朱诺对波拿巴可谓一直忠心耿耿。在远征埃及期间，有人恶语中伤波拿巴，他愤而与该人决斗，受了重伤。当然波拿巴对这位早年好友也没有亏待。在他执掌法国政权之后，给了朱诺巴黎总督之职，1808年又派他进占葡萄牙，封其为阿布朗泰斯公爵。1813年又让他任伊利里亚总督。

1794年热月政变，热月党人将"最高主宰"罗伯斯庇尔送往天堂由上帝来主宰，而他们自己则想取代罗伯斯庇尔来主宰法国。但由谁来主宰呢？热月党只是一个联合体，除反罗伯斯庇尔外，他们很难找到更多的共同点。他们的政见大相径庭。以塔里安、弗雷隆为首的宽容派在国家主要的政权机关救国委员会和治安委员会的改组竞选中击败了原山岳派和埃贝尔派，掌握了国家大权。

宽容派政府实行了"热月暴动"，将享有豁免权的雅各宾派代表卡里埃送上断头台，并将马拉遗体迁出先贤祠，打击被认为是恐怖统治渊薮的雅各宾派。他们致力将法国人民，特别是资产阶级从恐怖统治中解放出来，恢复和建立资本主义的正常秩序。

热月党人取消了统制经济体制，恢复了经济自由，但他们对法国严峻的经济形势实在不够了解。他们没有准备任何应对措施，故当法国经济从统制的紧箍中挣脱出来后，热月党人立即陷于束手无策的境地。长期受抑的物价如同脱缰之马般地暴涨。如果以1790年巴黎的生活指数为100，1795年1月则为580，3月则达720，4月高达900。面对此情况，热月党别无良策，只得沿用已被证明无大作用的货币贬值政策。结果是雪上加霜，货币贬值惊人。1794年12月，指券只相当于票面值的20%，1795年4月又跌到8%，7月更是低达3%。国家财政陷入了艰难的困境。对于保王党人，热月党人重定方针，原平叛将军迪洛经常不加区别地杀人，焚烧房屋，掠夺牲畜，以致2万多原未参加叛乱的农民投奔了叛军，从而使王党叛乱规模不断扩大。1794年8月，热月党决定擒王赦从，只捕杀叛军官员，被胁迫或误入歧途者可赦。新上任的平叛将领奥什将军广告叛军：凡放下武器、归家务农者，一律保障其财产和自由。1795年2月国民公会代表与叛军首领夏雷特谈判达成协议：叛乱者停止武装活动，政府予以赦免，并帮助返回家乡者重建房舍，恢复经济。王党叛乱基本平息。

王党叛乱虽然基本平息，但王党并没有放弃复辟的企图。1794—1795年的冬季非常寒冷，可怜的法国民众终日为面包和燃料奔波，巴黎每日都有人冻死街头。富有革命传统的巴黎人民在共和三年的芽月和牧月再次走向街头，进而演变为起义。起义很快被镇压，给法国大革命中疾风暴雨式的群众运动画上了一个休止符。热月党人的危机使保王党人心怀幻想，蠢蠢欲动。大批逃亡贵族的家属和党羽公开要求发还他们已被没收的财产。流亡在意大利、自立为"路易十八"的王弟普罗旺斯伯爵更是张狂，他要求惩办"弑君者"，恢复天主教与贵族旧日的地位。国内原已平息的保王党人与流亡国外的反动势力勾结起来，力图实现他们的复辟美梦。

1795年6月27日，王党将愿望付诸行动。一批逃亡贵族率领约4500人乘英国军舰在西海岸登陆，占领奥雷城。国内的朱安党人迅速起来响应。但他们很快被奥什将军、塔里安指挥的热月党政府军在基隆贝击败。除少数头目逃脱外，叛军全部被歼，8000人成了俘虏。此后，热月党加紧了对王党势力的打击。先是在8月18日的法令里规定，已被赦免的回国逃亡贵族必须立即离开首都。后又在9月6日宣布，革命以来颁布的打击反抗派教士的法令全部恢复，被放逐后又返回国内的教士限两周内离开共和国。而王党也不甘心失败，他们利用一切机会，包括和平夺权和武装叛乱的方式，来恢复他们昔日的荣光，复辟他们的波旁王朝。正是他们在巴黎的暴动中把波拿巴重新推上法国的政治舞台。

1795年6月23日，热月党国民公会开始讨论制定新宪法。宪法草案规定新的立法机关中要有2/3席位由原国民公会议员担任，并且新宪法在8月22日获得通过。这就使王党和任何政府反对派都难以进入新立法议会并组成多数，王党也就不可能和平夺权，因此他们极力反对。与此同时，巴黎市中心的上层资产阶级和失势的雅各宾派分子也反对"2/3规定"。于是王党分子就开始利用民众和其他党派的不满，在巴黎组织了一个中央委员会，酝酿策动武装叛乱。

10月4日晚，在王党分子的煽动下，巴黎二十多个区开始起来叛乱，武装叛乱队伍多达2.4万人。担任巴黎警备司令的梅努将军因拒绝与由释放的"恐怖主义者"组成的"八九年爱国营"并肩作战，镇压叛乱，擅自把军队撤回军营，从而使叛乱者很快就控制了几乎整个巴黎。而此时，巴黎民众也不支持督政府，忠于热月党政府的军队只有五千余人，其他陆军部队也远离巴黎，督政府的境况十分危急。他们不得不在晚上采取了紧急措施，逮捕、撤换了梅努将军，并任命国民公会主席巴拉斯为巴黎武装部队的总司令。

巴拉斯虽然在陆军和海军都经历过一段军旅生涯，但他只是一个政客，而不是一个职业军人。他在受命后几个小时之内做好了对付叛乱的准备，但不知如何行动。而叛乱者得知梅努将军被撤职和逮捕的消息后，立即准备组织进攻，决心一举推翻热月党政府和国民公会。因此，巴拉斯必须任命一位将军来指挥。他马上想到了土伦战役中的那位波拿巴。一者，波拿巴近在眼前，正郁郁不乐地待在巴黎费多剧院的波拿巴得知当时的事态后，已到国民公会所在地杜伊勒里宫外静观事态发展；二者，在土伦，这位和他只有一面之交的科西嘉人的指挥才能给他留下了很深的印象。于是他马上派人把波拿巴找来，委托他为巴黎武装部队副司令，全权负责镇压叛乱。

波拿巴在接受任命后，立即指派骑兵队长缪拉到巴黎城西北的萨布劳地拉来40门大炮，又从凡尔赛调来骑兵，布置好兵力，严阵以待。当叛军高喊着"打倒共和""打倒2/3"，向国民公会蜂拥而来，准备毕其功于一役之时，波拿巴调来的大炮开火了。在巴黎用大炮镇压叛乱尚无先例。刹那间，炮声隆隆震天响，叛军血肉四处飞。王党叛军哪见过这种阵势，顿时吓得魂飞魄散。人数6倍于波拿巴军队的叛军已不知进攻，只想着择路逃离。战斗很快即宣告结束，王党的葡月暴动彻底失败，只留下几百具尸体作为祭奠。

10月5日（葡月13日）巴黎的炮声，对巴黎人民来说，比任何一次战役中的炮声都隆、都响。因为对法国来说，这隆隆的炮声决定了督政府的新生和王党势力的衰败；对波拿巴来说，这隆隆的炮声更具历史意义，它结束了波拿巴的无所事事，庆祝着他从此的腾飞。葡月13日的战斗，虽远不如土伦那样辉煌，但它对巴黎的影响却是土伦所无法比拟的。仅仅因为这一天，波拿巴的名字已到处传诵，不仅仅在军界，而是在一切社会阶层。在人们的心目中，波拿巴是一个果敢、坚毅而又具有指挥才能的优秀将军。26岁的他赢得了"葡月将军"的美誉，也赢得了无比辉煌的前程。10月16日，他晋升为少将。10月26日，他又一跃成为法国国内军团司令。巴黎在向他招手，法国在向他招手，欧洲在向他招手，甚至世界也在向他招手。波拿巴要开始他伟大的征程了。

第二章
"他的名字已经威震欧洲"——第一次远征

督政府开辟南线战场

1793年春，英、奥、普、荷和意大利的一些小国撒丁王国、那不勒斯等组成第一次反法同盟军。联军进攻法国，开始节节胜利。但在土伦战役后，在英勇的共和国国民革命军的抗击之下，联军节节败退。继1793年联军在土伦惨败后，1794年6月26日，在比利时的弗勒吕斯，联军又被儒尔当统率的法国军团打得大败。尽管此后法国发生了热月政变，政局一度出现动荡，但反法联军仍无法挽回其颓势。由于受到莱茵河方面和荷兰方面的威胁，1795年4月5日，普鲁士被迫同法国单独签订了《巴塞尔和约》。和约规定：普鲁士从此中立；莱茵河左岸割给法国；普鲁士承认法国占领比利时和荷兰。普鲁士退出反法同盟成为法国革命中的一个转折点。在这之前，几乎所有的欧洲国家都从四面八方向法国进攻。在此之后，取得了胜利并壮大了的法兰西共和国开始向业已四分五裂的欧洲发动攻势。西班牙在9月的黑山战役惨败后，亦同法国媾和，荷兰也与法国缔结了条约。接着荷兰发生了革命，总督逃亡了，其职权被取消。三级会议宣布建立巴达维亚共和国，与法国结成同盟。根据1795年5月16日签订的《海牙条约》，荷兰的佛兰德尔、马斯特里赫特和文洛割给了法国；法国和荷兰还订立了攻守同盟；荷兰答应扩大海军和陆军，并供养一支2.5万人的占领军至战争结束；荷兰还偿付了一笔高达1亿荷兰盾的赔款。此外，为了整顿货币，荷兰不得不自己掏钱赔偿3000万锂的指券。荷兰以自己的富裕大大加强了法国与反法联军继续作战的能力。英国则如失掉了一个得力的支柱。根据7月22日法西《巴塞尔和约》，西班牙退出战争，并承认法兰西共和国和法国占领比利时，将圣多明各割给法国。1795年10月1日，法国国民公会颁布法令，将比利时和莱茵河左岸并入法国。到1795年年末，第一次反法同盟已处于崩溃状态。

但是，反法同盟并没有因为普鲁士、西班牙等国的退出而作罢。奥地利弗朗茨二世宣称与法国革命政权势不两立，他以神圣罗马帝国皇帝的身份高举反法大旗。《巴塞尔和约》签订后，奥地利见已不能依靠普鲁士反对法国，就转而同英俄联络。始终希望粉碎法兰西共和国的叶卡捷琳娜在听到《巴塞尔和约》的消息时非常愤怒，当即向不久前吞并的库尔兰地区增兵4万。皮特，除了在伦敦已答应给奥地利一笔贷款外，又笨拙地把他拒绝给予普鲁士的补给送给了奥地利。英、奥两国于5月20日订立了一项新的同盟协定，英国答应出资60万英镑，供奥地利20万军队之用。俄国于9月28日在同盟协定上也签了字。

三国结成军事同盟后，立即采取了军事行动。1795年秋，奥军在德意志方面击败法军，攻占了美因兹、曼海姆和普法尔斯等地。奥地利和撒丁王国联军也取得胜利，从法军手中夺取了意大利西北海岸一带地区。这时，联军也对法国形成战略上的夹击之势，但由于英、俄、奥三国利害关系不同，各有打算，故在战略上有很大分歧：俄国欲寻找经营欧洲东部的机会，主张以多瑙河流域为战区；英国为巩固其在荷兰和比利时的势力，欲以莱茵河地区为主战场；奥地利为获得威尼斯，欲以意大利为主战场，因此，三国难以确定统一的对法军事方针和行动。

1795年10月27日，法国新的立法两院开幕了，并于当天选出了五名督政官：巴拉斯、拉勒维里埃、勒图尔内、勒贝尔和卡尔诺，从而开始了督政府的统治时期。督政府建立时，国库已告空虚，财政异常困难。1796年2月，指券贬值到只有票面值的0.35%，几乎成为废纸。督政府新成立的第一个月，巴黎不少区将面包配给量降到每天1/4磅，远不能果腹。督政府的政治也不稳定。巴贝夫领导的平等派运动呼之欲出。与此同时，奥、英、俄同盟正虎视眈眈。

另外，共和国在军事上的胜利，给法国带来了巨大的财富。尽管1791年12月法国的制宪议会通过的特别法令规定："法兰西民族永远放弃以侵略为目的之一的一切战争，永不使用自己的武力去反对任何其他的民族的自由。""普遍和平和正义原则"被宣布为法国对外政策的根本原则，但督政府为了彻底打败第一次反法同盟，完全解除外来的军事威胁，也为解决财政困难，还是决定把战争推广到更广阔的地区。

1796年，督政府开始了积极的军事活动。根据当时的情况，俄军离得尚远，英国有海峡相隔，一时也难以推进。因此，法国理所当然地选择了奥地利为主要进攻目标。那么，对奥战场要定在哪里？根据当时的情况，理想的战场是在德意志境内的南部和西部。为此法军统帅部提出了一个钳形突击的作战方案：以维也纳为目标，派出两路大军，一路由儒尔当将军统率7万人，由莱茵河下游经美因河东进；一路由莫罗将军率精兵7.5万人，由莱茵河上游向多瑙河前进。两路同时东进，目标直指奥地利首都维也纳。

当法国军队积极准备北线作战时，担任国内军团总司令的波拿巴提出了南线作战计划。具体而言，就是首先歼灭奥地利和撒丁王国的联军，夺取富庶的皮埃蒙特和伦巴底地区，尔后，把奥军逐出意大利，将战场推向蒂罗尔和奥地利本土。这样，既可解除法国东南部所受的威胁，又可避开奥地利的主力军团而从南面迂回到奥地利的首都。实际上，波拿巴曾多次提出进军意大利的计划。先因热月政变被拘而搁置，之后又由于热月党人忙于纷争，也没有谁重视过他的军事计划。而这一次情况已大不相同，波拿巴在葡月13日挽救革命于危难，已深得督政府中地位最高、影响最大的督政官巴拉斯的器重，他的军事才能已为人熟知。这个具有很大意义的计划被接受了。督政府决定开辟南线战场，并委派波拿巴担任意大利军团司令。这无疑是一个正确的决定，因为波拿巴不仅具有优秀的指挥才能，还比较熟悉北意大利的情况，而且认真研究过当地的军事历史。几年之前，作为一个普通的低级军官，他就设想过对北意大利采取行动的问题，因而详细研究过梅里波斯元帅于1744年至1745年在那里进行战役的经验。特别是认真探讨过梅里波斯的参谋长包尔色特将军拟制的进攻皮埃蒙特的作战计划。后来，他担任意大利军团的炮兵指挥官，在服役的14个月中，走遍了滨海阿尔卑斯山南段紧靠法国一边的几乎所有隘口，熟悉法国至热那亚地段的险要道路，并且不止一次地制订过军团计划。

督政府虽然接受了波拿巴的计划，但在其整个计划中，重点是在德意志战场。南线处于辅助地位，其任务是在意大利北部歼灭奥地利和撒丁王国的联军，以分散奥地利的兵力，转移它对德意志战场的注意力。如果情况有利，则应配合北线主力从南面夺取维也纳。但在实际执行中，法军在主战场不断受阻。儒尔当将军指挥的法国左路军在1796年8月被查理大公率领的奥军第一军击败。莫罗将军指挥的法国中央军也受阻于乌色尔率领的奥军第二军，双方形成对峙。倒是波拿巴在意大利节节胜利，使处于辅助地位的部队反而成为主攻部队。

波拿巴新婚受命

1796年3月，对于波拿巴来说肯定是难以忘怀的日子。他先是在3月9日迎娶了约瑟芬，11日又离开了新婚之妻，踏上远征意大利的征程。

自从葡月13日波拿巴一显身手之后，他住到了嘉布遣新街司令部。从前那个整天穿着皱巴巴的旧军服，满脸胡碴，像个流浪汉似的波拿巴不见了；一个充满了活力、惹人注目的波拿巴出现在各种各样的场合。从前那个被视而不见的人现在变成了备受欢迎的人，巴黎的贵夫人一个个待他如上宾。在桃红粉绿之中，一位佳人闯入波拿巴的眼帘：她身材适中，穿着淡雅的平纹细布和塔夫绸制成的衣裙，一袭薄纱罩住她那依然丰满的胸脯，乌银镶嵌的纯金别针扣住轻软的缎子鞋，栗色的发卷飘拂于额前，长长的睫毛垂遮秋波，明如秋水的双眸时常透着笑意，有时也会蒙上愁雾，闪着淡褐色的光泽。她虽已年过三十，却仍体态婀娜，风韵不减。此人就是约瑟芬。

约瑟芬，全名是玛丽·约瑟芬·罗斯·塔切尔·德·拉·帕格莉，1763年6月23日出生在西印度群岛的马提尼克岛的一个潦倒贵族家庭。14岁，她随姑母去了巴黎。1779年，16岁的她嫁给了比她大4岁的军官亚历山大·德·博阿尔内子爵，生下一男一女——欧仁和奥坦丝。美貌的约瑟芬并没有博得博阿尔内子爵风流倜傥的心。1785年2月，两人分居。1788年夏，约瑟芬带着女儿回到岛上她自己的家。1790年，马提尼克岛奴隶起义。约瑟芬回到了革命的巴黎，退隐在格雷奈尔街的蓬特蒙修道院。她的丈夫在革命之初风光了一阵，却在1794年3月以叛国罪被捕。7月23日，他被送上断头台。约瑟芬也被关进了加尔默监狱，在断头台的阴影下惴惴不安地生活了4个月。在狱中，泰雷兹亚帮她从绝望中振作起来，两人共同盼到了热月的曙光。1794年8月6日，她获释了。从此，这位酷爱享受上流社会奢华的寡妇开始在动荡浮华的世界里浪迹。她拥有姣好的容颜，又衬以上流社会的着装；她仪态纯朴，举止温文尔雅，但又像高等妓女那样妖

拿破仑的妻子约瑟芬

艳风骚，故她很容易博得男人的欢心。在狱中，她就让奥什将军献出一片痴心，出狱后，她很快又缠上了巴拉斯。此时的约瑟芬在情场上已是超一流选手。

尽管约瑟芬长波拿巴6岁，但情场高手约瑟芬一映进初出茅庐的波拿巴的眼帘，就打动了这位年轻的小伙子，他的每一个细胞都透出无比的兴奋。马赛那位纯朴可爱的德茜蕾的面容在巴黎妖艳的贵妇们的照耀下已渐渐融化、融化，未婚妻的形象慢慢地在波拿巴脑海中淡去、淡去……风流寡妇约瑟芬生活奢侈，挥金如土，但是她却并不富有，只有很少的收入。她又有两个孩子需要照顾，她需要源源不断的钱财流过她的纤纤玉手，因此，她必须寻找靠山，开辟财路。她先是像藤葛一样缠着巴拉斯，但她发现她在巴拉斯心中的位置很快被塔里安夫人所取代，她不可能长久地依靠巴拉斯。当在巴黎一炮走红，政治上蒸蒸日上的葡月将军波拿巴对她孜孜以求时，尽管她对这位矮小的将军并不满意，但巴拉斯极力撮合，再加上她考虑到他能给她钱财，能给她继续在上流社会风光的资本，于是她也开始施展魅力捕捉波拿巴。她写信给波拿巴卖弄风情，她占据他所有工作之余的时间，让波拿巴感到甜蜜、幸福、充实。年仅27岁的波拿巴哪里有能力辨别他倾心的人的进攻目的，很快地，他就魂销神醉、晕头转向了。炽热的恋情在波拿巴心中迅速升腾："我醒来时头脑里全是你的倩影。想到你的面容，昨天那个心醉神迷的夜晚，我理智就无法平静！""你中午出发，3个小时后我会再见到你。在这段时间，千百次吻你，但是，我不要回吻，因为你的吻使我热血沸腾。"波拿巴火辣辣的语言流露笔端。

不久，波拿巴便急不可待地向约瑟芬求婚。他的兄弟约瑟夫和吕西安都因约瑟芬声名狼藉而劝他，但波拿巴都置若罔闻。因为约瑟芬已彻底俘虏了他。巴拉斯也竭力促成这桩婚事，这样，他就既可摆脱这个贪得无厌、有时简直令人腻烦的女人，又可通过约瑟芬确保波拿巴对自己的持久的忠诚。他委任了波拿巴为意大利军团司令。这样痴迷的波拿巴终于娶上了迷人的约瑟芬。1796年3月9日，他们在昂丹街市政府举行了婚礼。证婚人是巴拉斯、塔里安和卡尔姆莱。婚礼原定于晚上8时开始，但新郎却到10时才带着他刚找来的证婚人勒马鲁瓦匆匆赶来。大家将已经昏昏入睡的勒克莱克摇醒，宣读事先拟好的结婚证书。证书里几乎一切都是假的：新郎年岁大了18个月，新娘年轻了4岁，名字也被写错了。波拿巴的证婚人勒马鲁瓦还不到法定年龄。

婚后第三天，波拿巴就离开了巴黎，前往意大利军团驻地尼斯，开始了他20年来导演大大小小五十多次战役的传奇生涯。

中央突进皮埃蒙特

新婚后的波拿巴重回意大利军团。虽仅时隔两年，但他发现军队的状况比他想象的还要差，军纪松懈，物资匮乏，偷盗成风。对于这位新来的司令官，军官和士兵们都不尊重。他们编造了种种谣言，嘲笑和丑化这位身材矮小、貌似柔弱的年轻司令。军中无规矩，军队哪来的战斗力，波拿巴凭何去建功立业？他深知远征的艰难，也懂得如何去控制军队。于是，波拿巴第一步就是严肃军纪，严惩各种违纪行为，特别是土匪行为。一批军官不服，企图哗变闹事，结果受到了严厉处分。军官士兵们开始认识到这位貌不惊人的司令的厉害。军中流

奥热罗

传起了这样的传说：身材魁梧、粗鲁直率、爱吹牛的奥热罗将军对司令官不够尊重。一次，他竟与波拿巴发生了争吵。矮小的波拿巴将军立即仰头对奥热罗说："将军，你的个子正高出我一头，但是，如果你对我无礼，我就会马上消除这个差别。"这可能是一个讹传的笑话。奥热罗将军治军有方且勇猛善战，在后来的曼图亚争夺战的关键时刻，他果敢、主动地对卡斯蒂利翁镇发动进攻，一举扭转战局，从而声名大噪。在拿破仑帝国被封为元帅和卡斯蒂利翁公爵，但这却反映了意大利军团里的人对波拿巴的一种敬畏心态，他们都感到了这位新来司令官的权威神圣不可侵犯。

此外，波拿巴还到处发表演讲，号召士兵们继承法国的革命精神，克服各种困难，用实际行动来保卫共和国，抵御王党分子和外国侵略者，创造美好的未来。他煽动士兵道："士兵们，你们没有衣穿，吃得也不好，政府欠下你们许多东西，可是它什么也不能发给你们。你们在这些悬崖峭壁中间显示出来的勇气和坚强力量是令人惊叹的，可是这并没有给你们带来任何荣誉，它们的光辉并没有照到你们身上。我想带你们到世界上最富饶的国家去。富饶的地区和繁华的大都市将受你们支配。你们在那儿将会得到尊敬、荣誉和财富。意大利军团的士兵们！难道你们的勇敢精神和坚韧力量不够吗？"波拿巴激昂的言辞激起了士兵们的自尊心和荣誉感。因此，士兵们士气大增，意大利军团的战斗力大大增强。

但是，法军要到达那个富裕的国家去，还有很多的困难要克服。首先是如何翻越横亘在前的阿尔卑斯山。阿尔卑斯山是意大利北部的门户，山高路陡，高山隘口处一年有3/4的时间覆盖着皑皑的白雪。孟夏雪融化之前，军队几乎无法通行。而法军要进入意大利，必经皮埃蒙特。这一地区更是三面环山地势险要，而且撒丁人为了防止法国人越过阿尔卑斯山，在皮埃蒙特境内的勃鲁涅托、苏萨、弗涅斯特列托、巴尔、托尔托纳、切瓦、凯拉斯科、亚历山大里亚和都灵，都构筑了坚固的工事，并配备了足够的武器和弹药。由博略指挥的奥地利军团约4.5万人也部署在亚历山大里亚、米里希摩和博凯塔隘道之间的三角地区。另外，南面海上有英国舰队配合普罗维拉指挥的一个奥军独立团保持机动。险要地形加上大军防守，使得那里的边界堪称不可逾越的天险。

从军事力量来说，法军也处于不利地位。意大利军团表册上有10.6万人，但能够参加远征的只不过3万人，其中步兵2.5万人，骑兵2500人，炮兵、工兵及后勤人员2500人，编为四个步兵师和两个骑兵师。从部署上看，拉哈普师位于萨沃纳附近；奥热罗师在阿耳班加附近；塞律里埃师在噶里西亚南方；斯田热尔骑兵旅位于洛阿诺附近。法军像一条长蛇一样，分散部署在从萨沃纳到尼斯的狭长地带上，长达 120 公里。北面面临奥撒联军的直接威胁，南面极易遭到正在地中海游弋的英国舰队的袭击，并且很容易被敌人拦腰切断。奥撒联军不仅在兵力上占据优势，而且占据天险，易守难攻，在武器装备和后勤供应方面也有明显的优势。针对这种危险的局面，波拿巴选择了进，而不是退。他决定趁敌人还在阿尔卑斯山以北的冬营里睡大觉的时候，迅速地、出其不意地进入意大利。那么法军选择哪条路线翻越阿尔卑斯山呢？当时按一般情况有三种方案：一是主力由热那亚方向北进，直攻奥军主力，并截断其退路，但这需要强大的兵力；二是由萨沃纳附近的谷地北进，突破联军接合部，向敌人弱点攻击，但此路长途险；三是由天达方面先攻撒军，这虽无危险，但对奥军威胁不大。波拿巴根据自己的地理知识，决定另辟蹊径，从靠近地中海海岸阿尔卑斯山与亚平宁山脉交界的卡迪博纳山口进入意大利。这样，不仅可以避开敌人设在阿尔卑斯山中的各个隘口前的坚固要塞，更重要的是，从这里向北，可以直接指向奥撒联军的薄弱部位，切断奥地利与撒丁军团的联系，从而使法军在政治上和军事上都处十分有利的地位。

1796 年 4 月 5 日，波拿巴不顾沿海巡逻的英国舰队的不停炮击，统率着法军开始翻越卡迪博纳山口。4 月 9 日，当奥地利军队还不明法军真正的进攻方向时，法军已越过了天险。著名的军事家约米尼赞道："拿破仑从自己第一次指挥的最初几天起，就显示了惊人的勇敢和不顾个人安危的特点，他率领司令部走过了一条最危险的（但很短的）路，即阿尔卑斯山脉的有名的'天险'，而且是在遭受沿海巡逻的英国舰艇不停炮击中越过的。"

波拿巴率法军先奥撒联军而动，奥撒联军也随之而动，但奥撒联军却动错了。1796 年 3 月下旬，因中立之国热那亚拒绝向法国借款，督政府命进驻萨沃纳的法军（切尔沃尼旅）以3000兵力东进，攻占了距热那亚只有10公里的沃尔泰城。这本是一次非常错误的行动，它引起了奥军的警觉，给波拿巴的军事行动带来极大的不便。但此举既出，波拿巴只有另思良计。他将错就错，也命部分军队增援。这使得奥地利错误地认为法军要进军热那亚。于是，奥军统帅博略元帅急忙将大本营撤到诺维并分兵三路南下迎敌：右路为撒丁军队，由科利将军指挥，司令部设在切瓦，其任务主要是扼守斯图拉河和塔纳罗河一线，保障奥军的侧翼安全；中路为奥军，由阿尔热托指挥，司令部设在萨塞洛，它的任务是占领蒙特诺特，封锁萨沃纳以北的亚平宁山诸隘口，防守卡迪博纳隘道，一旦法军向热那亚推进，就攻击它的左翼，切断萨沃纳的沿海通道和法军的退路；左路由博略亲自指挥，主要任务是从法军手里夺回沃尔泰，阻止法军向热那亚进军。

博略之计，一失先机，未料波拿巴已先越过了卡迪博纳天险；二有重大失策。赫赫有名的博略只知打平原战，不知打山地战。他不懂得山地战中军队行动十分不便，绝对不能分散兵力这一古老的原则，愚蠢地将兵力分成三个互不连接的孤立集团，散布在几十公里的崎岖山地上。这是一个巨大的灾难。天才的波拿巴敏锐地捕捉到了这一错误，给了他沉重的打击。

4月10日，博略元帅率左路军抵达沃尔泰，随即集中8000人从两个方向发起攻击，经过激战，到次日晚夺回了沃尔泰。此时，科利将军指挥撒丁军团还在很远的西面。中路军已远远地离开了奥军左翼。已神速翻越阿尔卑斯山天险的波拿巴果断地放弃原先攻打切瓦的计划，决定集中优势兵力，首先击败态势孤立的中路军。他命令拉哈普率其师翻过尼吉诺山从正面攻击敌人；马塞纳师沿蒙特诺特以西的阿塔尔山脊迂回到敌人的右翼；奥热罗师向敌人的右后方做更深远的迂回，协同马塞纳师形成对敌人的包围。

12日拂晓，浓雾未散，近万名法军突然出现在中路奥军面前。顿时，枪声响成一片。奥军被这突如其来的打击吓蒙了。他们还来不及抵抗，就纷纷逃命，奥军很快崩溃。绝望的阿尔热托只好命令部队后撤。远在西边的撒丁军团急欲助阿尔热托一臂之力，无奈路途遥远，加上山路崎岖难行，只能听任盟军被歼。而正在热那亚和英国舰队司令纳尔逊召开军事会议、庆祝收复沃尔泰的博略元帅对于蒙特诺特发生的战斗一无所知，直到两天后才获得消息。

仅仅几个小时，法军就取得蒙特诺特战斗的胜利，奥军就损失了三千余人，其中2000人成为法军的俘虏。对于波拿巴而言，消灭3000名奥军意义虽小，而控制了奥撒联军的天然连接点蒙特诺特意义重大。从此法军开始隔开了它的两个对手——撒丁军队和奥地利军队，在战略上赢得了主动。

奥军在蒙特诺特失利后，向西北退守米里希摩峡谷和狄戈，企图在那里固守阵地，等待博略元帅和科利将军的部队从两翼向中间靠拢，阻止法军向都灵和米兰方向进攻。波拿巴当即决定：不给敌人以喘息时间，趁两翼敌人来不及向中路增援之时，兵分两路，以最快速度攻占米里希摩和狄戈，切断奥撒联军，然后各个击破。

4月13日，奥热罗师奉命进攻米里希摩峡谷。法军迅速击溃防守峡谷的奥军，并围奥军普罗维拉旅2000人于科萨里古堡。奥军凭借古堡负隅顽抗，法军久攻不克。14日，法军先击溃右翼科利派来的增援部队，然后再聚火力，猛攻古堡。盼援无望，弹药、粮食和饮水都消耗殆尽的奥军被迫缴械投降。

马塞纳

与此同时，马塞纳师和拉哈普师正全力以赴攻击狄戈。狄戈位于米里希摩东北，位置十分重要。法军一旦攻占狄戈，就意味着切断了奥撒联军主力之间的最后联系。对奥撒联军而言，狄戈如果失守，则彼此之间的联系就只有通过后方若干公里以外的崎岖山路才能建立。因此，双方都竭尽全力地争夺狄戈要塞。

14日下午2时，马塞纳师和拉哈普师共2万人从奥军的正面和后方同时发起强大的攻势。一共只有7个营和18门炮的守军支持不住，被迫放弃狄戈，狼狈溃逃。法军进驻狄戈。之后，法军主力迅速西转迎击撒丁军队，准备夺取撒丁军团司令部所在地切瓦。

15日拂晓3时，从沃尔泰赶来增援狄戈守军的伍克索维奇上校率领的一个奥军师抵达狄戈东面。这支姗姗来迟的援军发现法军没有戒备，便突然发起了攻击。法军被赶出狄戈。正在前往切瓦行军途中的波拿巴闻讯后，当即率领拉哈普师和另一个旅星夜回师狄戈，猛攻奥军。15日14时，立足未稳且畏首畏尾的奥军仅两个小时又被士气高昂的法军全歼。值得一提的是，波拿巴的助手拉纽斯身先士卒，激励法军。他用剑尖挑着帽子，冒着炮火冲在最前面。

两天之内，法军两战狄戈，共歼敌八千余人；3天之中，奥军损兵万余，折将军两名，高级军官二十多名；4天之时，法军克蒙特诺特，夺米里希摩，占狄戈，四战四捷，从根本上扭转了法军战略上的不利态势，使整个战场上的兵力对比开始朝着有利于自己的方向发展。奥撒联军处境则"极为恶劣"。奥军三败后，调整部署，"以维护本军团的安全和确保伦巴底的防御"。至此，奥撒联军已成两个互不联系的孤立军团。而奥军退守，无力进攻，使其对法军的威胁暂时解除。波拿巴可以专心致志地在一条战线上作战，着手完成进入皮埃蒙特之初规定的主要目标：击败撒丁人，迫使撒丁王国退出反法战争。

波拿巴在占领狄戈之后，把下一个目标定在切瓦。切瓦位于塔纳罗河的上游，是从南部通往皮埃蒙特平原的重要门户。当时，撒军有1.5万兵力，其中8000人驻扎在切瓦，由科利将军指挥；4000人部署在切瓦北侧的佩达吉尔，从北面掩护切瓦。3000人充当预备队，配置在切瓦西面的蒙太微。波拿巴分兵三路指向切瓦。中路由奥热罗指挥，从正面进攻切瓦和佩达吉尔；左路由塞鲁烈指挥，经蒙特巴兹里科向北，包围敌人的右翼；右路由马塞纳指挥，从敌人的左翼迂回到敌人的右翼。

4月16日，法军进抵切瓦，进攻撒军。撒军初战不利，科利将军害怕撒军被包围，17日晚他们弃守切瓦，趁夜退往圣米凯里与莱塞尼奥之间的科萨利亚河岸，利用几处险要阵地阻击法军。法军尾随而进，强攻撒军。由于地形生疏，塔纳罗河河水泛滥，一连几天法军正面进攻连连受阻，人员伤亡严重。另外，驻守在阿奎以北的奥军正在向切瓦方向移动。为避开两线作战，波拿巴决定：不管士兵多么疲劳，法军必须毫不迟疑地再次发起进攻，以免前功尽弃。

4月22日，法军面临险境。但此时科利将军犯了一个愚蠢且致命的错误。他主动从阵地撤出，准备将军队转移到蒙太微东面一个更有利的阵地上去抗击法军，并等待奥军前来增援。这些天来，波拿巴受阻于这坚固阵地。如今，科利竟放弃了法军付出巨大代价却未能攻克的阵地。波拿巴哪会放过这样的机会。他迅速出兵攻克阵地，并以优势兵力猛攻转移中的撒军。科利弄巧成拙，只得撤离蒙太微，败退都灵。

蒙太微之战，撒军共损失了3000人，8门火炮，10面军旗，还有1500人被俘，其中有3名将军，通向都灵的门户也被打开了。撒丁王国的军队在心理上已失去了抵抗力。撒丁国王维克多·亚马德宣布退出战争，并派拉土尔和拉斯·科斯提前往凯拉斯科城同波拿巴进行媾和谈判。波拿巴摸透了对方的心理——口硬心虚，便以胜利者的身份微视对方，不断地进行威胁、施压，终于迫使撒丁代表接受了波拿巴提出的全部条件。4月28日，双方签订草约。5月15日，双方在巴黎正式签约。其主要内容是：撒丁王国退出反法联盟；撒丁王国将科尼、亚历山大里亚和托尔托纳三个号称"阿尔卑斯之要"的要塞交给法军；撒军拆除了苏萨、勃鲁涅托、厄克集耳等要塞，向法军开放阿尔卑斯山所有的山口；除法军以外，撒丁王国以后不许任何其他军队通过其领土；撒丁王国不能同任何国家缔结任何形式的联盟；将尼斯领土和整个萨沃纳省割给法国；对于驻扎在撒丁王国领土上的法军，该国有义务为它提供所需要的一切物资。

仅仅用了15天，波拿巴就在以弱对强、以寡对众这样异常困难的情况下，运用"集中优势兵力，各个击破"的战略战术，6次击败了奥撒军队，迫和了撒丁王国，抓获了1.5万名俘虏，毙伤了1万多的敌军，征服了皮埃蒙特最富庶的地方。法军在皮埃蒙特的胜利，使整个意大利的形势发生了很大变化。阿尔卑斯山已经失去了屏障的作用。撒丁王国从反法力量的一边变成了法国的属国。这样，波拿巴就可以集中精力对付剩下的敌人——奥地利的军队。但已进一步展示其军事才能的波拿巴并没有被胜利所陶醉，他知道，征意战争仍然困难重重。因此，他继续动员他的士兵："但是，士兵们！同伟大的事业相比，这仅仅是开始。你们还没有征服米兰，还没有征服都灵。祖国期盼你们继续赢得荣誉，祖国相信你们不会辜负它的重托。在你们面前，还有许多战斗等着你们去参加，还有许多城市等着你们去征服，还有许多河流等着你们去跨过。"

抢占伦巴底

伦巴底位于北意大利中部，西起提契诺河，与撒丁王国为界，北以阿尔卑斯山与瑞士毗邻，南以波河与帕尔玛公国交界，东与威尼斯共和国的领土接壤。根据1713年西班牙王位继承战争结束时缔结的《乌得勒支条约》，奥地利帝国攫取了这片肥沃的土地。但高耸的阿尔卑斯山却将伦巴底与奥地利本土分割开。故该地若遭到他国的攻击，是很难从本土得到有效的支援的。该地区土地肥沃，物产丰富，素有"粮仓"之称，经济意义十分巨大。谁拥有了这个粮仓，军队的后勤补给就可以完全解决，国库的财政收入也将得到极大的增加。除此之外，伦巴底的军事地位也不可低估。它拥有欧洲最著名的要塞和意大利最大的河流，即曼图亚要塞和波河。

法撒和约签订以后，法军所处的战略劣势得到了很大的改善。濒于崩溃的后勤供应现在有了根本性的好转；开放阿尔卑斯山的诸山口，使法军与巴黎之间的交通线几乎缩短了一半；长期驻守在法国南部边界的阿尔卑斯军团，可以腾出手来增援北意战场，督政府将其大部分补入了意大利军团，从而使其人数达4.5万人；科尼、托尔托纳和亚历山大里亚要塞可以作为进攻伦巴底的天然跳板。除此之外，民心向着法军。伦巴底人渴望民族独立和政治自由，渴望摆脱哈布斯堡王朝的野蛮统治，渴望法军给他们送来大革命的曙光。

撒丁王国的投降使维也纳宫廷大为震惊，也使得奥军在北意战场陷入了非常被动的局面。奥军在北意战场总共只有35个营和44个骑兵连，约2.6万人。为了维护哈布斯堡王朝的荣誉和奥皇的自尊心，为了保住奥地利对北意的控制，奥皇下令一定要打退法军的进攻，守住伦巴底平原。但形势不利的奥军仍然固执着封建王朝的那种夜郎自大和狂妄无知。他们认为，波拿巴只会打一些不正规的山地战，对于堂堂正正的正规战则毫不擅长。一旦在一马平川的伦巴底平原作战，特别是在其南部低地作战，他们的那支可以与当年匈牙利和克罗地亚骑兵相媲美的精锐骑兵，他们的将领就可以充分施展、发挥他们在陡峭峡谷、崎岖山路的亚平宁山区里无法施展和发挥的优势和才干，而法国人在山地中所赢得的虚名和所享有的优势则会丧失殆尽。

皮埃蒙特之战，法国意大利军团司令、27岁的年轻统帅波拿巴显示出了杰出的军事才能。皮埃蒙特之战刚结束，波拿巴再次显示了他的过人之处——他成功地将战略与政治和谐地融合起来，以政治辅助战争。早在凯拉斯科停战协定签订之前，波拿巴的脑子中就在思考如何进攻米兰，并形成了如何进军米兰的雏形。

根据地理情况和历史传统，法军可有三条道路进攻米兰。第一条是从亚历山大里亚以北的瓦伦察强渡波河，尔后在帕维亚附近渡过提契诺河，由此进入米兰；第二条是从波河上游的克雷莫纳附近强渡波河，然后从东面迂回米兰；第三条是从瓦伦察与克雷莫纳之间的皮亚琴察强渡波河，然后经洛迪进入米兰。第一条路是人们通常使用之路，路途最近，而且法军不会破坏波河沿岸国家的中立地位。但此时正值阿尔卑斯山积雪融化，河水水位最高，法军缺乏工兵和渡河器械，且习惯于惯性思维的博略元帅在这个方向部署了大量兵力。第二条路可直逼曼图亚要塞，切断奥军与这个要塞之间的联系，但它需要远距离的迂回，法军战线很容易被奥军切断，水障同样存在。第三条路的好处是法军既可避开江流暴涨的波河上游和提契诺河两道严重的水障碍，而沿波河南岸迅速疾进，取捷径进入米兰，又可出其不意，攻其不备，乘敌之隙，避实就虚，从而达成战术上乃至战役上的突然性。而其缺点是法军左翼比较暴露，作战线易被奥军切断；另外，法军必须通过皮亚琴察，这样就等于是对中立的帕尔玛公国主权的公然侵犯。

1796年5月3日，波拿巴在亚历山大里亚制订作战计划，出人意料地选择了第三条道路。法军首先使用主力在瓦伦察方向实施正面佯攻，将奥军主力吸引在瓦伦察方向；同时，派出一支精锐部队沿波河南岸秘密东进，在皮亚琴察附近迅速强渡波河；得手后，法军主力立即沿波河南岸急速东进，在先头部队的掩护下，一举渡过波河。其实，在此之前，波拿巴已在实施其战略计划。他先放言将在瓦伦察渡过波河，紧接着，又派兵进驻瓦伦察附近的托尔托纳、亚历山大里亚等地；5月3日，又将法军大本营从凯拉斯科转移到托尔托纳，并亲自指挥法军发起攻击，摆出一副强渡波河的进攻架势，以隐瞒其真实意图和转移奥军视线。

博略元帅率领的奥军在4月底突袭亚历山大里亚、托尔托纳和瓦伦察要塞未果后，便率主力退守波河北岸，企图凭借波河与提契诺河挡住法军，确保瓦伦察方向及其波河一线的防御；波河一旦失守，则退守提契诺河下游的帕维亚，依托帕维亚附近的坚固阵地组织防御，阻止法军从帕维亚附近越过提契诺河。博略以为他的计划无可挑剔，但他太不了解波拿巴，根本没想到波拿巴会无视常规战争规则，借道帕尔玛进攻奥军。

5月4日，法军先头部队掷弹兵2500人，骑兵1500人，由波拿巴亲率从喀斯奇吉奥向波河下游移动。奥军虽察觉了这一行动，但却没有敏感地把法军这一举动与渡河联系起来。5月6日，由安德罗塞上校指挥的左路军和达里曼将军指挥的右路军同时疾进到皮亚琴察，抢占了该城，并搜集渡河器材。5月7日，波拿巴率领的精锐部队也突然出现在了皮亚琴察。惊愕不已的博略元帅这时才明白了波拿巴的真正意图。但奥军主力几万人都部署在波河上游的帕维亚地区，只有少量兵力防守皮亚琴察，他们是挡不住法军强渡波河的。博略急率部队前往增援。

5月7日上午，法军开始强渡波河。由拉纳上校率领的突击部队，在很短的时间里便安全抵达了波河北岸，并且以凌厉的攻势打垮了一支企图阻止法军上岸的奥军骑兵部队。紧接着，法军先头部队在几个小时内也渡过了波河。在这次渡河战斗中，拉纳上校表现得异常出色，他的非凡才能和勇敢精神，给波拿巴留下了极其深刻的印象。几年以后，他被晋升为法国元帅，后来还被封为芒泰贝洛公爵。他也是第一个为拿破仑帝国捐躯的元帅。

下午，赶来阻止法军渡河的奥军先头部队赶到了皮亚琴察北面。他们在古雅多米里奥附近进攻法军。兵力不足的法军被迫退至波河附近。当晚，奥军列普塔伊师占领了皮亚琴察以北大约4公里处的佛姆比奥。这使波河北岸的局势骤然发生了变化。法军人少势寡，只有背水一战。

5月8日，波拿巴集中波河北岸几乎所有兵力对奥军列普塔伊师发动了一场大规模的进攻。背水一战的法军异常勇猛，佛姆比奥5000名孤立无援的奥军根本抵挡不住近万名法军的猛烈攻击，只好向皮其格顿实行突围。法军只用了很短的时间便一举攻占了佛姆比奥，取得了法军在波河北岸的第一个胜利，扭转了法军在波河北岸的不利局面，并为法军主力渡过波河创造了有利的条件。这一天，法军主力开始渡河。由于渡河器材的缺乏，10日法军主力才全部渡过波河。而到了此时，博略元帅仍盲目乐观地认为，只要奥军再发动一次新的进攻，就可以将法军赶到波河南岸。5月9日，博略元帅命令列普塔伊师协同主力对法军发动一次新的进攻，企图趁法军立足未稳之时重新夺回佛姆比奥。但两部奥军的联系全部被法军切断，因而奥军的计划落空了。当天下午，奥军被迫向洛迪和米兰方向退却。主力全部到达阿达河左岸。假如法军有架浮桥的器材，不在征集船舶和构筑波河的桥梁方面耽误60小时，奥军也许就没有机会渡过阿达河，法军很可能会比奥军早到米兰。

法军主力渡过波河后，整个形势变得对法军非常有利。而此时的博略已经有些不知所措了。他既不打算守住皮其格顿,又不打算集中兵力作战,只仓皇地率军向东撤退,留下12个营和16个骑兵连约1.5万人,火炮36门,由希波顿多夫将军指挥,驻守阿达河东岸的洛迪。

洛迪是阿达河下游右岸的一个小镇,位于米兰东南大约40公里的地方,向北有公路直达米兰,向东经洛迪桥可到克里马,交通十分便利,军事价值极大。只要洛迪失陷,整个伦巴底西部就会落到法国人的手里,米兰沦陷也只是个时间问题。故奥军在此作了周密的部署:以1个营和2个骑兵连防守洛迪城,3个营扼守洛迪下游的克里多,防止法军从南面迂回奥军左翼;其余的8个营和14个骑兵连全部配置在阿达河东岸的洛迪桥附近,全都用于防守该桥,阻止法军从洛迪方向强渡阿达河东进。

5月10日,最富有传奇色彩的洛迪之战打响了。上午,法军主力在开往洛迪的途中追上奥军的后卫,便展开了猛烈的进攻。奥军由于渡河逃命心切,消极应战,被打得一败涂地。法军趁势猛攻洛迪城,一鼓作气地攻占了该城,并秘密集中3500名精锐士兵于城内。奥军在阿达河西岸的防守能力丧失了。

为了阻止法军东进,已退到阿达河东岸的奥军企图炸毁洛迪桥。洛迪桥紧靠着城墙东门,是一座狭长的木架桥梁,长150米,宽10米,连接着去布雷西亚的大道,是一个交通枢纽。波拿巴早已认识到了该桥的重要性。为了防止敌人炸桥,他将前卫仅有的两门火炮调到洛迪桥附近,亲自向敌人瞄准射击。在法军严密的炮火封锁下,奥军难以靠近大桥,炸桥计划只得作罢。

下午,争夺洛迪桥的战斗开始了。波拿巴派蒙芒将军率一支骑兵到洛迪上游的3.5公里处的莫占基附近徒涉过河,攻击敌人的右翼,分散敌人对洛迪方向的注意力。狙击队隐蔽于洲渚上；全部火炮沿河右岸布列射击，压制奥军的炮兵阵地；波拿巴自己亲率一支突击队准备从正面强攻，依靠突然性和勇猛抢占洛迪桥。诸将大多认为夺取洛迪桥难度太大，但波拿巴不为所动。大约傍晚6时，蒙芒的部队开始在上游涉水渡河，攻击奥军右翼——洛迪城：法军炮兵集中火力轰击奥军。当奥军的火力刚有所减弱时，几千名法军突击队员突然打开洛迪城门，冲向洛迪桥。奥军见状，急忙集中火力封锁桥头。顿时，奥军30门火炮的霰弹、铳枪弹一齐落向桥头和周围地带。法军伤亡惨重，士兵们畏缩不前。就在这时，波拿巴勇敢地站在了桥头，指挥士兵奋勇向前。勇将拉纳则一马当先。突击队顿时士气大振，大家不顾安危，冒着枪林弹雨，前仆后继，像潮水般冲向大桥。当冲到桥中间时，一些士兵发现前面河水很浅，可以徒涉，于是便纷纷从桥上跳下，一面蹚水前进，一面举枪向奥军射击。这样，桥上桥下法军相互配合，勇往直前，一举击溃守桥奥军，夺取了洛迪桥，并打退了奥军支援部队的几次反扑，捣毁了奥军的炮兵阵地，全部肃清了洛迪对岸之敌。

洛迪一战，奥军损失了2.5万余人，丢弃了15门大炮和大量的物资，而法军仅伤亡二百余人。波拿巴也因这短暂的一瞬，在法国士兵和意大利人中间产生了异乎寻常的影响。法国士兵亲切地称他"小伍长"，热情地称颂他们的司令，传颂他那斯巴达式的勇敢精神。许多伦巴底人甚至把波拿巴比作是当代的恺撒和汉尼拔，称他是当代的朱庇特。一夜之间，波拿巴在人们心中成了一位传奇式的英雄。也就在这一夜，波拿巴坚定了成为一个伟大人物所不可缺的自信心，激发了他开发伟大事业的强烈欲望。拿破仑后来在圣赫勒拿岛时曾回忆说：

"葡月事件，甚至是蒙特诺特战役，都还没有使我把自己看作非凡的人物。只有在洛迪战役后，我起了一个念头：在我们的政治舞台上，我大概可能成为一个起决定作用的人物。第一个功名心的火花在那时出现了。""正是在洛迪附近的那天晚上，我相信自己是一个非常人物，我充满着干一番伟大事业的功名心。"

法军占领洛迪后，波拿巴立即分兵两路，一路向东南追击奥军残部。5月11日，法军包围并占领了阿达河下游的皮其格顿，俘敌三百余人；接着，又迅速攻占了波河下游的克雷莫纳，将奥军全部赶过了奥利奥河。另一路法军由马塞纳和奥热罗指挥向西北直取米兰。

米兰，始建于公元前600年，古称梅迪奥拉努姆，是一座历史悠久的文化名城，此时为伦巴底首府。5月14日，法军兵临城下。奥军守敌仅1800人，自知力不能抵，故宣布无条件投降。5月15日，法军在人们的欢呼声中，雄赳赳气昂昂地穿过了高大的凯旋门，浩浩荡荡地开进了米兰城。

米兰易主，对于法国人来说，无论是政治上、军事上，还是经济上都是一个重大的胜利。欣喜若狂的督政府以为得到了"聚宝盆"。相反，对奥地利人而言则是一个巨大的失败。它意味着奥军的伦巴底防线已经彻底崩溃，奥地利人对伦巴底的长期统治也不复存在。

1796年夏初，正当莫罗将军指挥的莱茵军团和儒尔当指挥的松布尔-马斯军团在德意志战场上无所作为的时候，波拿巴率领的意大利军团仅用40天就奇越阿尔卑斯山天险，克蒙特诺特，陷切瓦，迫和撒丁王国，瓦解奥军波河防线，勇夺洛迪桥，攻占米兰古城。这一连串令人难以置信的胜利，令法国民众为之欢呼雀跃，但平庸无能的政客们则惴惴不安。督政府开始害怕这位在意大利疆场的年仅27岁的将军。为防止波拿巴专权反戈，为消除波拿巴的威胁，督政府决定将意大利军团一分为二：即由克勒曼将军指挥北意大利战事，波拿巴负责南意大利战事。

波拿巴得知这一消息后，异常愤怒。他给督政府写了一个措辞强硬的报告。他申明，一切想使他本人和克勒曼在意大利合作的安排，必然招致失败。他绝不可能同一个以欧洲第一将才自居的人合作。"一个优秀的将军胜过两个蹩脚的将军。"他甚至以辞去军团司令的职务相要挟。

督政府肢解意大利军团，分散指挥权，蓄意剪除鹰翅的政治伎俩是十分愚蠢的。因为从军事上看，当时奥军增援部队已经到达，如果分散指挥权，将使深入半岛的法国部队全军覆没。因克勒曼所带领的主力如果要紧守波河左岸，军队数量实在太少。其结果只能是几个星期，法军就会被赶到阿尔卑斯山的后面去。故当波拿巴表示出强硬态度时，督政府不得不向波拿巴做出让步，并向波拿巴表示："对你的才能及你对共和国的忠诚，都深为信任。"从这以后，督政府一般不再过问意大利军团的事情，而波拿巴则继续指挥着法军在意大利取得一个又一个重大的胜利。

法奥拉锯曼图亚

欧洲流传着这样一句名言："曼图亚在谁手，意大利归谁有。"曼图亚要塞位于明乔河下游的东岸，西面和南面有距离不远的波河作掩护，距亚得里亚海和地中海同样远，约为70英里。该要塞的地势极为险要，它完全建造在三个湖泊之间，其构筑异常精巧，凭借五道纵向湖堤与陆地相连。第一道堤位于要塞北面，长约100法尺，堤端构筑一座五角形城塞。从湖堤向北有一条通往罗韦贝拉的公路。从那里向北，是克达维罗纳和佩斯基耶拉。第二道堤位于要塞东面，长约180法尺，堤面有石门可以关闭，湖中间建有吊桥，堤上公路通向曼图亚城郊，向东可以直接通向洛尼亚戈要塞。第三道堤位于要塞东南面，皮耶托利公路从上面通过；这里的湖面宽仅80法尺，湖与要塞之间的地面上建有一座坚固的兵营，兵营四周环有灌满水的壕沟，整个兵营都处于要塞的火力控制之下。第四道堤位于要塞西南面，堤面有石门可以关锁；这里的湖面比较宽阔，堤上有一条可以通往摩纳德的公路。第五道堤位于要塞西面，长约200法尺；这道堤可以得到构筑在湖中央的尖角堡的掩护，堤上的普拉代拉公路可以通往西面的克雷莫纳。该要塞可屯兵数万之众，是世界第一流的军事要塞。只要守住这个要塞，便可封锁亚平宁半岛的一切入口。从古罗马时代开始，这里就曾多次发生要塞争夺战，早已闻名遐迩。故曼图亚要塞有"意大利锁钥"之称。

在奥地利人眼里，曼图亚的价值还不限于此。该要塞的得失直接关系到奥地利西部的安全。因此，在米兰陷落后，博略元帅率领东撤的奥军很快退到了明乔河一线，并构筑了一条从加尔达湖至曼图亚的新防线。在这道不足50公里宽的防线上，会集了东撤奥军和其国内援军共42个营和41个骑兵连，约3.1万人。奥地利决心集中兵力，死守明乔河，确保曼图亚。

奥军的部署是：利普塔师配置在佩斯基耶拉地区，兵力约4500人，主要任务是掩护整个防线的右翼，扼守佩斯基耶拉要塞；科利将军指挥的5000人配置在戈伊托地区，构成奥军的左翼，主要负责掩护曼图亚要塞，阻止法军在戈伊托附近地段强渡明乔河；谢博田夫配置在博尔杰托至彼佐罗地段，兵力约6000人，主要负责掩护整个防线的中央，以阻止法军从正面突破明乔河防线；另外，由梅拉斯将军率领4500人配置在维拉弗兰卡地区，充当预备队，准备随时向受威胁的方向实施增援。除此之外，奥军在曼图亚及其附近还驻有1万人，其中5000人配置在基耶泽河下游及波河附近，用于从南面掩护曼图亚要塞。

在攻陷米兰后，法军略作休整。5月25日，波拿巴便率军东进。法军先渡过奥利奥河，占领威尼斯共和国领土上最大的城市——布雷西亚，紧接着，向加尔达湖至曼图亚一线挺进。5月底，法军进抵明乔河。

波拿巴立即搜集敌人情报，仔细分析了奥军的明乔河防线，发现奥军看似十分严密的防线却有很多可乘之处。奥军防守时是平均分配力量，在最关键的中部，奥军只配置了数量有限的兵力，加上预备队不过万人。而明乔河真正便于强渡的仅仅7公里长的地段也恰恰在这里。因此，波拿巴决定，避开敌人的两翼，集中优势兵力，在明乔河中部博尔杰托、瓦莱焦附近突破敌人的防线，然后迅速地从北面包围并封锁曼图亚要塞，切断该要塞与奥军主力的联系。

为了实现法军的战略计划，波拿巴派奥热罗师挺进加尔达湖西岸的代森察诺和明乔河上游的佩斯基耶拉搜罗船只，虚张声势，佯装要在此强攻。马塞纳师、塞律里埃师和基尔曼师分别由蒙太基亚罗、蒙查和卡斯奇里恩向明乔河一线秘密推进，准备在博尔杰托一举突破奥军的明乔河防线。波拿巴的这一切不过是一个月前强渡波河的重演。

但首鼠两端的奥军害怕后路被断，急忙增兵北线，而对最受威胁的中路却未予重视。

5月30日上午，缪拉将军指挥的法国骑兵首先向驻扎在博尔杰托的奥地利骑兵和那不勒斯骑兵发起猛攻。人数处于劣势的法国骑兵很快就击败了擅长马上作战的奥地利人以及那不勒斯骑兵，攻入了博尔杰托，并且俘敌2000人，其中包括那不勒斯骑兵指挥官库托公爵。奥军惊慌失措地炸毁了博尔杰托附近唯一的一座桥梁，把一部分奥军也阻在另一边，留给法军去收拾。法军则个个奋勇争先，加尔丹上校不顾奥军的猛烈炮火，亲率一支掷弹兵队伍，跳入了齐胸深的河水中，举着武器泅水前行。势单力孤的奥军见此阵势，气馁地放弃阵地，败退瓦列德约阵地。上午10时，法军先头部队又一鼓作气，夺下该阵地。法军后续部队也迅速渡过明乔河。被博略元帅视为固若金汤的明乔河防线几个小时就被波拿巴撕破了。无计可施的博略元帅只留下1.1万余人和大量弹药、粮秣固守曼图亚，自己则率军退往蒂罗尔。法军乘势进入阿迪杰河谷地，抢占威尼斯共和国的著名要塞维罗纳，将奥军一分为二。之后，法军又继续将自己的两翼向阿迪杰河上游的里沃利方向和下游的洛尼亚戈方向延伸。与此同时，塞律里埃师和奥热罗师迅速向曼图亚要塞推进，法军主力包围了曼图亚，封锁了除北面的法沃里塔堤以外的四道湖堤出入口。

在法军进攻明乔河的当天中午，法军大本营里发生了一件令人难以置信的事情：奥军突然出现在法军大本营，波拿巴遭遇险情。原来，奥军驻波佐罗的谢博田夫将军整个上午没有得到任何消息。近中午时，他发现了博尔杰托方向炮声沉寂。为了弄清情况，他亲自带领一连骑兵，沿东岸向北搜索前进，因而在瓦列德约意外地遇上了波拿巴。奥军走进村子，潜进波拿巴的住所。幸好波拿巴的卫兵发现了敌情，关闭了大门，大声报警。屋里顿时一片混乱。波拿巴顾不得穿上靴子，急忙从后门溜出，得以脱险。从此以后，为保卫自己的安全，波拿巴建立了一支专门用于保卫大本营的专职卫队。其成员都经过精心挑选和专门训练。担任警卫的这支部队也经常在一些关键时刻被投入战斗。负责指挥这支部队的贝西埃尔上尉，后来成了法国第一流的骑兵指挥官，并被封为伊斯的利亚公爵和帝国元帅。

在奥地利名望极深的博略元帅却在意大利战场连连败给年方27岁的波拿巴，丧兵失地，奥地利举国震惊。在他们眼里，意大利的地位举足轻重。因此，奥军统帅部不惜放弃对阿尔萨斯的进攻，从莱茵战场抽走3万余人，另再调集2万余人，于7月下旬分兵三路开往意大利战场。博略之职也被维尔姆泽元帅取代。这位曾多次击败法军的奥地利老将声称："我欲生擒此小儿"，不惜一切代价夺回意大利。

法军在意大利的形势并非高枕无忧。前一段时间，法军出于战略要求，在亚平宁半岛上孤军急进，法军的后方并不稳固。奥军逃兵和皮埃蒙特逃兵组成反革命武装骚乱法军后方。罗马宫廷也在内加紧扩充军队，向外串通英国，准备策应反扑的奥军。一营法军士兵从后方开往前方，同法军主力会合，一路上要打好几仗。波拿巴深知后方巩固的重要性、腹背受敌的危险性。因此，6—7月间，法军并未全力攻打曼图亚要塞，而是分兵进剿占领区的残敌与叛贼，扶植亲法政权，整肃社会秩序。拉纳上校攻克阿尔克瓦特，枪毙了一批叛匪；缪拉将军开进了热那亚共和国，驱逐了奥地利公使；奥热罗占领教皇的教使区波伦亚和斐拉拉；波拿巴亲自占领了摩纳德和里沃利，波河右岸皆入法军之手。教皇庇护六世也不得不向波拿巴割地纳金求和。

7月下旬，奥军分兵三路由蒂罗尔南下意大利。左路军5000人，由达维多维奇、美萨罗什和米特罗夫斯基等指挥，在加尔达湖东面沿阿迪杰河前进，以牵制法军主力，保证奥军主力向曼图亚方向推进。中路军四个师2.4万人，由维尔姆泽亲自指挥，沿阿迪杰河开进，直指曼图亚。右路军1.8万人，由克瓦日达诺维奇、奥奇卡伊、奥特和列伊斯公爵指挥，从加尔达湖西侧南进，切断曼图亚与米兰法军的联系，并断其退路。南下奥军期望曼图亚守军与之相策应，南北夹击法军。

面对敌人分进，波拿巴早有准备。7月上旬后，法军便着手加强维罗纳至布雷西亚一线的防御。下旬，法军应敌部属全部到位：左翼，索雷将军率4000人，驻萨洛和基耶泽河谷，掩护加尔达湖以西地区，截断由特兰托通往布雷西亚的大道；马塞纳率1.5万人布置在索布伦戈及其以北地区，防守阿迪杰河谷与加尔达湖之间的地区，掩护整个防线的中央。铁斯皮努和奥热罗各率5000人部署于维罗纳至洛尼亚戈一线，掩护阿迪杰河中游和下游地区，保证法军右翼安全。另外，基尔曼骑兵师3000人在维罗纳一带随机而动。塞律里埃率兵1万余继续围攻曼图亚。

7月29日，奥军开始发动大规模的进攻。维尔姆泽率中路军攻占了科朗纳等地，迫使法军放弃里沃利，退守卡斯泰尔努瓦。左路奥军也推进到阿迪杰河左岸的维罗纳高地。右路奥军向加尔达湖以西地区的法军发动进攻，攻占萨洛、加尔瓦多、布雷西亚、圣马可桥、蒙太基亚罗，切断了法军与米兰之间的交通线，还包围了格尤奥将军的部队。分进合击的奥军以其优势兵力开了一个好头。

面对严峻的形势，波拿巴迅速改变了策略，暂时放弃对曼图亚要塞的围攻，集中优势兵力，歼灭敌人的有生力量。根据奥军兵力分散在彼此隔绝的方向的弱点，波拿巴决定乘奥军尚未会合前，先歼灭最孤立的奥军右翼，既使法军免受奥军的夹击，又可确保法军侧翼和后方的交通安全。

7月30日晚，波拿巴命令马塞纳师、铁斯皮努师和奥热罗师主动放弃阿迪杰河一线的防御阵地，秘密开往明乔河西岸，隐插到奥军中路与右路中间。同时，塞律里埃师解除对曼图亚要塞的包围，撤到马尔卡里亚。"惊恐失措"的法军毁坏了所有攻城炮架和炮床，将一切可能落入敌手的武器和弹药统统扔进了湖里。

7月31日—8月1日，法军在萨洛、洛纳托、蒙太基亚罗、布雷西亚等地接连击败了克瓦日达诺维奇等率领的奥军右翼的三路纵队，成功地截断了它与奥军主力的联系。此时，年迈老朽、指挥笨拙的维尔姆泽不顾右翼集团，渡过阿迪杰河，直扑曼图亚。当奥军赶到曼图亚时，法军阵地已空无一人。维尔姆泽以为法军已闻风而逃。当他正沾沾自喜，沉迷于法军全线撤离意大利的美梦时，右翼奥军的丧报不断传来。如梦方醒的维尔姆泽才迅速地率军北进，直扑卡斯奇里恩和洛纳托，并一度从法军手中夺得这两个阵地。但勇敢的法军倾力夺回了这两个阵地。奥热罗、朱诺等法军将领都身先士卒，奋勇当先，一举粉碎了奥军中、右路军会师的企图。奥军右路军从此一蹶不振。

奥军中、右路军会师的企图彻底破灭后，对法军人数和各处阵地部署都一无所知的维尔姆泽决定孤注一掷。他集结了明乔河西岸的全部2.4万名奥军进攻卡斯奇里恩。而法军已集结了3万人严阵以待。波拿巴针对奥军战线过长、兵力偏重右翼的缺陷，制定了声东击西、前后夹击的战略。由马塞纳佯攻，稍战便示弱向西北败退，吸引奥军主力；而后，奥热罗师向奥军中部强行突破，从正面击败敌人；维尔德耶将军率军攻击奥军最薄弱的左翼。另命塞律里埃师从马尔卡里亚出发，从西南面向奥军左翼实施夹击。

8月5日，卡斯奇里恩之战开始了。当维尔姆泽准备在右翼抓住法军"不战自溃"的有利时机，一举打通与克瓦日达诺维奇的联系时，法军在奥军左翼发动了大规模的进攻。法军前后夹击，一举击溃了奥军左翼，奥军统帅维尔姆泽险些被俘。法军随即向奥军中路和右翼进攻，奥军支持不住，被迫向明乔河一线撤退。波拿巴并未给奥军以喘息之机，自己三昼夜未休息，换马数匹连续追击。维尔姆泽走投无路，遂以1.8万人入守曼图亚，其余北逃。法军乘胜追击。6日，马塞纳师和奥热罗师沿明乔河上行，夺得佩斯基耶拉要塞和博尔杰托。7日，法军渡过明乔河，塞律里埃收复阿迪杰河中游重镇维罗纳。11日，马塞纳师和奥热罗师向东北推进到科朗纳和阿拉高地。12日，圣伊烈尔将军率部占领了加尔达湖西岸的罗朗德涅和里瓦。这样经过一个多月的奋战，奥军被赶到了罗维雷托及其以北地区。

奥军首次曼图亚解围之战以失败告终。奥军损失惨重，共伤亡2.5万人，被俘1.5万人，损失火炮70门，军旗9面；法军伤亡七千余人。波拿巴创立了全新的军事理论垂青于世：不以攻城略地为满足，以全力歼灭敌人的有生力量为最大目标。集中优势兵力各个击破，侧翼攻击等战术进一步体现了他高超的统率艺术和指挥才能。

法军在击破奥军第一次解围部队之后，又对曼图亚进行了包围，大致恢复了以前的部署。波拿巴让疲惫之师先进行休整，养精蓄锐，准备围攻曼图亚，长占意大利。

维尔姆泽大败而退蒂罗尔后，奥地利心有不甘，又给他补充新锐，使之兵力达5万人。1796年9月初，奥军分兵两路南下，二解曼图亚之围。达维多维奇率兵2万，扼守蒂罗尔的门户罗维雷多，力保路通；维尔姆泽亲率主力3万，沿布连达河南下。

9月2日，波拿巴得悉奥军情报后，便派兵沿加尔达湖西侧北进迎击。9月4日拂晓，法军偷袭罗维雷多，大破奥军于噶里诺附近，俘敌700人。5日，法军占领托里安，断了维尔姆泽的退路。紧接着，波拿巴沿布连达河河谷南下尾追奥军主力。9月8日，败奥军于巴萨诺，俘敌6000人，缴军旗8面，浮桥器材2套，辎重车200辆，火炮32门，马车一百余辆。奥军本有被全歼之虞，因法军追歼部队迷路，维尔姆泽才得以率军1.6万人遁入需解围之城曼图亚避难。法军一鼓作气攻克曼图亚要塞城外堡垒，使奥军只能龟缩在要塞之内。

9月1日—18日，奥军二解曼图亚，损失了30位将军，2.7万人，其中死亡3000人，负伤6000人，被俘1.8万人，损失火炮75门，军旗22面，马6000匹，剩余解围兵马被困入孤城。法军仅损失7500人，其中死亡1800人，被俘1400人，伤4300人。

奥军在德意志战场连败法军，迫其退守莱茵河右岸，但在意大利战场却一败再败，曼图亚要塞岌岌可危，3万余守军嗷嗷待救。奥地利宫廷心神难定。为了不丢失"意大利锁钥"，保住意大利，奥地利决定调遣两个军团约6万兵力，委派60岁骁将阿尔文齐为统帅，再次前往意大利解曼图亚之围。

1796年10月末，奥军在蒂罗尔和颇底诺集结完毕。阿尔文齐决定分兵两路分别从北面和东面前进，合击维罗纳，再攻曼图亚。阿尔文齐亲率3万人西越比亚佛河，通往维罗纳；达维多维奇率兵2万由波森南下维罗纳。另外，库斯达诺维基奇率军一部南进托里安，以阻止法军袭击奥军后方。

正在围攻曼图亚的波拿巴获悉奥地利援军再来，法军兵力虽处于劣势，但波拿巴又一次决定乘奥军未合围之际主动出击，使法军免去被夹击之虞。塞律里埃师仍围攻曼图亚；伏波伊北上迎击达维多维奇；自己亲率主力东进布连达河迎击阿尔文齐。北上迎敌的伏波伊师虽战事不利，但牵制住了南下奥军，使之行动迟缓，从而使波拿巴可以专心于东面战场。

11月11日，东路奥军渡过布连达河，进抵卡尔迭罗。法军马塞纳师和奥热罗师迎敌于此。法军先胜，后因大批奥军接踵而至，遂撤至维罗纳。阿尔文齐为遵循计划，竟在卡尔迭罗滞留两天，以等待北路军，协同进军维罗纳。波拿巴决定避实就虚。14日夜，他仅留兵3000名驻守维罗纳，自己率主力沿阿迪杰河右岸南进迎击奥军。15日拂晓，法军在仑格渡河，进攻阿尔科莱。由于沼泽地行动不便，加上波拿巴顾忌后路被切断，当日法军无果而退。次日，法军再次渡河攻击阿尔科莱。这日法军也曾一度后退，波拿巴也陷入泥沼中，幸得副将贝利亚和弟弟路易营救才得以脱险。双方激战两日仍难分伯仲。战至第三日，波拿巴方才获胜。17日15时，天降浓雾。波拿巴命五十余名骑兵带号兵多名，乘雾迂回到奥军侧翼，伪装成大队骑兵突袭，实行骚扰，自己率兵从正面猛攻。奥军苦盼北路军而北路军迟迟不至，最怕法军有援偏偏其援又至。奥军害怕陷入法军的夹击和包围之中，慌忙退却。法军乘势掩杀，结果奥军又败。阿尔科莱之战，波拿巴仅用2万余的机动兵力作战，打败了阿尔文齐指挥参战的4万余人。这一战，双方伤亡均超过8000人，法军因"坚持最后5分钟"而获胜。

获胜后波拿巴一面追击溃退之敌，一面亲率法军北上支援伏波伊师。达维多维奇闻讯大惊。19日奥军自动北退，法军乘势追杀，击败敌军。

当法军分进迎击两路奥军之时，龟缩在曼图亚的维尔姆泽先是不知如何是好，待其欲试行出击，协同自己的援军时，援军已败。曼图亚奥国守军1.8万余人只得躲回要塞继续固守。

法军在阿尔科莱取胜后，督政府欲与奥国议和，以伦巴底交换莱茵河左岸地区。波拿巴则拟取曼图亚后再议。两国议和之事只得作罢。奥国难舍北意大利，故又到各战区抽兵调将，到各地招募志愿兵，集结8个步兵师、7个骑兵师和若干个骑兵旅共10万大军，再命阿尔文齐为元帅，于1797年1月上旬挥师南下，四解曼图亚之围。

阿尔文齐这次南下，少了几分傲气，多了几分城府。奥军统帅部经周密策划，决定兵分三路，从北、东北、东面一齐进攻。阿尔文齐率3万大军由托里安南下里沃利，沿阿迪杰河河谷向曼图亚进击；巴亚利亚将军率1万人由巴萨诺出发，先占维罗纳，而后向曼图亚靠拢；普罗维拉将军率1万人，从东面攻占洛尼亚戈，抢渡阿迪杰河，再从东南方向迂回曼图亚。里沃利为主，其他两路为辅。为迷惑法军，三路奥军同时进攻。此外，统帅部传令曼图亚守军积极配合援军。若计划失败，可放弃要塞，全部撤到裴拉拉一带，或撤到教皇领地，与教皇军队会合，从南面牵制和威胁法军。

对于奥军再来，波拿巴早有所料。阿尔科莱战役结束后，他顺便加强意大利北部地区的防御，并请法军统帅部从普罗旺斯调来两个兵力联队增援，使在意法军达4.3万余人。法军兵力增加，但波拿巴开始却不知奥军从何处进攻，只好让塞律里埃师9000人继续围攻曼图亚，把其余3.4万法军配置在从加尔达湖右岸至阿迪杰河下游长达几十公里的宽大正面上。其中，雷伊率一个师布置在加尔达湖南岸的代森察诺附近，掩护法军左翼；茹贝尔率一个师布置在科朗纳、里沃利和布索伦戈之间的狭长地带，扼守加尔达湖与阿迪杰河峡谷之间的重要通道；马塞纳率一个师驻扎维罗纳及其附近地区，防守整个战线的中部；奥热罗率一个师驻守阿迪杰河下游的洛尼亚戈一带，保护法军右翼。另有维克多一个旅部署在明乔河中游的戈伊托充当后备力量。

1797年1月12日，奥军三路齐攻。中路奥军在维罗纳被马塞纳师击退。普罗维拉的东路奥军则击退奥热罗师，攻占贝维拉夸、洛尼亚戈，逼至阿迪杰河，威胁法军右翼。北路奥军在里沃利与法军激战，这是具有决定性作用的战场。

里沃利位于加尔达湖以东，西面和南面有一条大约200米宽的低洼河谷与巴尔多山隔开，东面环绕着水流湍急的阿迪杰河。这是一个不可多得的天然阵地。奥军力图一举夺取它。12日，阿尔文齐把3万军队分成6个纵队向里沃利方向突击，多次进攻均被法军击退。但在这一天，波拿巴仍未弄清奥军的主攻方向和真实意图。

13日，里沃利方向的局势开始直转急下。以寡敌众的茹贝尔被迫放弃了科朗纳一带的阵地，撤到里沃利高地。整个形势变得对法军非常不利。就是在这狂风呼啸、大雪纷飞之夜，焦虑不安的波拿巴终于弄清了奥军的主要进攻矛头是里沃利地区。波拿巴决定暂置维罗纳安危于不顾，集中优势兵力去歼灭里沃利的敌人主力。他不顾天气恶劣，命令马塞纳率7个步兵营和1个骑兵营立即从维罗纳出发，星夜急速赶往里沃利；同时，命令雷伊率部由代森察诺向卡斯泰尔努瓦方向移动，跟随马塞纳部前进；另命缪拉率一支轻装部队，从萨洛附近横渡加尔达湖，绕到奥军的背后，切断他们的退路。

波拿巴反应快速，决策英明，法军不辞辛苦，急速挥师北进为法军的胜利奠定了基础。1月14日午夜2点，仅带几名随从先行的波拿巴赶到了里沃利高地，立即命令茹贝尔师转入进攻，力争趁黑夜迅速夺回位于曼宁山南麓的圣马尔克小教堂，力求在马塞纳师到达之前阻止奥军向里沃利高地接近。4时，法军发起攻击，猝不及防的奥军在睡梦中蓦然受袭，惊惶而退。法军占领了小教堂，并乘胜把奥军压退至曼宁山山腰。但天色放亮后，兵力不足的法军攻势渐弱，而奥军援军却源源而来，形势急遽逆转。上午9时，茹贝尔师的一部已被奥军紧紧包围。法军似乎难逃败劫。然而就在这时，马塞纳师从维罗纳方向赶到了。10时，马塞纳的部队从正面转入进攻。波拿巴亲率法军仅用半个小时就将奥军正面进攻里沃利高地的克勃列斯和利普塔伊两路纵队驱回巴尔多山南麓。与此同时，茹贝尔师与奥军克瓦日达诺维奇激战于圣马尔克小教堂附近。克瓦日达诺维奇欲趁法军忙于追击奥奇卡伊纵队之机，再占小教堂。由于道路崎岖，奥军行进缓慢。当他们尚未接近小教堂时，波拿巴已探得军情，派茹贝尔速抽3个营赶往小教堂，抢得有利地形。当奥军正企图由峡谷爬上高地时，法军里沃利高地上的15门大炮霰弹一齐飞向奥军，炸得奥军血肉横飞，魂飞魄散。接着，法军骑兵又居高临下、像洪水一样猛冲下来。奥军招架不住，只得丢下无数具尸体，转身向山谷溃退。恰在此时，奥军一辆弹药车又中了炮弹，掀起冲天巨浪，迸出震天声响，震得奥军心神俱失。一些奥军双脚变成四脚，一些奥军变成滚筒，连滚带爬一溜烟地败下山去。右翼奥军被法军闪电般击退了。当进攻里沃利的正面和右翼奥军接连失败时，卢聿良纵队仍错误地认为：驻军里沃利的法军已被彻底包围了，奥军只要再发动一次进攻，整个茹贝尔师就会一败涂地，结果，孤军深入。当奥军爬上里沃利南面的比波罗高地时，腹背同时受击。奥军只得丢下武器，各自奔命去了。至此，奥军在里沃利方向的进攻就彻底地失败了。仅14日，奥军就折兵七千余人，丢掉了几乎所有火炮。

然而，当法军正欲追击阿尔文齐军时，普罗维拉率东路奥军渡过阿迪杰河，击退奥热罗师左翼，挺进曼图亚。15日中午，抵进曼图亚东面的圣若尔日城堡。奥军进军如此神速，以至法军守城部队差一点把奥军部队当成奥热罗师的先头部队。所幸两名在离城几百米远的地方砍柴的法军士兵发现了敌情，及时发出警报，才未酿成大祸。守城法军英勇阻击，加上曼图亚守军司令维尔姆泽反应迟钝、动作迟缓，未主动出击，法军得以阻住奥军前行。

15日，波拿巴得悉南线危机后，断然放弃全力追击之计划，下午即率主力挥师南下。法军昼夜兼行，马不停蹄，疾行五十多公里，在16日凌晨赶到曼图亚北面3公里处的法沃里塔，抢占了法沃里塔与圣若尔日之间的有利地形。16日上午，法沃里塔法军塞律里埃师挫败曼图亚奥国守军之出击，迫其退回要塞。前来援救的普罗维拉大军腹背同时遭到法军攻击，进退维谷，遂于下午2时向波拿巴投降。法奥法沃里塔之战速战速决。奥军伤亡6000人，被俘2.5万人，几乎被全歼。奥军东北路巴亚利闻败而退。曼图亚要塞奥国守军祈求解救的最后一线希望也成为泡影。

与此同时，茹贝尔师在里沃利方向追击毫无组织的北路奥军进展得十分顺利。在布兰塔峡谷，法军俘敌600人；缪拉率军围攻科朗纳，差点俘获奥军元帅阿尔文齐；其他各路法军相继转入反攻。不久，法军便将战线推进到罗韦雷托至巴萨诺一线。随后，又攻占阿迪杰河上游的特兰托，并且占领了意大利最北部的蒂罗尔平原。这样，法军不仅彻底地击败了阿尔文齐的部队，而且打开了通往维也纳的道路。

奥军四解曼图亚之围，均以失败而告终。曼图亚守军待援无望，突围也无出路，且他们已固守8个月之久，粮食将罄，弹药将尽，军心颓废。声名赫赫但却久困城中的维尔姆泽深感回天无力，困兽犹斗已毫无意义，便于2月2日率30名将军、2万余名士兵向法军投降。奥地利的曼图亚天险终于陷落了。波拿巴终于从奥地利人手中抢得了"意大利锁钥"。

法军由塞律里埃主持举行了隆重的受降仪式。在受降仪式上，波拿巴表现了非凡的大将风度。当声名赫赫的奥地利驻意军队最高统帅维尔姆泽双手恭恭敬敬地托起宝剑呈送给法国人时，波拿巴有意回避了这一场面，让自己手下的大将塞律里埃将军享受了这一荣光。他还慷慨地特许维尔姆泽带领护卫队步兵500人、骑兵200人、大炮6门，在假释宣誓后，持军旗，携武器返回奥地利。波拿巴的宽容和大度感动了这位戎马一生的老将军，也赢得了欧洲的舆论，坚定了部属对他的忠心和爱戴。

波拿巴的得意和失意

波拿巴自越过阿尔卑斯山，进军意大利以来，经6次大战、七十余次小战，屡败奥军，控制了意大利北部。波拿巴想趁奥军元气大伤时，直指维也纳。但此时，威尼斯仍未屈服，暗集6万大军，欲袭法军之背；罗马教皇也与法军为敌。为解后顾之忧，波拿巴以让出威尼斯部分领土利诱图古特再次媾和；进军罗马，迫和教皇庇护六世，但波拿巴也无意走得太远，只让教皇让出阿维尼翁和几个管辖区，赔款3000万金法郎，付了一笔数目不大的赔款。之后，波拿巴便准备趁奥国屡败、元气大伤之际，挥师北上，直指维也纳。

奥地利在曼图亚失陷后，已开始感到本土将面临威胁。帝国政府积极调兵遣将，准备御敌于国门之外。他们废老将，立新帅。奥皇弗朗茨二世的弟弟、年仅26岁的莱茵军区奥军统帅卡尔大公被钦定担此重任，并调兵7万由其调遣。奥地利人认为，这位在莱茵战区屡立战功、精明强干的年轻统帅定能与波拿巴匹敌。

3月上旬，卡尔部署奥军完毕。他自己亲率主力5万驻军比亚佛河河畔；另委任劳顿率兵2万驻守蒂罗尔以防法军北进。其方针是：先利用河川地带防守，消耗法军，然后再调援军，待援军到达后，转攻为守。这种部署与奥国首相意见相左，他主张陈主力于蒂罗尔。

波拿巴在从普罗旺斯调来的援军已至，又无后顾之忧后，便开始北征部署。茹贝尔师2万人配置在托里安附近，准备从蒂罗尔伺机北进；奥热罗师1.1万余人在托立夫；贝尔纳多特师1万和塞律里埃师1.2万人在维罗纳；基尔曼骑兵师约5000人在帕多瓦；马塞纳师1.2万余人在巴萨诺附近。

3月10日，法军主力开始行动。在阿尔卑斯山支脉的许多险要和河川地带的奥军守军立足未稳，便遭攻击，只好节节败退。法军势如破竹。卡尔大公自知实力不济，为避敌锋芒，保存实力，将主力撤离比亚佛河防线。波拿巴也不急躁冒进，稳步推进。16日，两军战于达古里绵河畔之哥多罗波附近。卡尔为等待援军，于17日又撤兵至伊逊索河畔的古拉斯特加。之后，奥军主力又分兵两路，分别退至达尔维斯和克拉根福。

波拿巴猜测到卡尔的意图。为早日迫和奥军，波拿巴也分兵追击。贝尔纳多特将军率师朝克拉根福方向跟进，自己率主力朝达尔维斯方向疾进以期截断奥军退路。3月22日，波拿巴进抵菲拉赫，驻兵以待蒂罗尔方面的战报，并写信给卡尔大公提出议和。急欲建功立业的卡尔拒绝了波拿巴的建议。当波拿巴得知北路茹贝尔师已沿多东河顺利东进，便于3月末率兵继续向维也纳进军。

4月3日，法奥大战于纽马克。为能打败法军，卡尔亲自督阵，但奥军仍为法军所败，于是卡尔施缓兵之计，他致函波拿巴，请求休战24小时，以备议和。波拿巴识破此计，故答以"且战且议"。法军一鼓作气，再破奥军于最后阵地温兹马克，并分兵一部抢占离维也纳仅80公里的累欧本。这样，在不到一个月的时间里，奥地利西南部的盖茨、伊斯的利亚、卡尔尼奥耳和卡林西亚四个省份已被法军占领，奥军战线后撤了600公里。奥军主力溃退至布鲁克，已无招架之力。

法军直趋而进，兵临城下。加上英国财政困难，不能继续给奥援款，奥国财力不济。4月6日晚，奥皇弗朗茨二世派出全权代表到达法军大本营求和。此时，法军后方并未十分巩固。王公贵族教士蠢蠢欲动，农民在他们的煽动之下对军事占领也十分不满。为确保意大利和守住已占领的地区，4月15日晚，波拿巴同奥国签订了《累欧本草约》。10月17日，双方在威尼斯东北正式签订了《坎波福米奥和约》。其主要内容是：（1）奥地利承认把比利时、卢森堡、莱茵河左岸、伦巴底割让给法国；（2）奥地利得到威尼斯城、威尼斯共和国在大陆上的领土和伊斯特里亚、达马提亚等地作为补偿；（3）法国得到威尼斯共和国的爱奥尼亚群岛；（4）奥地利承认法国扶植的山南共和国（即内阿尔卑斯，在伦巴底地区）、利古里亚共和国（热那亚）；（5）交换战俘等。

由于法奥和约的签订，持续4年有余的第一次反法同盟最后宣告解体。

波拿巴从1796年3月离开巴黎远征意大利到1797年12月7日凯旋的一年多的时间里，创造了一个又一个奇迹，充分地展示了他的军事天赋。在皮埃蒙特之战中，他集中优势兵力，各个击破，以弱胜强；在洛迪战役中，他大胆实施迂回机动，广泛采用欺骗手段，积极调动敌人，努力造成敌人过失；在卡斯奇里恩之战中，他不以攻陷城池为满足，而以歼灭敌人有生力量为目标；在里沃利战役中，他敢于集中，善于机动，长于进攻，巧于调度。每一次战役中无不闪烁着波拿巴的军事才能。正如一位年老的奥地利军官在俘房营里所说的："跟我们交战的是一位年轻的将军。他总是时而在我们面前，时而在我们后面，时而又在我们侧面，而我们根本无法了解。我们不知道应该在什么时候怎样配置兵力才好。在战争中，这种作战方法是受不了的，它违反了一切常规。"

伴随着一个个奇迹的诞生，波拿巴的名字传遍了整个法国，传到了整个欧洲。正如苏联历史学家塔尔列在《拿破仑传》一书中所写的那样："几支奥军精锐部队被消灭，最有才干的将军遭到惨败，意大利北部完全陷落，奥国首都遭到直接威胁……这就是1796年3月末拿破仑第一次任法军总司令以来一年间战争的总结。他的名字已经威震全欧洲。"他被人称为当代的汉尼拔和恺撒、活着的朱庇特神。

伴随着军事上的胜利，波拿巴给法国，更给自己带来了巨大的财富。在占领皮亚琴察后，波拿巴向帕尔玛公爵勒索了200万法郎的现款，还要求他为法军提供大量的粮食、军马以及其他费用。此外，波拿巴还为法国巴黎博物馆索取了一大批艺术珍品，其中包括米开朗基罗和柯内吉奥的名作。在1796年5月19日攻陷米兰后，他向伦巴底征收2000万法郎的特别税款，大肆掠夺了意大利文化艺术宝库中的一些稀世珍品，如古罗马诗人维吉尔的手稿以及意大利文艺复兴时期的著名绘画大师达·芬奇和拉斐尔的杰作。在占领波河下游南岸的摩德纳公国、托斯卡纳公国和罗马教皇国时，从那里一共勒索了几千万法郎的赔款。另外，他还索取了大量的手稿、油画、胸像、花瓶和雕像等文化艺术珍品，其中包括米阿尼斯、布鲁图斯的青铜半身像和马尔卡斯、布鲁图斯的大理石半身像。波拿巴从意大利榨取了大约5000万锂。督政府得到约1000万锂。波拿巴自己发了大财，军队也成了他的私产；他给士兵发饷，一半用铸币。这是督政府对其他部队所不能做到的。而当这支军队从法国出发的时候，连军费都成问题。一批军火商和趋利逢迎之徒已在他左右紧追不舍，其中有后来担任军团财务长的哈雷尔，以及通过巴结约瑟芬跟来的哈姆兰。

随着军事上的胜利，波拿巴将军在共和国中的政治影响也越来越大。在洛迪战役之后，波拿巴已意识到自己的非凡前程："我看到世界在我的脚下塌陷，而我则在空中展翅飞翔。"波拿巴不加掩饰地向督政府表明，在军事问题上决不允许来自巴黎的任何干涉。督政府为防1793年迪穆里埃叛变案的重演，曾试图把意大利军团一分为二，削弱波拿巴的权力，因受波拿巴的强烈抗议而作罢，并且在此后已无力干预意大利军团之事。督政府的两个特派员在意大利已逐渐失去作用。督政府把萨里赛蒂派往科西嘉，只留加罗一人。1796年10月25

日，波拿巴索性自己委派伦巴底驻军司令巴拉盖监督全国行政事务，不再顾及特派员。1792年2月，督政府干脆撤销了无所事事的特派员。1797年11月，卡尔诺掌握的督政府派遣军事处处长克拉尔克前往意大利负责停战谈判和调查军情。克拉尔克很快也被波拿巴争取过去。波拿巴让督政府准许他们为伦巴底颁布宪法，并置督政府意愿于不顾，与威尼斯、教皇庇护六世实现和平，并北征意大利。后又在既没有委任，又未征询克拉尔克意见的情况下，与奥地利签订了停战协定和预备和约，以确保自己平定意大利和守住已占领的地区。此间，巴黎王党活动猖獗，右派也纷纷攻击将领的抗命行为。督政府试图否定波拿巴的和平条件，制服波拿巴。1797年6月23日，迪拉莫尔在一篇充满愤怒的演说中，历数波拿巴的种种罪行。但波拿巴用两面派的手腕回击了右派的攻击。意大利军团的各师也发表了措辞强硬的宣告，宣誓完全追随他们的将军。9月4日，奥热罗奉波拿巴之命赶抵巴黎，以意大利军团的名义发动了果月十八日政变，清洗了五百人院和元老院。波拿巴最终击败了反对派的挑战。

新婚后的第三天，波拿巴就离开妻子约瑟芬去了意大利。尽管波拿巴知道约瑟芬"你必然情意不专，没有任何真心实意"，但他仍然疯狂地爱着约瑟芬。他每天到达驿站，都要给她写信。"每时每刻，我在距你更远更远地远去，亲爱的，你无时无刻不在我心中。我冥思苦想，你在做什么。"在尼斯军务倥偬、率军奔走、检阅营地之际，波拿巴仍"我只思念你，你占有了我全部心思。如果说，我在像罗纳河急流那样匆匆离你而去，那只是为了早日团聚；如果说，我夜半起床工作，那也只是为了我温柔的爱人能提前几天到来"。在莫利兹港的信中，他写道："约瑟芬，你是无与伦比的，离开你，生活就没有乐趣；没有你，世界有如沙漠，我则独自踯躅其间，连一诉心曲的宽慰都没有。……只要看到你的画像，爱情就温暖了我，顿时，一切显得美好。"……"他的一生为约瑟芬而活，这将是我的墓志铭。"在他的朋友肖维阵亡后，尽管他感慨"什么是未来？什么是过去？我们又是什么？"但"睡梦中你依偎在我身边，我把你搂在怀里"。波拿巴从不错过任何一个机会让从意大利到法国来的军官、商人、领事馆的工作人员捎信给约瑟芬。波拿巴对约瑟芬充满了爱抚、温情和自我陶醉。他向她描绘他的幻梦，呼唤她，祈求她到他身边来。他为她的不到来设想了各种借口。他忠于约瑟芬，看不起风姿绰约的意大利女人。

对于这一切，约瑟芬却无动于衷。她对波拿巴那些充满热情的来信只用四行字的小纸条就打发掉了，如同一个繁忙的女人无法顾及这类琐事一样。她要梳妆打扮，走东串西，享受巴黎的豪华；她要享受波拿巴给她带来的"胜利圣母"的荣誉，和其他女人争奇斗艳；她要与她的一个个情夫风花雪月。她和巴拉斯恋情依旧；她轻而易举地委身于从意大利到巴黎来递送凯拉斯科协定的缪拉；很快，她又勾搭上被勒克莱克派到巴黎执行任务并滞留在巴黎的意大利的一个年轻漂亮的中尉依波利特·夏尔。

为了能留在巴黎，约瑟芬对波拿巴编说了各种谎言：生病、怀孕……迟迟不肯启程前往意大利。而这些谎言把在这方面十分幼稚的波拿巴弄得不知所措。尽管他在战场上取得了胜利，但为了约瑟芬，他打算放弃一切：军队、征战、荣誉，赶快返回巴黎。巴拉斯害怕了，督政府害怕了，战场上法国不能没有波拿巴。于是，巴拉斯向他的老情人陈其利弊，说服约瑟芬前往意大利。6月26日，约瑟芬随同约瑟夫、朱诺，还有她的侍女路易丝和情夫夏尔踏上了去意大利的旅程。"她痛哭流涕，她哽咽着，就好像她要去受酷刑一样。"一路上，她游山玩水，沿途享乐，慢吞吞地向意大利挪近。

当约瑟芬到达米兰时，波拿巴让撒丁国王像迎接王后一样迎接了她。他自己则不顾曼图亚久攻不克，维尔姆泽第二次进攻意大利，直奔米兰迎接他日思夜想的约瑟芬。但约瑟芬并没有因为到了意大利而收敛她的水性杨花，也并没有因此把更多的时间用来陪伴她的丈夫。她仍然如旧地过日子，只不过凑合地把意大利的城市姑且当作巴黎。此后，约瑟芬除去布雷西亚陪波拿巴度过一天一夜，整日在米兰举办沙龙，参加各种聚会，把整个身心都交给了夏尔。当波拿巴在阿尔科莱大败阿尔文齐，纵马驰回米兰，来见他倾心相许、朝思暮想的约瑟芬时，她却与夏尔去了热那亚。望着空荡荡的宫殿，凄楚忧伤的波拿巴茫然地返回了部队，把所有的精力都用于追求荣誉上。尽管此后，波拿巴依然爱着约瑟芬，依然关心着约瑟芬，百忙中一有余暇也会给她写信，但这件事已在波拿巴的心里留下了阴影，留下了创伤。以后的约瑟芬已不比过去的约瑟芬。对于那位既在感情上打击波拿巴，又在意大利军团中大肆偷窃军需给养的夏尔，波拿巴真欲杀之而后快。但手段高明的约瑟芬不知在枕边用了什么高招，巧妙地把他解救出来，并在不久以后在巴黎与之重叙旧情。

失意后的约瑟芬不再专情于波拿巴，当在埃及的波拿巴从朱诺的口中验证了约瑟芬的不贞后，怒不可遏地高喊道："离婚！公开离婚，要闹得满城风雨！……让他们见鬼去吧！我要铲除这群轻薄的娘子……"1799年，波拿巴以救世主的身份回到法国，约瑟芬不知是害怕，还是后悔了，赶去巴黎迎接波拿巴，想去取悦她的丈夫。但她走错了路线，扑了个空。在回到巴黎后，波拿巴又将她关在了门外。约瑟芬温柔而哀婉地哭诉哀求了一整夜，哭得她自己撕心裂肺、肝肠俱碎，才感动了那位曾经疯狂地爱着她的波拿巴。波拿巴原谅了她。约瑟芬从此也真正地爱上了波拿巴，但她已给波拿巴的心灵造成了难以抚平的创伤。1807年约瑟芬被赶出皇宫，约瑟芬在他们婚姻的开始就为这一事件埋下了祸根。

第三章
"伟大的名声只能得之于东方"——进军埃及

波拿巴的东方理想

遍览世界，居住在非洲之北、地中海之南、红海之东的古埃及人是世界上最早脱去原始的胎毛，洗去野蛮的气息，步入文明的门槛的民族。文明的历史在埃及源远流长。古埃及人以其特有的智慧创造了一项项匠心独具的世界奇迹：巍峨的金字塔、宏伟的卡尔纳克神庙、壮美的法洛斯灯塔，还有那千年不腐的木乃伊。伟大的古埃及人创造了光辉灿烂的古代文明。

古代埃及不仅文化繁荣，而且土地富饶，经济发达。由于尼罗河每年定期泛滥，季节变化也有规律，使得埃及土地有着无穷的肥力。古埃及人受着尼罗河的滋润，从别的地方的土地耕作者难以逃脱的大部分工作中解脱出来。他们浇水时所消耗的体力，只及在欧洲气候条件下体格相同的人于同样时间内消耗的三分之二。就连牲畜的工作效率也比欧洲的高半倍。轻松的劳动换来的却是喜悦的丰收。埃及每公顷土地播种麦种155升，在一般的年份即可收2325升。而在法国，最富庶的省份每公顷也需要200升的麦种，产量则为2000升。换句话说，埃及土地的收成是1∶14或15，而法国最富庶的省份土地仅为1∶10，最贫瘠的省份则只有1∶3。必须指出的是，法国的土地需要人工施肥，而尼罗河河畔的乡村土地只需要自然的泛滥。

但当埃及强盛不再时，冈比西斯、亚历山大、恺撒、屋大维等都曾闯入这片神秘的土地，征服、奴役这片土地上的人民，摧残这片土地上的文化。两千多年来，埃及久遭外族入侵，久为异族统治。时至15世纪，奥斯曼土耳其入主埃及，成了埃及的统治者。到18世纪，奥斯曼土耳其素丹统治业已衰微，帕夏（总督）形同虚设，近卫军跋扈骄横。既是地方官，又是包税人的马木鲁克首领各据一方，任意征兵收税，胡作非为。整个埃及社会动荡不安，天灾人祸，层出不穷，封建剥削严重，人民无以为生。

18世纪时，古埃及的辉煌不再。许多伟迹已难觅踪影，人们也不再认识古埃及创造的如图似画的象形文字，古埃及的历史已入云里雾里，只有那巍峨的金字塔和静静的尼罗河一直在无言地叙说着古埃及的灿烂和沧桑。这更增添了埃及的神秘。踏上这片神秘的土地，探索这片土地的神奇成了许许多多的人心中的梦想，也是波拿巴心中的梦。

在中世纪，地中海沿岸是东西方贸易的重心。至15世纪，奥斯曼土耳其勃兴，横行地中海，东西方贸易大受阻碍。西欧各国纷纷另辟商路通往东方，新航路被开辟出来。地中海的地位今不如昔。但是途经地中海毕竟是捷径，而且奥斯曼土耳其刚兴即衰，地中海之地位仍然重要，而处地中海之南的埃及地位显而易见。亚欧交往、亚非往来、欧非贸易都常常离不开埃及。

资本主义在经历了几个世纪手工工厂时代的积累之后，终于发生了翻天覆地的变化。17世纪70年代，英国率先从棉纺织业进行工业革命，法、德、美、俄、普、奥等纷纷步其后尘。轰隆隆的机器声代替了手工工人的喧闹声，成批量的商品代替了匠心独具的技师的作品。这些规格整齐划一的商品被轮船车马运往世界各地倾销。

随着发达商品经济时代的到来，西方各国经济取得了飞速的发展。与此同时，廉价的劳动力和原料、广阔的销售市场成为资本主义经济争夺之对象。西方诸国不恤财力和百姓性命，为争夺殖民地而战，为争夺劳动力、原料市场而战，为各国利益而战。西班牙王位战争、奥地利王位战争、七年战争、英荷战争，一个接着一个。终其原因，都为商品而战。故人们称这一时期的战争为商业战争。诸国之争，以英法最烈。

自17世纪以来，英法两国在欧洲、北美、亚洲（尤其在印度）等地均斗得你死我活。由于大英帝国在17世纪就建立了资本主义制度，又最早开展工业革命，而且英国海军实力又远在法国之上，故在海外殖民地争夺中，法国输多赢少。尤其在印度，法国势力几乎全被排挤出去。此后，英国从印度攫取了大量的财富。1757—1780年，仅孟加拉流往英国的财富总额就达3800万英镑。从某种角度说，英国工业革命本身就是"掠夺印度财富的一种结果"。印度成了英帝国王冠上最明亮的一颗宝石。

英国虽称雄印度，但印度离英国有万里之遥。英国要控制印度，必得确保英印航线的畅通。地中海是其必经之地，而地中海之南的埃及地处欧、亚、非三洲交通要冲，是通往印度的孔道，其地位至关重要。谁控制了埃及，谁就能取得战略的主动权。

到18世纪末法国大革命以后，法国人渴望将这颗宝石据为己有。

1789年法国爆发大革命，引起了欧洲各国统治者极端的惊慌和仇恨。俄、奥、土、普、瑞等随即缓和旧的矛盾和冲突，齐把矛头对准法国。1792年，革命的法国在瓦尔密大败普奥联军。此后，法国把战争推向法国境外，法国要用军事上的胜利来巩固法国大革命的成果。雅各宾专政时期，热月党统治时期，直至督政府时期，法国又凭借军事上对反法联盟的一系列胜利，在自己的周边建立了一批附庸国：巴达维亚（荷兰）、黑尔维第（瑞士）、山南共和国、利古里亚（罗马）、帕尔特诺比等，构筑了一个藩篱地带，以保证法国不受侵犯和保证对中欧和意大利的统治，实现了法国从亨利四世时就开始追求的"天然疆界"：大西洋、莱茵河、地中海、比利牛斯山和阿尔卑斯山。

1797年，在战胜欧洲强国奥地利之后，法国迫切要求同反法同盟的主要组织者英国直接交战。他们要与东方贸易，他们要夺回在以往战争中被英国夺走的殖民地，要打破英国在海上的霸权地位，要成为欧洲的霸主。对于与东方贸易，亨利四世、黎塞留时代就开始渴求；称霸欧洲，亦法国人梦寐以求。而英国却屡屡粉碎其梦想。英国成了法国实现其目标的主要障碍，击败英国也成了法国人的夙愿。

那么，经历了大革命的法国如何与英国相争呢？横渡英吉利海峡入侵英国为最直接快速的方案。但由于英国之强大，法国海军实力之所限，以及英吉利海峡之隔，此方案几乎无法实现。故法国只能采取迂回手段。许多法国人认为，骇人听闻的英国财富是虚假的，一旦它的商业在印度遭受失败，并从莱茵河、易北河一带的大陆中心被排挤出去，它的威望和财富就会一落千丈。因此，在法国人看来，要与英国争锋，第一步是取得对其有极其重要战略地位的地中海的控制权。法国人如果控制了地中海，就等于掐住了英国的咽喉。地中海之北的意大利和地中海之南的埃及就是与英国争霸的重要战略基地。波拿巴远征亚平宁半岛，威震意大利，占领了爱奥尼亚海，已取得了对地中海的部分控制权。但这还不够，要打破英国的海上霸权，威胁英印生命线，法国还必须占领埃及。如果法国占有了埃及，就可以进而控制近东，夺取英国在地中海和红海的贸易特权，并进一步远征印度。

于是，远征埃及的方案被提出来了。这个方案的主要内容是：占领苏伊士地峡，切断英国通往印度的一条通道；变埃及为法国的殖民地；进一步夺取英帝国王冠上最明亮的那颗宝石——印度。

1797年12月7日，远征意大利的波拿巴回到了巴黎。军民以古罗马欢迎恺撒的隆重典礼在卢森堡宫为他举行了大典。之后，又在卢浮宫为他举行了盛大的庆功会，并将他以前所住的一条小街改为"胜利街"。凯旋的波拿巴名声大震。但督政府对波拿巴却心有疑惧。在他凯旋之日，督政府就要求他卸去意大利军团司令之职。回到巴黎的波拿巴除了受到无数人的赞美外，无所事事。

波拿巴绝不是甘心一辈子为督政府服务之人，但他也知道他夺取最高统治权的时机还不成熟。他还明白，如果他待在巴黎无所事事，他的荣誉就会很快损耗，威望就会渐渐褪色，"在巴黎，人们不会老是惦记着往事"。他必须不断地创造奇迹震撼巴黎人的心，才能永保辉煌。他想去征服英格兰，去打败法国人最想打败的仇敌——英国。但军事天才波拿巴也知道，战争奇迹不是无依无据的，巧妇终究难为无米之炊，渡海去不列颠岛击败英国人几乎是不可能的。现实的目标就是进军埃及，同时把西方年轻文明带到金字塔下同东方文明中最古老、已被人忘却的文明会面。

早在他童年时期，他就抄录过雷纳尔的一段话："鉴于埃及地跨两洋，位于东方与西方之间，亚历山大大帝曾设想，把世界帝国的首都建在埃及，使埃及成为世界的贸易中心。这位最最开明的征服者意识到，如果有什么可行的办法，把所征服的国家联合为一个大国的话，那就是利用埃及来作为非、亚、欧的连接点。"儿时的话始终没有从波拿巴的记忆中淡化。1797 年 8 月，《坎波福米奥和约》签订以前，波拿巴写信给督政府指出："不久的将来，我们会感到，要真正打垮英国，就必须占领埃及。"他敦促督政府向当时属于土耳其的埃及进军，把埃及、叙利亚置于法国的控制之下，以便在英国通往印度的道路上打击英国，威胁英国的印度领地。

从远征意大利回到巴黎后，波拿巴已是国家科学院院士，他的这种愿望更加强烈了。他倍加仰慕古埃及的文明，他更渴望建功立业，再铸辉煌。他的心飞向了埃及。他想步亚历山大之后尘，去追寻尼罗河古老的文明；他想踏恺撒之足迹，把法兰西的南面天然疆界推进到金字塔下；他想发海陆精兵南出地中海，先占领西西里岛南方的马耳他岛，然后往东横越地中海占领埃及，切断英国与印度、奥地利的海上贸易，迂回打击英国，再取叙利亚，后进兵印度，建立一个"东方帝国"。可以说，无论是在意大利，还是后来在埃及，在巴勒斯坦，或在维斯杜拉河彼岸和诸帝国的方向上，他都在无尽无休地寻求日出之国，他都自始至终在向它进军。波拿巴知道："伟大的名声只能得之于东方。"

波拿巴的东方理想恰逢法国的东方政策，二者一拍即合。正是这二者的相合，酿成了波拿巴的千秋伟业，迸射出一道迷人的历史光芒。

波拿巴的军事和科学远征

1797年果月政变后，"胜利的组织者"卡尔诺为督政府所不喜，被从法国国家科学院名单中划掉，需要新人替补。热衷于院士之职的人迅速投入竞选中，一下子就站出来11位。第一个站出来的是已84岁高龄的前侯爵德·蒙塔朗贝尔。他本应知天命，但却功名熏心，是所有应征者中最迫切的一位。随后而至的是朗波拉尔第、路易·贝尔杜、狄戎、布雷盖、让维埃、卡莱、格罗拜尔、莫拉尔、勒努瓦和塞尔维埃尔。除了最后这位不为人所知，其余皆赫赫有名。他们或为机械师，或为工程师，或为大数学家。就连那位不为人所知的塞尔维埃尔也写了一部题为《怎样采摘树叶和用它们来喂牲口》的学术著作，此外，还有一部有关横着观察温度计的方法的作品。科学院正在犯难，如何从这些人中做出选择时，又出人意料地杀出第12个竞争者，这就是被整个法兰西疯狂崇拜的年轻英雄，正在远征意大利的波拿巴将军。

作为一个数学家而言，波拿巴将军没有任何优越条件。虽然他清清楚楚地记得他所学过的东西，但他学过的知识并不多，没有超过贝茹特编写的用于军校的高等数学教材。但他对科学，特别是天文学有着难以割舍的情怀。他渴望："夜晚，身旁是一位漂亮的女人，头顶是一个美丽的天空；白天，用于计算和观察。"1797年秋天，当已结交国家科学院物理和数学院士蒙日，且与之过从甚密的波拿巴得知增补院士这一消息后，他心里升起了一个无法抗拒的念头：成为一个科学院院士！

波拿巴深知自己的知识是无法与其他竞选人相比的，但他也深知，在这样的年代里，谁会要求一个给他们赢得了皮埃蒙特、阿尔科莱、洛迪、卡斯奇里恩、里沃利、曼图亚以及累欧本的人去做数学演算，谁会拒绝一个给法国带来巨大利益和荣誉的人进入科学院呢？因此，波拿巴成竹在胸。远在意大利的他先派蒙日回巴黎打头阵，自己在12月7日也回到巴黎，参加一场输赢已定的比赛。

12月15日，科学院院士选举按照著名数学家博尔达发明的一套极其复杂的程序进行。其大致程序是：每一名院士把候选人名单按喜欢与否的相反顺序排列，即把他最不希望选中的人排在第一位，最希望选中的人排在名单的最后。然后，按顺序把这些名字编号，把每个人在各张选票上的编号相加，获得总数最多的前三个候选人就成为正式候选人，接着参加第二轮选举。事实上，选举程序的规定比这复杂得多。在那些素称具有数学头脑的科学家中，竟然也有一人由于名单排列发生错乱而不得不将他的选票宣布作废。但是不管怎样，波拿巴获得了压倒性的多数票。这可以从一直保存在该院档案中的最后计算结果看出来：

104张选票共计624票

波拿巴将军·····························305票

狄戎公民·····························166票

蒙塔朗贝尔公民·····························123票

这一加法运算出自18世纪末期法兰西引以为豪的、最负盛名的数学家之手。但只要学过小学数学的人都会发现305 + 166 + 123 = 594，而不是624。不知这是选举程序太过复杂，吾辈不能理解，还是计算星星重量误差不过1克，测量天体大小误差不过1厘米的科学家的错误。当然，波拿巴的当选是毫无疑问的。即使去掉30票，波拿巴得到的选票依然占多数。况且，另两位候选人也从未提出这方面的质疑。

在当选为科学院院士后，波拿巴很少出入官方的场合，却经常出入科学院，参加科学院会议。更重要的是，他在筹划远征埃及，筹划成立埃及研究院。波拿巴开始让阿尔诺为他搜罗人才，他想带着诗人、作曲家、歌唱家去那个古老的、神秘的国度去探索、去作诗、去咏唱。不过一开始时很让他失望。他希望带去的杜西、梅于尔、拉伊等都不愿随行。杜西以年迈为由拒绝，梅于尔表示不愿外出，拉伊以自己身体不好为由谢绝。此外，勒迈西埃、勒古维等都予辞谢。幸好尚未发表过一首诗的沙龙诗人帕斯瓦尔·德·格朗麦松自告奋勇，才免阿尔诺求觅之苦。

很快地，埃及之行引起了人们的极大兴趣，社会上掀起了一股类似十字军东征时的狂热。终日无所事事或怀才不遇的人，包括艺术家、流亡归来的贵族、小职员，甚至还有商人都想去埃及碰碰运气。要求前往的人像潮水般蜂拥而来，弄得阿尔诺只好去找波拿巴，而波拿巴又推给杜法尔加将军。5月份，一支杂七杂八的队伍离开巴黎，开始向那个神秘的国度进发，其中有法国著名数学家蒙日、雕塑家德农、化学家贝尔特莱、博物学家若弗鲁瓦·圣伊莱尔等100名科学家和工程师。

1798年5月10日，"科学院院士、东方军总司令"波拿巴率领远征军自土伦远征埃及。其中海军拥有13艘战舰、14艘巡洋舰、小型舰

72艘、运输船三百余艘，司令是布律埃纳；陆军3.5万人，内有骑兵和炮兵，由克雷耳拜指挥。另有随军学者、技术工人、随军商人等两千余人。出征前，波拿巴号召士兵："你们要习惯于船上的各种活动；要成为你们陆上和海上的敌人所畏惧的力量；在这一方面，你们要效法罗马的士兵，他们既善于在平原上同迦太基人作战，也善于在战舰上同迦太基人作战。"但波拿巴也深知法国海军的实力，如何渡海去埃及需费一番周折。故他在出发前故意散布消息说，法军要穿过直布罗陀海峡，绕过西班牙，前往进攻正在发生起义的爱尔兰，以便从那里打击英国。当时欧洲很多人只知道法国南部各港口都在进行紧张的准备工作，有大量的法军不断开往法国南部，但是这些军队究竟要开往哪里去远征，他们不知道。在地中海指挥英国舰队的纳尔逊上将，也捉摸不透法军的意图。但他指挥的舰队在直布罗陀海峡等候法国舰队的到来以便迎头打击之时，波拿巴却率领法军驶向马耳他岛，并于6月10日占领该岛。纳尔逊得知这一消息后，估计法军将前往埃及，并立即率所有舰只扬帆追击。然而由于过分匆忙，反而超过了法国舰队。当英国舰队重新回过头来驶向君士坦丁堡寻找法国舰队时，波拿巴的军队已在7月1日上午10时到达亚历山大海面。当晚9时，法军在亚历山大港西面的马拉布特登陆。

法国人行动进行得很秘密。土耳其素丹赛里木三世还相信法国人的友好声明，根本料不到法军的入侵。法军迅速击溃了腐朽的土耳其军队和马木鲁克军队。土耳其舰队被摧毁，土耳其陆军遗弃全部武器，逃往叙利亚。马木鲁克军团退往开罗。倒是亚历山大港人民以房屋为依凭，用原始武器（矛、枪、弓箭等）顽强地进行阻击，使法军付出了重大代价，死伤300人，将领克莱贝尔和梅诺受伤，波拿巴险些丧命。但这并不能阻止法军占领亚历山大。

在攻占亚历山大港之后，波拿巴发表《告埃及人民书》，软硬兼施。一方面告慰埃及人说："统治埃及的贝伊们曾长期侮辱法国，伤害它的商人；他们受惩罚的时刻已经到来了。""我是来恢复你们的权利和赶走篡夺者的，我比马木鲁克更尊敬真主，尊敬他的先知和《古兰经》。""律法师们、酋长们、阿訇们，请告诉人民：我们是穆斯林的真正朋友。"另一方面他又威吓埃及人，要他们放下武器，与法军合作；否则，他们将走投无路，全被消灭。"灾殃——成三倍的灾殃将降临到那些为马木鲁克拿起武器同我们作战的人身上！"

7月7日，波拿巴让克莱贝尔率8000—9000人留守，自己率德塞、雷尼埃、邦、迪加和维亚尔将军指挥的五个加强师，缪拉将军指挥的一个2000人后备队，还有扎格切克和安德烈奥西指挥的两个各有1500人的没有备马的骑兵旅，共2.1万人向开罗推进。一路上，水井都被阿拉伯人堵塞。法军顶着炎炎烈日，忍着酷热干渴，行进在无边无际的沙漠里，士兵们怨声载道。一些卓越的将军如拉纳、缪拉在烦躁时，也当着士兵的面，把他们的绣花帽子抛在沙滩上，用脚践踏。在他们眼里，波拿巴的理想似乎是沙漠里的梦幻泡影。他们不止一次阴谋卷起这支军队的旗帜，设法把他们带回亚历山大港。有一次，波拿巴激动地跑到一群心怀不满的将军中间，严厉地对其中一个身材高大的将军说："你曾发表过煽动性言论，你得小心，我将会履行我的职责，你那五英尺十英寸高的身材将不会妨碍你在两个小时内被枪决掉。"这支征服过意大利，分享过财富、官阶、安乐和尊敬的军队难以适应埃及的沙漠和在埃及的艰辛，但波拿巴依靠自己的感化、气魄、光荣将他们维系住了。8日，波拿巴到达了绿树环绕的达曼胡尔。

10日，法军部队进抵尼罗河上游的腊赫马尼埃，他们终于看到了尼罗河的奇妙美景。13日，沿尼罗河水陆同时南进的法军与穆拉德贝伊、易卜拉欣贝伊率领的约8000名马木鲁克和土耳其步兵和水兵在肖布腊克希村展开大战。法军大败敌军，继续向前推进。19日，部队到达离开罗15公里、位于三角洲起点对面的奥姆-迪南尔，第一次望见了巍峨的金字塔。与此同时，敌军也在此附近建立了阵地，准备迎击法军。其右翼由土耳其步兵、阿拉伯人和开罗民兵2万人组成，他们在布拉克对面、尼罗河左岸的昂巴贝赫村前面隐蔽的兵营里，里面配备了40门大炮。正面由马木鲁克、土耳其军官、谢赫和埃及的其他知名人物组成，共1.2万人，他们每个人都骑马，每人有三四个徒步者服侍，从而构成了一条5万人的战线。左翼靠近金字塔，由8000名阿拉伯贝都因人组成，这条战线长达12公里。另外，从昂巴贝赫村到布拉克和老开罗的这一段尼罗河中，几乎布满了分遣船只，桅樯如林……右岸挤满了开罗的居民：男人、女人、儿童，他们赶来看一场决定他们命运的战斗。

21日上午9时左右，战斗打响了。波拿巴指着金字塔对士兵们说："士兵们，40个世纪现在正注视着你们！"法军士兵个个奋勇争先。而敌军虽人数众多，但缺乏统一指挥。当穆拉德贝伊的马木鲁克骑兵和农民军同法军鏖战之际，右翼的易卜拉欣贝伊却按兵不动。很快，法军就击败了马木鲁克骑兵，其中被法军逼进尼罗河而溺毙的达数百人之多。在战斗后的几天，法军士兵忙于从尼罗河中打捞尸体，寻找金币。许多人从尸体上弄到了二三百枚金币。当穆拉德的骑兵溃退时，右翼的易卜拉欣贝伊惊慌失措，竟下令烧毁船只，携带金银财宝，率同土耳其帕夏，逃往叙利亚。穆拉德率残部退到上埃及。金字

拿破仑远征埃及

塔一役，法军死伤300人，敌人，包括马木鲁克、阿拉伯人、土耳其人，被俘、死伤共1万人。大受震动的埃及人称波拿巴为"火之王"，马木鲁克人称之为"神之鞭"。

金字塔大破敌军后，波拿巴派欧洲第一位东方学者、曾在君士坦丁堡和伊斯兰各国生活过40年的旺蒂尔前往开罗劝降。波拿巴表示要保护这个国家的贸易和土著居民，保证他们的财产安全，尊重他们的宗教与其他风俗习惯。开罗归顺了。24日，法军开进了开罗，马木鲁克被消灭了。整个下埃及和首都开罗在23天内就都归顺了。

在休整10天后，波拿巴继续收拾残余势力。勒克莱尔将军前往埃尔汉卡赫，对付易卜拉欣贝伊；缪拉将军向凯利乌比埃进军；德塞带军前往上埃及，追击穆拉德贝伊。很快，易卜拉欣贝伊被迫连续撤退，后退往叙利亚；穆拉德贝伊也连战连败，被迫投降了波拿巴。

波拿巴远征埃及，用他们的枪炮炸开了古老的埃及大门，结束了它与世隔绝的状态。这的确给埃及人民带来了深重的灾难，但同时也将先进的欧洲资本主义因素强行输入了埃及。正如埃及历史学家指出的："埃及在封建割据状况下经历了漫长的岁月，直到1798年法国的入侵才在埃及的历史上打开了新的一页。"

1798年5月，大批专家学者满怀憧憬、幻想随波拿巴离开巴黎，前往那神秘的东方古国埃及。但是，现实却并没那么美好，不遂心的事很快就接踵而至：拥挤的船舱、单调的生活，一望无际的大海总是横在眼前，巴黎种种耳目繁华的娱乐已远离他们而去。除却海上的飞鸥片帆、天上的云涌风起，还有带有腥味的海风，他们不能有新的接触。尽管轮船行驶在苍茫的大海上，但他们却如缺水之鱼，实在忍受不了。经过12天的航行，船才到了撒丁岛的海面上，真不知何年何月才能到达那个神秘的地方。

为了给无聊的人找点事情干干，波拿巴组织专家、学者、高级军官们天天展开讨论。论题有：卢梭的人民主权，私有制问题，各种各样的政府问题，战争问题，宗教问题，地球的演变问题，等等。专家学者或许能从中找到一点欣慰，但军官们则觉得无聊透顶，以至于朱诺在大家讨论时打着震天响的呼噜。生活依旧百无聊赖。当船到马耳他水域时，科学远征的组织者阿尔诺率先当了逃兵，他找了一个理由上岸，直奔巴黎而去。

经过了6个星期的漫漫航行，他们终于踏上了那片神秘的土地，见到那个他们认为"每走一步都将发现值得引起仿效的遗迹"亚历山大城。之后，他们狂饮圣洁的尼罗河水，拥抱漫漫的大漠黄沙，触感神奇的金字塔。

为了更好地了解埃及，研究东方文明，在法军攻占开罗后，波拿巴旋即成立了"埃及艺术与科学研究院"。研究院分为数学、物理学、政治经济学和文学—艺术四部。每部由12名院士组成。研究院的主要目标是：（1）知识的进步及其在埃及的传播；（2）探讨、研究和出版有关埃及的自然、工业和历史的真相；（3）就政府可能咨询的各项问题提出意见。研究院每两年还提供用于研究"关于埃及文化进步问题"及"关于工业发展问题"的两项奖金。研究院每旬要开两次会议，并规定法兰西部队所有将级军官都得参加这些会议。波拿巴在第一次会议上就提出了不少有意义的问题，如从节约燃料的角度出发，部队能不能用炉子烤面包，怎样烤？埃及是不是有什么东西可以代替忽布来酿造啤酒？什么是净化和冷却尼罗河水惯用的方法？在开罗目前的情况下，制造风力磨或水力磨是不是更恰当些？埃及有没有制造火药的材料，是什么材料？埃及的法律和教育状况怎样？在这些方面，什么是可能的和为人民所希望的改进？

埃及研究院的学者对埃及作了大量的研究。他们通过对埃及地理和地质情况的勘察和测量，绘制出了第一部埃及地图集；他们通过收集大量的动植物标本，为后人研究尼罗河流域的生物留下了宝贵的资料；他们通过对长期折磨埃及农民的常见病——眼炎的研究，在防治眼病方面取得了进展。埃及研究院的学者还在传播西方的科学文化方面起了不可忽视的作用。他们在开罗创办了图书馆、印刷所、机械学实验室和物理实验室；他们把研究院的仪器、标本陈列在宫廷花园里；他们把关于先知穆罕默德的书、自然史和医学方面的书、伊斯兰教方面书籍的法文译本陈列在图书馆里；他们创办了埃及的第一家报纸和埃及最早的期刊《埃及旬刊》。他们的研究成果后来被逐步整理出来，编成了一部巨著《埃及记述》，第一次向欧洲和全世界展示了那时埃及的全貌。

法国在埃及的科学远征，还有一件事不可不提，那就是罗塞塔石碑的发现。1799年的一天，法国士兵在地中海沿岸一处名叫罗塞塔的村落旁修整工事，挖出一块高1米、宽0.75米的黑色石碑。上面是14行象形文字，下面是54行古希腊字母文字。大概是受波拿巴科学远征的影响，军官没有把这块看似平常的石头用来修筑工事，而是送到了开罗，但后来却辗转进入了大不列颠。希腊文被轻而易举地翻译出来。其主要内容是：公元前196年埃及诸大神庙的僧侣对古埃及国王托勒密的颂词。碑文的最后特别提到此碑文系用象形文、象形文简化字（公元前1000年左右出现的通俗体象形字）和希腊文三种文字写就。古文字工作者都想抓住这个契机，从已知推出未知，一举破译象形文字，立下千秋伟业。但情况并非如此简单，他们在这14行文字面前一筹莫展。直到1822年，一个天才的年轻人商博良才将象形文字释读成功。这样，一门新的学科——埃及学诞生了。古埃及5000年历史的宝库向人类重新敞开了大门。商博良也当之无愧地成为埃及学之父。

埃及研究院在埃及的研究和探索，对于古埃及文明重现天日，对于西方人了解东方文化，以及对于东西方文化的交流、整合起了一定的作用。

四千万人注视着波拿巴

法军开进开罗后，波拿巴像个素丹皇帝似的住了下来。他发表了第二次《告埃及人民书》，声言埃及已经被法军"解放"，埃及人民应该和法军亲善，恢复秩序，安居乐业。波拿巴还声称自己皈依了伊斯兰教，是伊斯兰教的"保护人"，并戴着伊斯兰教的头巾到清真寺里参加礼拜。他还鼓励部将和埃及人通婚。

波拿巴如同在意大利一样组建政府统治。他指派舍尔葛威等10名长老为部长，组成傀儡政权国务会议，负责执行他统治埃及的意志。他下令在埃及各省成立行政、警务、征税机构。各省政府由7人组成。各地警务由一名受法国总督调遣的警务官统领60名当地武装人员负责。各省设监察官，监察租税和国家岁入的征收事宜，总管由法国人担任。

正当波拿巴踌躇满志之时，纳尔逊率领的英国舰队在阿布基尔海战中给了他沉重一击。8月30日下午2时半，强烈的西北风呼啸不停，英国舰队满风鼓帆地突然出现在法军亚历山大的警戒线上。法军发现英国舰队只不过由11艘装有74门大炮的兵舰、1艘装有50门大炮的兵舰和1艘实力更小的三桅舰组成。下午5时，英国海军上将认为以自己这样一支实力不强的舰队进攻法国舰队看来是不可能的。晚上8时，在夜幕笼罩下，停泊在亚历山大港西面的两艘英军主力舰悄无声息地渐渐逼近。而法军却以为，只要敌人在夜间无其他兵舰增援，战斗将推迟到第二天进行，因为纳尔逊仅凭现在的这些兵舰，无力与法舰抗衡。所以，当英军主舰悄然出现在战场，并进入法舰大炮射程之内时，法国海军上将却未发出开火命令，这使双方都大为诧异。纳尔逊命令英舰抛锚，一艘对一艘地进攻法国兵舰，目的是使每艘英舰都能击毁一艘法舰。阿布基尔大海战打响了。辽阔的海面上空交杂着密集的炮火声，浓重的夜色被炮火撕开一个又一个裂口，大约9时，法国舰队旗舰"奥里安"号（"东方"号）中弹起火。到10时，船上发生了爆炸。法国舰队司令布吕埃斯表现出勇敢的大无畏精神。他虽几次受伤，却拒绝到绷带站去包扎。他站在司令台上指挥作战，直至牺牲。但停泊在岸边的法国海军上将维耳涅夫不知是畏惧狂风，还是怕死，在战斗打响后18个小时他才割断锚索，率领有80门大炮的兵舰"维耳格耳姆·帖耳"号和"热涅辽"号以及巡洋舰"迪阿纳"号和"尤斯提斯"号出海。而组成右翼的其余兵舰都停泊在海岸边，几乎没有参加战斗。英法舰队水兵都一致认为：维耳涅夫本来是能够保证法军取得胜利的，他在晚上8时就能做到这一点，在"奥里安"号爆炸后的午夜他仍能做到这一点，可是他没有这样做。法国舰队失败的命运就这样被注定了。到2日正午的时候，战争的结局已明朗化。维耳涅夫此时才加入战斗，这已于事无补。阿布基尔一战，英方伤亡了800人，他们俘虏了7艘法国主力舰。法军被俘和阵亡的人数几乎达3000名。回到亚历山大的有3500人，其中有900名伤员是英国人遣返的。这一战役使在埃及的法军完全失去了与英国在海上较量的能力，法军死死地被困在这个被海洋与欧洲分离的非洲大陆上。它也使在埃及的法国人的全部对外贸易都停顿了。纳尔逊将军凭借这一战役永垂青史。

与此同时，土耳其素丹对法军攻取埃及大为震怒。9月1日，土耳其向法国宣战，其武装力量在叙利亚的几个地方集结。埃及人民对法军的到处劫掠大为不满，全国各地掀起反法浪潮。10月21日，开罗人民举行了第一次武装起义，杀死开罗卫戍部队司令杜布，击毙法军上校萨勒考斯基。尽管法军倾泻了成千上万发炮弹，下令屠城，将起义镇压下去，并将4000名起义者杀害，但许多埃及人拒绝与法军合作，农民和牧民组成的游击队到处袭击法军，以至法军不敢随便离开兵营。

在这样的情况下，波拿巴决定增援3万精兵，并力图发动叙利亚人驱赶土耳其人，然后挥兵攻陷大马士革和阿勒颇，占领美索不达米亚，直接威胁印度，再北入小亚细亚攻打君士坦丁堡，打垮土耳其。待亚洲稳定后，再回欧洲，经亚得里亚海，击灭奥地利，从维也纳凯旋巴黎。

1799年1月，在苏伊士的邦将军从西奈半岛进入巴勒斯坦。2月11日，波拿巴留德塞于埃及，亲率军队从开罗出发。指挥先头部队的克莱贝尔曾迷失在把亚洲和非洲分开来的那片沙漠里。24日，法军进入巴勒斯坦，攻陷加沙。为了赢得阿拉伯人的支持，波拿巴和高级将领声称自己是伊斯兰教徒，并说："我要像真主一样仁慈，不但对人民仁慈，也要对贵人仁慈。"他希望叙利亚人与法军一起对付英国人和马木鲁克。3月4日，法军攻打雅法城，激战七日而陷之，守城的4000名阿尔巴尼亚士兵投降。法军粮食缺乏，无法供养俘虏，又不愿释放他们，增加敌军兵力，故把他们全部枪毙。波拿巴这一举动，失信于人，也激怒了对手。3月19日，波拿巴率军攻打阿克。据守阿克的查萨尔不仅得到英国的物资支援，还得到英国舰队的火力支持，土耳其军队和阿拉伯人民也从陆上夹击法军。此外，法军内疫病流行，数千士兵染病。法军屡攻阿克而不克。有一次在战壕里，波拿巴还虚惊一场。一颗炸弹突然落到他的脚边，他的两名勇敢的卫士多梅尼尔和苏雄立即扑到他身上，把手臂举到他头上，把他的各个部分都掩护起来。幸好炸弹宽宥了大家，没有人出事。多梅尼尔立即被提升为将军。后来他在莫斯科战役中失去了一条腿。1814年，反法同盟占领了巴黎几个星期，他在万森要塞仍然坚守不屈，并对劝降者答复道："当你们把我的腿还给我的时候，我会把我的要塞交给你们。"

法军战事不利，士兵们怨言纷起。当军队穿过叙利亚的时候，每一个士兵都说着伏尔泰的《扎依尔》中的诗句："此后，法兰西人已经厌倦于寻求，司令神并非为他们创造的水土；他们不愿意离弃他们富饶的祖国，凄凉地稽留在这不毛的沙漠阿拉伯。"波拿巴后来也回忆说："士兵们对要干的事并不热心。开始时，他们老是想卷起他们的军旗跑掉。"在这样的情况下，波拿巴只好撤兵。5月20日，法军从阿克撤围。6月14日，波拿巴回到开罗，其部队只剩下1.2万人。攻打叙利亚，法军共损兵5000人。真是雄狮再威武，进入沙漠也无奈。

当1798年5月波拿巴远征埃及时，老谋深算的英国就立即纠集心怀不满的俄国、土耳其、奥地利、那不勒斯等国又组成第二次反法同盟。它们不仅打算把法国人赶出北意大利，而且要推翻法国的共和制度，恢复波旁王朝。

1799年3月，反法同盟在德意志西南部、瑞士、意大利北部同时发起进攻。其中，俄国元帅苏沃诺夫亲率俄奥联军进攻意大利北部地区。反法联军先后打败了莫罗、麦克唐纳和茹贝尔指挥的法国军队。4月29日，联军占领了米兰。5月26日，又占领都灵。俄奥联军在多瑙河上打败了儒尔当，在北意大利打败了莫罗和马塞纳；南阿尔卑斯共和国被消灭了；哥萨克已经抵达了阿尔卑斯边界；曼图亚要塞遭受围困。法国差不多被赶出了亚平宁半岛，就连法军的军团司令茹贝尔将军也被俄国士兵击毙。波拿巴第一次远征意大利得来的胜利果实几乎丧失殆尽。8月下旬，反法联军经瑞士向法国边境推进。英国军队亦在荷兰登陆，控制了荷兰的北部，吞并了荷兰全部海军。

法国形势岌岌可危，督政府却腐败无能，根本无力领导反抗外敌的战争。法国形势日趋恶化，整个法国充满着混乱和不满。大资产阶级指责督政府毫无魄力，不能建立一个巩固的资产阶级专政；中小资产阶级抱怨督政府无所作为，不能给他们带来任何利益；士兵群众把督政府看作是贪污和腐败的象征，不愿意再为他们去流血和卖命；广大工人和农民更是对这个督政府深恶痛绝，深为自己又开始恶化的处境而忧心。总之，整个法国社会，包括各阶级和各行业的人们，对于督政府都丧失了信心。经过了风风雨雨的法国人这时候明白了，什么人权、宪法、共和国都不能实现法国的稳定，不能保证自己的利益；要实现自己的利益，就必须有一个人——一个强有力的统治者、一个真正的"佩剑人"、一个英雄！莫罗、茹贝尔、波拿巴都被看成是这样的候选人。而远在埃及的波拿巴将军由于受英国舰队的封锁，对此竟一无所知。但历史非常垂青这个勇敢的、富有冒险精神的、极具军事和政治才能的科西嘉人。它选择了最恰当的时机把这个信息透露给了他，让他冒险从神秘的东方回到巴黎去抓住这一历史机遇，成为法兰西的主宰，创造法兰西的光辉历史，增添世界历史的神奇光环。

远在埃及、被英军切断与法国的联系、得不到任何来自欧洲消息的波拿巴焦急万分。正在这时，法军赢得了阿布基尔战役的胜利。波拿巴与封锁海岸的英国舰队司令西德尼·史密斯进行了谈判。表面上，他与英国人讨论交换战俘；实际上，他想刺探法国的信息。信息在此时远胜过金钱。英国舰队司令西德尼·史密斯对法国在欧洲的局势幸灾乐祸，他把近几天的报纸交给了法国代表。波拿巴弄到了他垂涎的报纸——信息。当一名副官把报纸拿到波拿巴的帐篷时，已经入睡的他一下子坐了起来，跳下床来，夺过报纸，整整读了一个通宵。法国的局势令人沮丧，敌军大军压境，督政府风雨飘摇。但波拿巴了解了之后却非常兴奋：机会来了，波拿巴拯救法国的机会来了，波拿巴主宰法国的机会来了。尽管此时英国战舰云集地中海，去土伦的路尚不顺畅，但巴黎是他的归属之路。他应该冒险回国。第二天清晨，波拿巴召见海军司令冈多姆，与之密谈了两个小时。然后，波拿巴返回开罗，做好回法国的准备。8月22日，波拿巴在亚历山大港总司令部发布了《告东方部队书》，他说："看到来自欧洲的消息，我已经决定回国。"他任命克莱贝尔将军为东方部队总司令。他还对埃及的军事政治作了部署：对外方面，东方部队不应当为另一个战役去冒险，

马尔蒙

可以与奥斯曼土耳其政府缔结和约，即使以撤出埃及为主要条件也可以。但前提条件是，双方签订一个为期6个月的停战协定，以便双方办理换文手续。对内方面，始终把基督教徒作为朋友；政治上依靠开罗的显要长老统治埃及；在军事上，牢牢掌握亚历山大港和阿里什两个要塞，这是埃及的两把钥匙；在思想文化上，用法国的习俗、语言、文化去同化埃及人，创造一切条件把马木鲁克送到法国去学习；在经济上，对是否由法国人自行收税的新税制要三思而后行。

当天晚上，在尼罗河三角洲一片阒无一人的海滩上，波拿巴带着贝尔蒂埃、拉纳、缪拉、安德烈奥西和马尔蒙将军以及蒙日、贝托莱公民和500名精兵登上"米尔隆"号和"卡雷尔"号两艘小型三桅战舰。前一艘战舰是以一个中尉的名字命名的，他在阿科莱战役中，以身体掩护波拿巴而中弹身亡。临行前，他告诉梅努将军："我的亲爱的，要好好坚持下去，所有在这里的其他一切人都要好好坚持下去；如果我有幸在法国登陆，那么空话连篇的统治就结束了。"夜色苍茫，星光点点，英国舰队在巡弋。具有高超驾驶技术的冈多姆启动了马达，载着伟大的波拿巴驶进了地中海，迎着海风，踏着海水，踩着生与死的交界线，面临着消亡与辉煌的抉择，向着法兰西前进。

第四章
"大革命的传奇已经结束"——雾月政变

英雄凯旋

1799 年 8 月 22 日，波拿巴乘着维尼斯巡洋舰离开了埃及，驶入茫茫的地中海，向法国航行。15 个月前，他曾带着约 400 艘战舰浩浩荡荡而来，如今只带着两只小舰而归，而且灾难随时都可能降临。一连几个星期，这两艘小舰穿梭在英国军舰当中，人人都提心吊胆，极度不安，甚至有人建议驶回亚历山大港。但波拿巴显得那么镇定和宁静。他每天大部分时间都待在房间里，时而阅读《圣经》，时而阅读《古兰经》。偶尔，他也到甲板上呼吸自由空气，与大家谈一些无关紧要的事情。他知道赌注既然已经押下，只有勇敢、勇敢、再勇敢，才可能冲破重围，才可能有更大的机会返回法国。

吉人自有天相，天助这个科西嘉人。一路上，波拿巴总能化险为夷。经过 6 个星期的艰苦航行之后，一个熟悉的海岛映入了他的眼帘，那就是他的故乡科西嘉岛。波拿巴那颗悬着的心终于放了下来，他兴奋地在阿雅科修登陆。更令他兴奋的是，码头上、道路上挤满了人，热情地迎接这位卓越的同乡，其中有他那位年长的乳母卡米雅·伊拉里。

由于海上无风，波拿巴在岛上逗留了8天。但法国的形势使他心神难定，他必须开足马力赶往巴黎。海风再起，波拿巴扬帆驶向马赛或土伦。船行两天，当海岸遥遥在望时，他们从夕阳的余晖中望见有三十余艘帆船从战舰左侧驶来。冈多姆建议由他带领一些人乘黑夜登陆，而波拿巴却下令像没发生什么事一样继续航行。命运之神再一次垂青了波拿巴将军，蒙蔽了他的敌人。

第二天天明时，船在弗雷儒斯下锚了。起初，大家都难以置信，但很快地，大家知道这是真的了。一夜之间，波拿巴回来的消息传遍了各剧院和社交场合，即使在最小的酒店里，人们都举杯庆祝他的归来……他们把波拿巴当作救世主般地簇拥着走过街头。波拿巴的名字挂在每一个人的嘴上。其后，各地报纸都连篇累牍地介绍波拿巴将军，尽管有些与事实还有出入，但波拿巴再一次感受到了法国对他的期盼，清楚自己回来的正是时候。在他西行北上巴黎的路上，处处张灯结彩，礼炮轰鸣，把他当作救星来看待。里昂还临时编排上演了"英雄凯旋"。议员波丹听到波拿巴归来的消息，高兴地欢呼起来，并因兴奋过度，倒地而死。波拿巴的名字散发着迷人的光彩。

但波拿巴知道，他离开法国已太久太久。尽管时间只有15个月，但在这个动荡的年月里，每一天情况都在发生变化。故一路上，他不断地向碰到的每一个人问这问那，不放过一点点小信息，他要为到巴黎后做准备。他深知，自己的伟大、光荣，法国的伟大、光荣和幸福不会因他的到来而自动降临，他必须付出、付出、再付出。

10月16日，波拿巴将军到达了巴黎，万民齐聚来欢迎他，但其中唯独没有他的妻子约瑟芬。

早在1797年3—4月间立法两院1/3成员改选时，王党候选人就卷土重来，取得了极大的胜利，大有复辟之势。5月20日立法两院开幕后，刚刚被撤职的具有王政倾向的将军皮什格吕被选为五百人院主席。老斐扬派分子，留恋君主制的巴尔贝-马尔布瓦当选为元老院主席，具有王政倾向的巴泰勒米取代勒图尔内成为督政官。督政官勒贝尔、拉勒维里埃、巴拉斯准备诉诸武力，远在意大利的波拿巴派奥热罗率军开进巴黎，于1797年9月3日（共和五年果月17日）包围立法机关所在地杜伊勒里宫，逮捕了皮什格吕等33名议员和卡尔诺、巴泰勒米两名督政官，流放了一批反抗派教士，另宣布198名议员当选资格无效，才暂时渡过危机。波拿巴的弟弟吕西安·波拿巴接任了五百人院的主席，为其兄日后雾月政变奠定了基础。1798年5月11日，督政府又发动了花月政变，宣布106名议员当选资格无效，渡过了另一次危机。1799年6月18日（牧月30日），督政官拉勒里埃、梅兰等经受不住治国不力的指责，被迫辞职。一年来，督政官已面目全非。除了巴拉斯、西哀耶斯、戈伊埃、罗歇-迪科和穆兰均为新面孔。其中，大革命元老西哀耶斯的地位举足轻重。

西哀耶斯，1748年5月3日生于普罗旺斯省弗雷瑞斯城的一个富裕的中产阶级家庭。他曾在巴黎大学接受神学教育。1787年任沙特尔教区代理主教和执法官。1788—1789年，他先后发表关于第三等级革命的小册子《论特权》《对于1789年法国代表所能采取的措施的看法》《第三等级是什么？》等，尤其后者影响最大。1789年，他以巴黎第三等级代表的身份倡导革命，提出把三级议会改为国民议会，改省为郡的国内行政区划改革方案，草拟了6月20日"网球场誓词"。革命后，他参拟了《人权和公民权宣言》，创办布列塔尼俱乐部。他反对什一税，主张没收教会财产。1792年，他被3个郡选入国民公会，站在平原派一边。1793年路易十三命赴黄泉，他也在后面推了一把。此后，他从政坛上销声匿迹。1795年他再度出山，出任救国委员会委员。督政府成立后，他担任法国驻柏林大使，后曾任五百人院主席。1799年5月，勒贝尔依法去职，以前一直不愿接受督政官之职的西哀耶斯出任了督政官。在大革命时期，其他革命元老，或死或逃或囚，不得善终，而他却能独善其身，识时务、老谋深算之词定会与之相连。

1799年，督政府风雨飘摇。老谋深算的西哀耶斯开始潜心替法国寻找出路。在督政府中，他依靠罗歇-迪科；在立法机关中，他依靠元老院；在全国，他依靠温和派的群众和中产阶级。他要依靠他们建立一个强有力的、能安定人心的、不念旧恶、不树新敌的政府，一个日后可以实现各方面的主张和满足各方面利益的政府；他要依靠他们废除共和三年宪法，替法国制定法律；他要依靠他们建立法国的和平和自由。鉴于以往7月14日至热月9日由民众和一部分当权的人合谋的事到了葡月13日以后都是靠军队来完成的，西哀耶斯觉得自己也需要一位将军。"我必须有一柄剑，谁来佩它呢？"他看中了意大利军团司令茹贝尔。但1799年8月，茹贝尔将军亲自追击俄奥联军，在诺维战役中阵亡。因此，他需要物色一位能够执行他计划、能够保护共和国而不致成为压迫者的将军。奥什将军在一年多前死了；莫罗则十分可疑，因为他在果月政变以前对督政府态度暧昧，而且把他的旧友皮什格鲁的叛变行为隐瞒了一年之后才突然揭发出来；马塞纳是一个没有政治头脑的将军；贝尔纳多特和儒尔当是拥护马内日派的（极端共和派）。当西哀耶斯正在为手下缺少一个得力的将军犯愁时，波拿巴从埃及回来了。

波拿巴在征服意大利后就已威震全欧洲。之后又进行了使人们惊异而又难以想象的、接近神话般的远征。如今这位威望已远远超过共和国其他将军的将军又在一年前法国舰队受挫的地方——阿布基尔击败了一支土耳其军队后凯旋。对于波拿巴的野心，西哀耶斯心知肚明。早在远征意大利时，他就怀有夺权之心。果月政变中，他派奥热罗带着军队的抗议书来到了巴黎。如果督政府被两院搞垮，他就准备用自己的军队反对两院，攫取共和国的政权。果月18日以后，他看到督政府的力量还很大，他在欧洲无所作为又对自己十分不利。为了使自己不至失势、不至被人遗忘，为了赢得伟大的名声，他去了古老的东方——埃及。1799年，当督政府内外交困之时，波拿巴不惜冒着被俘和生命危险，偷渡而归，其意昭昭。西哀耶斯担心波拿巴野心太大，不会同意自己的立宪主张，因此一开始无意同波拿巴接触。

但波拿巴的来临激起了全国的温和派群众的热情，他受到了普遍的欢迎，他成了所有派别的争夺对象。将领们、督政官们、两院代表们，甚至马内日的共和派，都与波拿巴交往，试探其态度。波拿巴回到巴黎后，发现情况并不像他想象的那么糟糕。马塞纳和布律埃纳两位将军已挡住了联军的节节胜利的进攻。马塞纳向科尔萨科夫、苏沃诺夫展开了攻势，经过12天的大规模的协同作战，他们连战连捷，在康斯坦茨和苏黎世之间挫败了俄军，从而打败了联军。布律埃纳也在荷兰击败了约克公爵，迫使他们退回军舰上去，放弃入侵的企图。只有意大利方面军作战不利。在国内方面，党派纷争，社会不安，人民不满依然如旧，但温和共和派取得了对极端共和派的优势。西哀耶斯免了贝尔纳多特将军的陆军部长之职，富歇亦在西哀耶斯的支持下封闭了马内日俱乐部。督政府已暂时渡过了窘境。故波拿巴要实现其夺权计划，必须有左膀右臂。弟弟吕西安无须费心，塔列朗、富歇、罗德雷等也愿为之效劳。那么，最有影响的五位督政官，选择谁为合作对象呢？约瑟芬和富歇试图说服波拿巴与他们的朋友巴拉斯联合执政。尽管波拿巴的升迁离不开巴拉斯的帮助，但他不愿与一个"腐朽堕落的国王"一同开创新时代。塔列朗和吕西安建议波拿巴与西哀耶斯共图大事。波拿巴思索一阵，同意了。

事到如今，西哀耶斯环顾四周，没有一个人比波拿巴更适合做他理想中的佩剑的人。11月1日，波拿巴、西哀耶斯开始交往，双方在推翻共和三年宪法，建立一个新的政府上达成一致意见。西哀耶斯便开始尽心辅佐波拿巴的"雾月政变"。

巴黎的局势日益紧张。国家大政好像时钟停摆，或几乎停滞，那本应治理国家的五位督政官各有所谋。波拿巴觉得再也不能耽搁了。波拿巴、西哀耶斯便加紧制订政变计划。西哀耶斯准备通过那些对自己极为信赖的会议厅监察官来串通两院。波拿巴则争取那些在巴黎的、对自己表示忠诚的将军和部队。他们商定要以特殊方式召集两院中最温和的代表，向元老院陈明国家遭受危难，雅各宾过激主义的威胁迫在眉睫，要求把立法机关迁到圣克卢，并任命唯一能够拯救祖国的波拿巴将军为部队司令。然后用武力推翻督政府，并暂时解散立法机关。这个计划定在11月9日（雾月18日）执行。

雾月政变

在11月6日—9日，政变者严守秘密。督政官巴拉斯、穆兰和戈伊埃感觉到波拿巴和西哀耶斯有政变的可能，但他们认为后者仅有政变的企图，还没有确定的计划。

11月9日，一个多雾的早晨，波拿巴很早就起床了。而那些参与政变的将军：勒费弗尔、贝尔蒂埃、布律埃纳、缪拉、马尔蒙、勒克莱克……很早就来到了波拿巴尚特兰街的寓所，一起等待两院会议的结果。

上午7时，两院在杜伊勒里宫召开会议。勒梅尔西埃主持元老院会议，吕西安主持五百人院会议。在元老院，会议一开始，三个最有势力的谋叛者科尔尼代、勒布伦、法尔格就大肆描绘当前的危险局势。他们说，大批雅各宾派分子从歌郡来到了巴黎，要恢复革命政权，如果元老院不大胆地、明智地加以阻止，共和国将再度受到恐怖的蹂躏。另一个谋叛代表、梅尔特的雷尼埃向业已动摇的元老院代表建议，根据宪法赋予的权力，将立法两院迁至圣克卢，并任命波拿巴为巴黎卫戍司令，负责迁移事宜。由于元老院大部分都是这次阴谋的参与者，再加上仓促开会，也可能是他们被骇人听闻的演说所吓倒，元老院同意了谋叛者的所有要求。元老院8点钟做出决定，8点半，信使把委任状送给了波拿巴。所有随从的人都向他表示祝贺，军官们则举起军刀表示效忠。随即，他们护送波拿巴来到了杜伊勒里宫，在主席台前，向他即将摧毁的宪法宣誓：

"共和国在危殆之中……认识到这一点，你们通过了一项法律去拯救它。不必向历史寻找束缚你们活动的理由或事例。没有任何时代像18世纪的末年，而18世纪的末年，也没有当前这样动荡……我们要的是基于自由和平等的共和国。我们会得到它。凭借一切自由之友的帮助，我将拯救这个共和国。以我个人以及我战友们的名义，我向你们宣誓我将这样做。"这哪里是什么誓词，这分明是波拿巴在阅兵场上的训话。宣誓完毕后，他又任命督政府卫队指挥勒费弗尔为副司令。

波拿巴成了军事首领，但这只是成功的第一步。督政府的执政权和立法权依然存在。波拿巴的下一步就是推翻督政府。督政官中的温和派西哀耶斯和罗歇-迪科是政变的策划者，波拿巴自然不必费心，这一天，他们从卢森堡官来到立法机关和军事总部所在地的杜伊勒里官提出辞职。其他三位督政官得知政变，大吃一惊。穆兰用军人的眼光来看待此事。他估计杜伊勒里官的反对派力量约为8000人，他想用武力平息政变。但他的副官告诉他，城里所有的重要据点都已被波拿巴掌握。因此，穆兰只得派人告诉波拿巴"唯阁下之命是从"。

正在家里的巴拉斯企图利用职权和督政官卫队来保护他，但是卫队已接到波拿巴转达的元老院的命令，拒绝服从他。不知所措的他，只是拼命地洗澡，仿佛只有这样才可以把他的晦气冲光似的。当塔列朗这个命运使者受遣前来拜访他时，他还在刮胡子。以前风光无限的巴拉斯见大势已去，只好辞职。他仅仅要求得到一个通行证，到他的故乡格罗-布瓦去。宽宥的波拿巴在政变后满足了他以前的这位恩公的要求。

正独自待在家中的督政官主席戈伊埃得知政变消息，咆哮如雷。他的妻子已被约瑟芬邀去喝茶了，事实上已成为类似人质的人物。这位忠诚的主席顾不上自己的妻子，赶忙派人把消息传给他的同僚，并召集他们立即前来举行督政府会议。但没有人应命前来，穆兰已经加入了西哀耶斯和罗歇-迪科一伙了。巴拉斯则说自己正在洗澡。孤独的戈伊埃孤零零地来到了杜伊勒里官，他在那位被卫队簇拥着的强权人物波拿巴面前显示了他的勇气，显示了对法律的执着。他提醒波拿巴对督政府所负的责任，但督政府已不存在了。西哀耶斯、罗歇-迪科、巴拉斯都已辞职了。穆兰也已归顺了。这位光杆司令也被带到卢森堡宫，由500名士兵监视起来，直至政变结束。这样，五位督政府首脑都被夺去了权柄。法国的政治舞台上空荡荡的，法国人民也正在等待一位这个时代的主角——一位英雄的出场。

波拿巴摆平了督政府后，在他的布告里明显地表现出了咄咄逼人之势。他以一种完全出人意料的方式把法国当前的局势归罪于督政府。他说："你们把我给你们留下的如此光辉灿烂的法兰西变成什么样子了？我给你们留下的是胜利，我看到的是失败；我给你们留下的是意大利的亿万财富，而我到处看到的却是横征暴敛和民穷财尽。我所了解的10万法国人，他们都死了。……决不能再这样下去，这样下去，不出3年就会把我们引到专制统治去。"10年来，像这样把一切独归自己，同对待自己财产一样来算共和国的账，把全体人民历尽艰难取得的遗产视为自己所独有，还是破天荒第一遭。共和派理所当然地感觉到自由受到了严重的威胁。他们认为波拿巴就是另一个恺撒或者克伦威尔。他们要阻止法兰西共和国产生一位独裁者。

11月10日（雾月19日），两院代表来到巴黎郊外的圣克卢宫。波拿巴、西哀耶斯等为了给同谋者呐喊助威，也来到了这儿。熟谙政治斗争策略的西哀耶斯曾建议波拿巴暂时把革命派首脑逮捕起来，但波拿巴不是搞党派之人，到现在为止，他只是用军队从事活动和取得胜利。他以为对立法两院也像对军队一样，只要一声号令就可召唤过来。因此，他并没有采用西哀耶斯的建议。

由于临时改为立法两院所在地的圣克卢宫需要修葺，会议直到下午2点才在马赛曲的乐声中开始举行。元老院在楼上的太阳厅集合，五百人院会议在楼下的橘厅举行。四周有人数众多的旁听者，但这不是像6月2日国民公会的旁听者，他们不是群众，而是军队。在五百人院，主席吕西安主持会议。会议一开始，谋叛者之一埃米尔·戈丹就登台发言。他提议对元老院所采取的措施表示感激，要求元老院说明拯救共和国的方略。这一提议成了激烈骚动的信号。会场中每一个角落都发出了反对戈丹的呼声。当有些演说者嚷道："不要独裁！这个克伦威尔将给我们套上枷锁！"几乎所有的议员都鼓掌喝彩。接着，会场一片混乱。共和派的代表们包围了讲坛和以吕西安为首的主席团。谋叛者卡巴尼斯、布莱、夏扎尔、戈丹等人，在自己的座位上气得脸色发青。经过相当长一段时间的骚乱后，德尔布雷提议重新为共和三年宪法宣誓。绝大多数议员都慷慨激昂地宣了誓。政变受到了阻力。

密室里的人得到来自五百人院的汇报后，军官们主张以武力解决问题，但波拿巴认为还不到使用武力的时候。他冷冷地朝橘厅方向瞥了一眼，然后挂上佩剑，带着几个亲信，上楼进入倾向于自己一方的元老院会议厅。他对元老院的代表们说："人民的代表们，你们绝不是处在通常的情况下，你们是在火山顶上。昨天，当你们把我召来，向我宣布迁移的命令并责成我执行时，我是很平静的。我立即召集了我的部属来支援你们。可是今天，人们竟对我百般辱骂。有人说我是恺撒，有人说我是克伦威尔，有人说我要成立军人政府。如果我要真压制我的国家的自由，我就不会执行你们的命令；我本来不需要从你们手里接受这份权力。人民的代表们！我对你们发誓，作为保卫祖国者，没有比我更热忱的了。但是，祖国的存在完全系于你们。现在没有政府了，督政官中有四人已经辞职；第五个督政官（戈伊埃），为了他的安全，也被监视起来了；五百人院发生了分裂，剩下的只有元老院了。请元老院采取措施，发出指示，我一定执行。我们要拯救自由，拯救平等。"这时，共和派代表兰格莱起立向波拿巴说："将军，你说的我们很赞成，请你同我们一起宣誓遵守共和三年宪法吧！只有它能维护共和国。"这个提议非常突然，波拿巴有些不知所措。但身经百战且蓄谋已久的他很快就以其军人的作风回答了这个问题："你们已经没有共和三年宪法了。你们在果月18日违犯了它；你们在花月22日违犯了它；你们在牧月30日又违犯了它。宪法么？每个党派都援引宪法，可是每个党派都破坏宪法；对我们来说，这个宪法已经不是救国图存的方法。因为没有任何人尊重它。宪法既已受到侵犯，就必须另立宪章，另有新的保证。"波拿巴的发言博得了元老院大多数人的掌声，他赢得了元老院。

波拿巴在元老院轻易得手后，又带着几个士兵信心十足地走下楼，前往橘厅。他要再次用他的宏论征服五百人院。但波拿巴手持礼帽和马鞭，刚走进会议厅，"打倒暴君！打倒独裁者！宣布他不受法律保护"的呼声便响了起来。接着，几个代表向他冲了过来。共和派的卫兵赶忙冲上前去，用其身躯挡住了愤怒的议员的拳头，护着波拿巴退出会场。波拿巴气得脸色发白，一时话也说不出来。不过，他很快振作起来，返回密室。

波拿巴走后，五百人院的斗争并没有因此平息下去。他的弟弟吕西安仍在为他斗争。他极力为波拿巴辩解，保证他没有任何危害自由的企图，还引述了他哥哥的功绩。愤怒的人群中立即有人出来反对，并对吕西安也大加指责。接着，有人正式提议宣布波拿巴不受法律保护。在纷乱中五百人院通过了下列议案：波拿巴不受法律保护；一百人院处于经常开会状态；五百人院立即迁回巴黎；集合在圣克卢的军队，改为立法机关的警卫团，任命贝尔纳多特将军为指挥。吕西安见此，非常激动地说："既然我在这里说话没人听，我怀着尊严受到侮辱的心情，除掉我的人民官职的标志。"他一面说，一面摘下无檐帽，脱去议长长袍，愤怒地走出了橘厅，和他哥哥会合去了。

此时，他的军官们，还有饱经变乱的西哀耶斯都劝他不要坐失良机，要动用武力。本来不想用他的剑、他的军队来政变的波拿巴不得不改变了自己的观点。于是，波拿巴兄弟俩策马并行，进入军队。吕西安以五百人院议长的名义向军队发表了煽动性的演说："士兵们，作为五百人院的议长，我谨告各位：现在会场里，绝大多数代表正受到一小撮武装的雅各宾党人的威胁。这些无赖是被英国的金钱豢养的，他们竟敢宣布将你们的将军逐出场外，而他是两院所委任的。他们实际上还想杀死他，请看这些伤痕！请用你们的刺刀来捍卫他，以挡住他们的匕首，使有关国家利益和安全的讨论得以和平进行。""我对你说，将军，还有你们大家，士兵们，你们只能承认那些走到我这边来的代表！至于那些待在会场上不走的人，要用武力把他们赶走。这些强盗们已经不是人民的代表，而是刀剑的代表了。"

吕西安话音刚落，波拿巴也发言了。他说："弟兄们！我率领你们取得了胜利，我可以依靠你们吗？""可以，可以，将军万岁！""士兵们，我们原以为五百人院能够拯救祖国，但恰恰相反，他们肆意捣乱，有些煽动分子企图挑拨五百人院来反对我。弟兄们，我可以依靠你们吗？""可以，可以，波拿巴万岁！""好吧，那就要教训教训他们了！"很明显，士兵们支持波拿巴。于是他命令他周围的几个高级军官把暴徒从五百人院赶出去。缪拉吹响了进军的号角。

吕西安走后，五百人院陷入了极端的不安和混乱。有几个人提议集体离职，到巴黎人民中间去避避风头。另外一些代表主张国民代表决不应该放弃职守，而应勇敢面对武力的侵凌，正在这时，士兵们已紧握刺刀，鱼贯而入。勒克莱尔大声叫道："我代表波拿巴将军宣布解散立法议会，希望善良的公民们自行退出。卫兵们，前进……"全场骚动，愤愤不平之声满座而起，但是人们却只闻鼓声，难闻怨声。在刺刀的寒光照射下，反对派立法议员除喊几声"共和国万岁"外，不敢另有反抗，乖乖地被赶出了会场。1799年11月10日（共和八年雾月19日）下午5时半，人民代表机关不复存在了。督政府完全被武力推翻了。全欧洲乃至全世界都感到了来自法兰西的震动。

波拿巴以武力解散五百人院后，立即派吕西安去元老院，劝诱元老院任命三位临时执政者。他想借用古罗马的头衔，称他们三雄，或者最好称为执政。吕西安奉命前往，先大肆夸张地叙述了他哥哥如何遭受雅各宾党人的殴打，他哥哥为了维护法国的和平和自由，不得已才动用了军队等，然后奉劝元老院议员任命三名执政。

惊慌失措的元老院议员们赶忙掌灯"探讨"法国的前途。一百多位名流、漂亮妇女和她们的情人也赶来目睹这一夜的盛典。在空旷的圣克卢宫大厅里，在两支蜡烛的烛光的照耀下，30名留下来的法兰西人民议员奉命投票。人们怎么说，他们怎么投，波拿巴、西哀耶斯和罗歇-迪科成为三位临时执政。三人轮流担任主席。由于形势危急，罗歇-迪科主张非常有必要由一位将军来担任主席，并说只有这位将军能挽救这种局面。从这以后，罗歇-迪科总是这样表示他的意见，西哀耶斯则紧咬嘴唇，心中十分不悦，可是他也不得不同意。而波拿巴则毫不推辞地接受了这一职位。波拿巴在几乎没有遇到任何严重的反抗的情况下，轻而易举地夺取了法国最高统治权。从此以后，他控制了一切。

由于永不知疲惫的吕西安坚持必须对此隆重庆祝，凌晨2点，在鼓乐声中，政治弥撒开始了。三位执政宣誓就职。雾月政变顺利完成。波拿巴成了法国临时执政；波拿巴圆了他儿时的梦；波拿巴实现了他从东方到西方，迂回赢得伟大名声的政治战略。而这次以议会的方式开始，以武力胁迫的方式完成，又用合法的形式最后给予粉饰的政变模式几乎成为近代各种政变的典型模式。

凌晨3点，执政波拿巴与布里昂一起驱车返回了巴黎。波拿巴累了吗？不，波拿巴不累，但法兰西累了。自1789年大革命爆发以来，法兰西共和国已被战争、政变弄得筋疲力尽，法国人民已被无休止的动荡弄得筋疲力尽。法兰西需要力量，法国人民需要力量。正是在这个时候，雾月政变发生了，一个人跃过两院，蓦然而起。他就是那位精力过人的科西嘉人拿破仑·波拿巴。他充满了神奇，他充满了力量。累了的法兰西，累了的法国人感觉到有一个超人给他们搭起了休息的帐篷，给他们注入了活力。法兰西感到自己在强大，法国人感到自己在强壮。

"大革命的传奇已经结束"

经历了风风雨雨的共和三年宪法已经奄奄一息。它不再能够保护人民的利益，甚至不能保护它本身。面对这种现实，在雾月19日之夜，立法两院会议曾决定两院各组成25人的宪法起草委员会，每个委员会分为三个组，取代立法两院。其职能是在六个星期内为法国制定一部宪法。雾月政变后，宪法起草工作紧锣密鼓地进行，由革命元老、临时执政西哀耶斯负责。雄心勃勃的西哀耶斯立即以高度的热情投入到制定宪法的工作中去。他要拯救奄奄一息的法兰西，他要让法兰西人民高举自由的旗帜。抱着这种崇高的愿望，他日思夜想，废寝忘食，费尽心机，终于制定出了宪法草案。其内容大致如下：

法国的行政区划分为三级：公社、省或郡、国家。每级各设行政机构和司法机构，构成一个等级系统。第一级为市政府、治安法庭和初审法庭；第二级为省（郡）政府和上诉法院；第三级为中央政府和最高法院。市、省、中央三级各种官职都有人民提名的名流候选名单。行政权属于最高行政官，最高行政官是不罢免的、无直接责任的最高官职，对外代表国家，对内负责组织政府。政府包括国家参政院和责任内阁。最高行政官根据候选名单选任从治安法庭到最高法院的各级法官，从市长到各部部长的各级行政官员。但是，他自己不管国事。国家参政院是国家权力机关，内阁是执行机关。

立法机关和以前的形式有很大差别。它不再是讨论和决议机关，而是一个裁决法院。为防止各派系以暴力夺取政权，西哀耶斯在使人民掌有最高主权的同时，又对其有一定的限制。保民院享有创制和讨论法律权，而通过法律权属于立法议会。国家参政院应代表政府，保民院应代表人民，分别向立法机关报告施政方针，立法机关的裁决即是法律。两院代表选举比较复杂，由总人口的1/10组成初级议会，并由初级议会选出公社候选人名单。同样，由初级议会选出的选举人团从公社候选人名单中选出上一级的省候选人名单，再从省候选人名单中选出全国的候选人名单。一切有关政府的事宜都有一种互相制约的关系。最高行政官从人民提出的候选人中选任各级官员，人民要罢免各级官员，就把他们从候选人名单中撤除。第一级候选人名单每两年改选一次，第二级候选人名单每五年改选一次，第三级每十年改选一次。保民院由全国候选人名单中得票最多的100人组成，立法议会是由选举人团直接选举的。保民官是终身的，故选任方式很缓慢；立法议会议员是临时的。最高行政官不能干涉纯粹属于人民权限的保民官和立法议员的选举。

最后，作为所有权力机构的补充，还有一个护法组织——元老院或宪法监察委员会。它不能发布命令，不能采取行动，只负责保证国家的正常生活。它的任务，正如最高法院评判民法那样，是评断政治法。当立法议会的裁决不符合宪法时，保民院或国家参政院可以向元老院上告。除此之外，元老院有权力用"吸收权"，把野心过大的政府首要或名望过高的保民官吸收到元老院，这些人一旦成为元老院议员，就没有资格担任任何其他职务。这样，元老院就对共和国作了双重保护：既维护了基本法，又防止了怀有野心的人破坏自由。

西哀耶斯制定的这部宪法草案是非常缜密的，也充分体现了他——一位历经沧桑的革命者，一位有着丰富经验的政治家的非凡智慧和最精明的组织力。他想依靠这部宪法来防止各派以暴力篡夺政权，他想利用这部宪法来堵死一切通往专制制度的道路，他想依靠这部宪法来重建法国。但是，他面对的却恰恰是一位只想用宪法装点门面，像家长似的统治法国，手中拥有实际大权而且声名显赫的对手——波拿巴。命中注定了他的一番苦心只能付诸东流。

雾月21日，执政和两委员会正式就职了。临时执政波拿巴的施政方针一开始就非常明确。政变后第四天，他在官方的《导报》上发表了一则《公告》说："法兰西要求伟大、持久。动荡会失去这些，因而它呼吁稳定。……它要求政府行动统一。它希望代表们属于安分守己的保守派，而不是吵吵闹闹的革命派。最后，它要求摘取十年的牺牲的果实。"他要求制定的宪法应该"简短而不明确"。因为只有"简短而不明确"，才能由他任意解释。因此，尽管两委员会在雾月19日之夜所规定的宪法要坚持人民主权、共和国统一不可分割、实行分权制等原则；尽管波拿巴在11月12日宣布就任共和国临时执政发布的《告法国人民书》里写道："请以我们的誓言来和我们共同宣誓：忠于统一的、不可分割的共和国，忠于建立在平等、自由和代议会制度基础上的共和国"，但实际上，这只不过是空泛之词，是有些人不切实际、一厢情愿的美好愿望而已。

当西哀耶斯把费尽心思制定出的宪法草案交给波拿巴，波拿巴浏览其内容后，大感不悦。西哀耶斯要使民选政府消失，要建立许许多多的议院，对此，波拿巴毫无反对之意。但在根本大权的问题上，两人的分歧实在太大，两人的矛盾无法弥合。西哀耶斯要限制最高行政官的权力，他准备给波拿巴最高行政官之职，600万锂的年薪，配备一支3000人的卫队，并以凡尔赛宫为其居所，让他对外代表法国。而波拿巴恰恰想独揽行政大权，他要赋予第一执政以绝对的权威，并有权任命所有的官吏。西哀耶斯准备给他的这个有名无实的职位一点也不称心如意。他说："你们怎么能够设想，一个有点才干和荣誉的人，会甘心当一个拿几百万锂的造粪的猪崽呢？"于是，波拿巴亲自参加了立宪要员会的讨论，与西哀耶斯针锋相对。塔列朗曾试图弥合两人的分歧，但结果是加剧了他们的冲突。参与起草宪法的两个组反对西哀耶斯，支持波拿巴，从而结束了这场冲突。结果，波拿巴按自己的设想，把西哀耶斯设想中的一切可以为他的计划服务的部分保留下来，而把其余的全部抛弃了。12月13日，在两院的委员会讨论宪法条款时，波拿巴要求议员们把三名执政（波拿巴、康巴塞雷斯和勒布伦）写进宪法，居然也没人反对这如同又一次政变的提案。雾月政变后的西哀耶斯已无力与波拿巴抗衡，他只能眼睁睁地看着那个借助他而扶摇直上的人摆布他，摆布法律，摆布人民，摆布法国。

12月24日，共和十年宪法颁布了，共95条。它与西哀耶斯制定的草案已大相径庭，只剩下其皮毛了。宪法虽宣布法国为共和国，但具有高度的中央集权性质。人们都说从这部宪法中所能看到的，就是个波拿巴。国家的权力中心是执政府，由三名执政组成。宪法史无前例地列出三名执政的名字：第一执政拿破仑·波拿巴；第二执政康巴塞雷斯，原属平原派政治家、法学家；第三执政勒布伦，原属吉伦特派，是过去大法官莫普的部下。后二者是波拿巴自己挑选的，他想利用这二人来影响革命派和温和的保王党。而那位雾月政变的最大功臣西哀耶斯则被迫退到了幕后。

该宪法规定，立法机构为三院制：元老院、立法院、保民院，分别由60人（后增至120人）、300人和100人组成。其立法程序是：由第一执政身边的参政院提出议案，保民院进行讨论但不能表决，立法院进行表决但不准讨论，元老院最后审议，再由第一执政批准。至于人民的权利，除了规定保障个人家庭的安全外，其余皆未在宪法里体现。

共和十年宪法最大的特点是第一执政拥有了自共和国建立以来政府首脑的最大权力。他拥有除了媾和和宣战（这在当时还无足轻重）以外的全部行政权。他有权任命各部部长和其他高级官吏（只有治安法官由选举产生）。第一执政以及他的官员不对任何人负责，官员只有得到参政院的同意才可被追究，而参政院的成员又是第一执政自己指定的。第一执政还独自掌握了立法创议权。立法权只变成一个单纯的审议过程，立法院成员只能听取参政院的意见，然后在第一执政提出的法案上写上"同意"或"不同意"。即便如此，讨论与投票还是分开进行的：有100名议员的保民院进行讨论，而后由300名"哑巴"立法院成员投票表决。共和十年宪法还授予实际上是个闲差的元老院以咨询权，从而剥夺了保民院和立法院的一切权力。第一执政还可以不受约束地行使颁布法律的权力——这是革命议会为了执行法令而赋予首席行政官的权力。第一执政实际上还享有解释法律的权力。他授权参政院以发布"意见"的形式来解释法律。他也时常可以毫不为难地按照自己的意向以行政命令的手段修改或曲解法律。通过一系列规定，波拿巴实际上成了共和十年宪法的中心。

为了取悦法国人民，波拿巴为新宪法举行了全国范围的公民投票，结果是可以预料到的，3011107票赞成，仅1562票反对。12月25日，共和十年宪法开始生效。执政府发布了《告法国公民书》，最后一段话是这样的："宪法规定的各项权限必须是强大的、稳定的。公民们，革命已稳定在革命开始时提出的若干原则之上，革命已告结束。"1801年，波拿巴在致国务会议的信中写道："我们已经结束了革命的传奇，现在我们必须着手于历史了，只要那种在应用革命诸原则时的现实的、切实可行的东西，不要那种纯理论的、假设性的东西。"确实，执政府的建立已昭示着法国从民主共和国向军事独裁制度的转变，法国大革命所提倡的自由、平等、人权都将被暂时封存起来，法兰西和法国人民为了法国的伟大和光荣将心甘情愿地暂时牺牲它数年来为之奋斗的东西。法兰西也因此得以在欧洲、在世界写下历史的辉煌一页。

第五章
重压轻揉　纵横捭阖

各方人士唯才是举

雾月政变后的法国内外交困，但初掌政权的波拿巴的首要任务是克服混乱，安定民心，实现法国的稳定，巩固大革命的成果。目睹数年来各派你死我活的派系斗争，从未涉入政坛的波拿巴却深谙政治斗争之精髓；在政坛上，没有正义，只有政权和利益。毫无从政经验的波拿巴却知如何指挥他人为己效劳。因此，从未受过治国方面正规训练的波拿巴却开始了他像模像样的统治。

雾月政变后，波拿巴执掌法国。他不仅从未受过治国方面的正规训练，而且缺乏很多必要的专门知识。但他通过自学学到了很多东西，而且他有他最大的长处：少门派之见，能器重那些在法国革命期间有过行政经验的人，对各方人士能唯才是举，对人才能用其所长。他认为以前属于哪一党或哪一派没有多大关系，只要现在站到他这一边，能把以前的保王党或革命派的同党号召过来，就是好的。他说："我们正在建立一个新的时代，对于过去，我们应当记住好的方面，忘却坏的方面。"在执政府初期的各部部长中，财政部部长戈丹是革命前财政总监的得力助手，外交部部长塔列朗是从前的封建大贵族，还是个腿脚不好的人。警务部部长富歇是前山岳党人。西哀耶斯曾极力反对起用富歇，但波拿巴坚持这样做。在执政府初期的立法三院的成员中，绝大多数都是革命以来各届议会的代表。在完全由波拿巴任命的29人的参政院中包括各方面的专家学者和军人。他不仅吸纳了罗德雷、勒尼奥、夏普塔尔、克雷特、富尔克鲁特、波塔利斯、贝利埃以及蒂博多等著名的行政人才，而且他们思想各异。尚帕尼、弗勒里厄、莫罗·德·圣麦利是同情保王党的，对旧制度的灭亡不胜惋惜。有三名是前国民公会的议员，其中贝利埃曾为"弑君者"。

对于地方官的任用，主要由波拿巴的弟弟内政部部长吕西安负责，确切地说，是其秘书立法议会前伯爵伯尼奥操持一切，但其用人原则遵循了波拿巴的意愿。郡守全部是富有经验的人物，大部分人很有能力。例如，在塞纳郡，参加过1790年郡议会的半数议员在1800年再次复任。郡守主要来自温和派，其中约有半数在大革命期间曾任

富　歇

历届议会的议员。勒图尔内甚至曾任督政府的督政官；让邦·圣安德烈曾经是救国委员会的成员，他的雅各宾派观点与其他人的总的政治色彩截然不同。除了这些人，他还派了一些将军和外交官出任郡守。

波拿巴还善于纳谏。对于具有最高行政裁决权的参政院，波拿巴让参政官各抒己见，自己也每每兴致极高，高谈阔论一番。他还鼓励其他咨询团体发表意见。这些团体起初是临时召集的，后来逐渐定期召开会议，称作"行政会议"。他经常召集有关的部长和他们属下各单位的负责人、一些参政官，甚至从各郡专门召来某些官员来参加这些会议。波拿巴在认真听取他们的意见之后，逐步调整整个行政机器的运转。

波拿巴的唯才是举，既表现了他对自己集权的信心，又相当程度上革新了自1789年大革命以来，特别是恐怖年代以来比较僵硬的政策，提高了政府的办事效率，使得法国政局向稳定的方向发展。

强化中央行政司法改革

1800年2月19日，第一执政波拿巴搬进了杜伊勒里宫。一进宫，波拿巴就专为自己设了一个书房，以免受他人打扰。唯一获准进入书房的人是笔录他口授命令的秘书——最初是布尔里埃内，随后是梅内瓦尔。每当他想与他的属下议事时，他总是到和他书房相连的另一个厅里去。只有塔列朗获得与他一起工作的特权。各部部长被剥夺了决策权，要定时向他呈递报告。他把督政府创立的机构国务秘书变成一个部，并任命马雷为部长，负责集中政府各部、处的文件表报，并把每天从早到晚从波拿巴那里得到的命令下达给有关部门。就这样，部长变成只不过是波拿巴的办事员而已。波拿巴还增加了部长的数目，削弱他们的权力。1800年他从财政部分出了一个国库部；1801年从参谋总部分出了一个军政部；此外，他派参政官到一些部里，分别管理宗教、国民教育、国有产业、森林、公共工程等事宜。

波拿巴从马伦哥得胜归来后，对参政院的人事制度进行了改革，从而不动声色地解除了那些引起他不快的参政官的职务。他每隔两三个月就准备两份名单：一份是那些执行正常公务的参政官名单，另一份是执行特殊公务的参政官名单，即那些负有特派外放任务的参政官名单。后者不出席参政院会议，虽然他们保留参政官的官衔和荣誉，但任务一旦完成，他们就不必再重返原任，这足以使波拿巴为掩盖某一参政官失宠而把他的名字从一张名单转移到另一张名单。政治上的人事变动太引起注目是不明智的。

1800年2月，波拿巴对地方行政也进行了改革。其内容是：郡、区以及公社仍然保留，取消了共和三年建立的区政府，公社恢复了自治地位。介于公社和郡之间的真正行政单位变成了县，这是旧专区的恢复，只是面积更大些而已。各级行政区都由一名单一的行政长官领导：郡设郡守，由一名秘书长协助工作，取代了原来的"中心行政机构"；县设县长，公社设一名市长，连同一名或几名助理。同中央政府一样，地方行政机构改革关键是取消了选举制。从此以后，所有官吏均由中央政府委派，只有5000名居民以下的公社市长及其助理授权给郡守委派。郡县和公社各级地方议会仍然保留，但它们的议员也要由中央政府或郡守委派，而且议会的会议次数和职权都大大地削弱，所剩无几；地方议会听取财政报告，郡和县一级议会分摊租税，通过地方所需的附加税，并且有权提出建议案；公社一级议会有权规定公地的使用，并负责维修属于公社的公共建筑物。至于涉及附加税及借款问题，公社议员只能发表意见。这样公社就严格处在上级监管之下。各大城市于共和三年建立起来的割裂的行政区划被取消了。里昂、马赛和波尔多改由单一的市政厅管理，但在1804年以前，它们一直还由几名区长负责。在巴黎，12个区及其区政府依然保留下来，但是几乎所有的行政权都交给塞纳郡守；首都没有市政厅，而由塞纳郡总政务厅代行职权。

波拿巴把警察从地方行政机构里分离出来，把警察置于中央机构的控制之下。他保留了由富歇在德马雷帮助下改组的警务部。德马雷原是拥护革命的"红色神甫"，督政府时期出任公职，他是警务部保安警察的领导，是富歇的左右手。1800年3月8日，巴黎以警察厅长的名义恢复了过去的警察总监，负责维护首都秩序，后来在1802年10月4日建立的市卫队也归他管辖。富歇亲自提拔了曾担任高等法院检察官的杜布瓦为巴黎的第一任厅长。警务部在郡里没有常驻代表。直至1800年10月27日才在各大城市及边境上派设了地区警务专员接管地方当局的警察权，在有些地点，如布伦港，还派驻了特派员。与此不同的是，在大部分郡里，只有郡守是警务部的常驻代表，他们就像过去的巡按使那样有权发出逮捕状和搜查状。但是他们的上司不只警务部部长一个人。由于郡守缺乏有专业训练的部下，他们往往直接从部长或从他派驻到郡里的代理人那里得到有关的情报。与警察并存的还有在蒙塞将军统辖下经过周密改组的宪兵队，它是单独执行任务的。

所有这些警察机构从一开始就享有极大的权力。富歇把侦探及告密者遍布各地。由拉瓦莱特领导的书信检察室严格监视书信往来。肆意逮捕遍布全国，郡守本人就能签署"密札"，不但逮捕政治嫌疑犯，而且还徇情枉法。但波拿巴为了控制富歇，有意让几个警察机构并存，使之缺少政府其他部门所具有的那种统一和集中程度。不仅如此，波拿巴还有他自己的秘密警察，更不必说还有一大批像菲埃韦、让利斯夫人以及蒙洛西哀那样的告密者。他还准许杜布瓦插手政治，支持他与富歇对峙。结果，这些相互竞争的警察机构互相倾轧，波拿巴则坐收渔人之利。

1800年3月18日，波拿巴又开始对司法系统进行改革。在民事方面，乡区保留了它的治安法官，每一县也像过去的专区一样设有一个初审法庭，但新设立了29个上诉法庭。在刑事方面，治安审讯机关变成了简易警事法庭，而初审法庭和上诉法庭则都有刑事宣判权；最高法院、起诉陪审团与判决陪审团、军事和海事法庭都保留下来，郡刑事法庭也保留下来，但设了专职法官。法院工作人员的选拔方法有了很大变化，除治安法官及商务法庭的法官外，法官不再由选举产生。除最高法院的法官由元老院指派外，其余法官均由第一执政任命。此外，除原有权任命的公证人外，波拿巴还有权确定执行吏的人选、检察官（或公诉人）的人选。最高法官虽仍终身任职，但他们的薪金和晋级却仰仗国家。由于法官是终身任职的，故司法官员不像其他机构的官员有许许多多的旧制度下的旧人员。这样，司法系统虽未完全集权，但其集中程度较以前有了很大的增长。

夏普塔尔说过："行政制度的力量完全在于能够确保不折不扣地贯彻政府的法律和法令……执行法令要一竿子插到底，从部长直到被治理的百姓，不容中断；要把政府的法律和法令以电流的速度传达到社会的基层去。"波拿巴就是通过这样的行政和司法政革，在书房里统治全国，"总揽一切"，使他的个人意志能迅速地传到全国，使他个人的独裁统治向前跨了一大步。这次改革也为波拿巴稳定、复兴法国，为日后他荣膺终身第一执政、称帝奠定了基础。

重压轻揉保王党

自大革命以来，保王党势力一直虎视眈眈，企图复辟波旁王朝。如何对付这股势力一直是历届政府头疼之事，但又是关系国家稳定之大事。督政府末期，保王党的主要根据地法国西部再次发生叛乱。首先是旺代地区，此外还有西部、北部的布列塔尼、诺曼底。他们得到了英国的鼎力相助。南部和中部的盗匪也伙同保王党分子肆意破坏，拦劫车辆，杀害行人，袭击乡村和城市，勒索居民，肆行拷打，甚至使用火刑。在执政府成立以后，保王党又准备使用暴力消灭波拿巴，推翻执政府。在施瓦本，一个由普雷西和当德雷掌管、并得到威克姆资助的机构开始为保王党亡命者入侵做准备。整个机构还与里昂和图卢兹的保王党，特别是与波尔多的保王党联系密切。住在英国的阿图瓦伯爵也让伊德·德·纳维尔在巴黎搞阴谋，但很快暴露了。

波拿巴就任第一执政后，对保王党采取了两手政策，即有抚有压。他执政后，立即派人同朱安党人进行谈判。12月28日，波拿巴通告西部各郡居民：不要受出卖给英国人的叛徒的欺骗，放下武器。他保证他们的信仰自由得到宪法的保障，宪法也保障公民们免遭不公正的压迫性的法律之害；对所有愿意放下武器的叛乱者实行大赦。与此同时，他派布律纳和勒费弗尔将军前往镇压，严令枪决一切持武器的或煽动叛乱的人。到1800年1月和2月，实际上没有进行什么战斗，旺代、布列塔尼、诺曼底的叛乱活动先后被平息，其他地区的盗匪则在1801年5月基本被肃清。少数负隅顽抗者也尝到了波拿巴的厉害。弗罗泰克先是以武力抗拒，后迫于形势去阿朗松与政府谈判。他虽然行前得到了安全保证，但还是被拘禁，送交军事法庭，并和他的六名同伙一起被枪毙了。

同时，为防止保王党的叛乱，波拿巴禁止在5月21日举行纪念处死路易十六的活动。由于保王党控制了大多数报纸，他们就大喊大叫地反对新的议会各院，要求立即进行清洗。1800年1月17日，波拿巴利用这一骚动一举封闭了73家报纸中的60家，封堵了喉舌。后来，又有一些报纸停刊了。到1800年年底只剩下9家。左派报刊当然也同时被清洗了。波拿巴对付政敌的手法之严酷，以至于希农的一位编年史作者写道："从罗伯斯庇尔统治时期以来，法律从未如此严厉过。"

在严厉镇压的同时，波拿巴也给保王党人以希望。临时执政府上台伊始，即废除了共和七年的"恐怖主义"措施：强制公债、人质法及强迫征用等；准许果月18日以后被驱逐的神甫回国；那些被革命风暴刮到加莱海边的，以及四年来被拘留在法国或被迫当流亡者的逃亡者统统从监狱和共和国管区释放出来。与法国人民满怀希望和颂扬一样，保王党对此也非常满意。在执政府中，他选任了在路易十五晚年时的大法官莫普的秘书勒布伦，这是个保王党分子。在参政院中尚帕尼、弗勒里厄、莫罗·德·圣麦利等人都是同情保王党的。后来增选的巴尔贝-马尔布瓦、波塔利斯迪马、比戈·德·普雷亚梅以及雷米尔都是属于此类。波拿巴希望他们能起到良好的导向和影响。

此后，波拿巴又终止了公布逃亡者名单的政策，而且在1800年3月至1802年5月，几次发布命令，允许逃亡者回国。最后一道命令宣布，凡肯宣誓效忠新政权者，均可回国。波拿巴安抚与和解之策，吸引了一大批逃亡者回国。一些恐怖主义者如瓦迪耶、巴雷尔、1789年革命的元老拉法耶特都陆续回国。到1802年，回国者已占逃亡人数的40%，保王党分子也有4万余人加入了回国潮，连果月政变时被放逐的巴尔贝-马尔布瓦也回来了。

波拿巴的怀柔政策在一开始的时候是如此地使保王党人感到舒畅，有些人竟认为波拿巴正在扮演1660年英国蒙克的角色，以至于波旁王朝也向波拿巴套近乎了。1800年，正流亡俄国的已被革命送上断头台的国王路易十六的弟弟普罗旺斯伯爵（后来的路易十八）要求这位革命之子帮助他登上王位，并派以鲁瓦那-科拉尔为首的、正在巴黎的王党分子去试探波拿巴的态度。他三次提出这一要求，并答应给予重谢。但他太天真了，波拿巴只不过要求保王党归服自己，决非自己想替波旁王朝卖命。对于普罗旺斯伯爵的前两次请求，波拿巴置之不理。到第三次，波拿巴觉得有必要让他清醒一下头脑。波拿巴复信如下：

> 先生，已接华翰，感谢你对我本人的赞誉。你必须放弃任何重返法国的希望，因为你回来得跨过十万具尸体，为了法国的和平和幸福，牺牲你的权利吧！……对此，历史将永志不忘。对你家族的不幸，我并非无动于衷……我将乐于竭尽所能使你的退隐生活愉快而安宁。

波拿巴对付保王党的刚柔相济之策，解除了法国稳定的最主要的威胁之一——保王党的叛乱，为法国的安定又扫除了一个障碍。

圣尼凯斯街雅各宾派惨遭陷害

雾月政变后，有人津津乐道，说波拿巴和西哀耶斯会让雅各宾派充斥议会各院，但他们错了。波拿巴更喜欢的是温和派。他们在元老院、保民院、立法院中，总共有330名议员，雅各宾派和归顺的保王党贵族都只有极少数。在1799年12月25日成立的有29人组成的参政院中，除了布律纳和雷阿尔之外，其余都以温和派闻名。

波拿巴不仅不重用雅各宾派，而且对当时已没有多大反抗能力的雅各宾派残余分子无所顾忌地采取高压政策，支持警务部部长富歇放手镇压，甚至不惜采取栽赃的不光彩手段。况且，他觉得军队中还有很多共和派，心怀不满的人就更多了。将军没有一个不觉得自己是适合做第一执政的。一开始，波拿巴采取了慎重的手段。他任命卡尔诺为陆军部部长，并且大大地增加莱茵方面军司令莫罗的权力，以确保自己对军队的控制。1800年10月至12月，发生了3次企图刺杀波拿巴的事件。其中1800年12月24日（雾月3日）圣尼凯斯街刺杀事件最为惊险。该事件明显为朱安党人所为，但却被波拿巴用作大批镇压雅各宾派的借口。

1800年圣诞节下午4时左右，3个人驾驶着一辆老马拉着的破旧两轮马车慢慢前行。那大个的就是绰号叫作"保皇干将"的布列塔尼贵族利莫埃兰骑士。小个的叫圣雷让，是个不会随机应变的朱安党人。另一个人叫卡蓬，他在国内战争时得了名副其实的雅号——"绿林大盗"。那辆马车被帆布盖得严严实实，里面装着一桶足可炸毁一座城堡的炸药。波拿巴今晚要去黎塞留大街的歌剧院观看演出。他们今日要在波拿巴的必经之地"恭候"，伺机消灭波拿巴。当马车来到圣-尼凯斯街的一个拐角处，前面的杜伊勒里宫清晰可见时，他们把马车停了下来。其中一个人把帆布掀起，从后面搬出了一些石块，堆放在狭窄的街道上。

圣诞之夜，街上异常热闹。利莫埃兰离开圣尼凯斯街，一直逛过塞纳河的渡船街，用12个苏（**法国中世纪货币单位**）雇了一个卖面包的小姑娘来替他们看着车。她才14岁，头上扎着一块蓝色的手帕，红棕色的头发、大鼻子、斜眼，脸上有不少斑点，衣衫褴褛，上身是灰色的羊毛衣裳，下身穿了件白色的布裙。她的任务就是不要让马车移动。他们自己则在周围探听消息，观察形势。

晚上8时左右，杜伊勒里宫那边传来了大批车辆在石板路上发出的隆隆声。圣尼凯斯街顿时一片喧闹。人们纷纷停下脚步向那边张望，街道两旁的窗户也都打开了，窗前挤满了人：波拿巴来了！一支由四辆华丽的马车组成的车队正浩浩荡荡而来。走在最前面的是波拿巴的卫队。这些骑着高头大马的彪形大汉迅速来到了狭窄的圣尼凯斯街。波拿巴同他的三个将军就坐在第一辆马车上，其后是其妻约瑟芬和她的女儿的马车。有人开始高呼："波拿巴万岁！"那拿着马鞭的小女孩身子靠在墙上，目不转睛地看着那些威武堂堂的卫士。那个身材矮小的、总是乐呵呵的家伙在帆布下面慌乱地摆弄着什么，随后便突然走开了……波拿巴的卫队将空车推向道边，车夫扬鞭催马，继续前进。波拿巴及后面的马车刚过，忽听后面一声巨响，街上出现了一道耀眼的火光，然后马嘶声、呼喊声、惨叫声……汇成一片。二十多人被炸死，五十余人受伤。那位看车的小姑娘面部焦黑，脑壳开裂，两只臂膀不翼而飞，一只被挂在30米以外的地方，另一只挂在了对面一家商店的门楣上。三个朱安党人却早已逃得无影无踪。

警务大臣富歇闻讯赶来。他首先想到的是弄清那个小姑娘的身份。但她已面目全非，难以辨认了。直到第三天，一个在渡船街出售圆面包、名叫普绍尔的寡妇来到警察局，寻找她的女儿玛丽亚娜。富歇根据这个女人提供的蛛丝马迹，立即施展其非凡的才能，展开了无比艰难的侦破工作。警察局费尽心血，终于将圣雷让和卡蓬逮捕归案。利莫埃兰则已潜踪匿迹到美洲，终其一生为无辜的受难者忏悔。

圣尼凯斯街圣诞夜爆炸案发后，大家都认为策划者必是保王党分子。但波拿巴却假装激动地说："这是热月党人、知识分子、革命中未被授衔的军官们干的——他们比群众富于想象，有文化，又与群众密切联系，随时准备挑动群众。"他认定这一事件是雅各宾派所为。故雅各宾派首当其冲地遭到打击，被大肆逮捕、流放。从此，雅各宾派一蹶不振。当然，随后也有百余名保王党被逮捕，受到了一定的打击，但他们是罪有应得。

签《教务专约》缴敌器

波拿巴恩威并施，正义和非正义手段并行，拉一片打一片，很快将长时间动荡的法国基本稳定下来。但他认识到，如果要解除国内的反革命分子的思想武器，要把贵族和反对革命的资产阶级争取到自己这边来，要把更多的下层群众争取到自己这边来，要使社会秩序完全恢复稳定，执政府必须与罗马教会实现和解，"1789年原则"必须与天主教教义协调，哪怕是表面的和解。再长远地考虑，如果还要实现更宏伟的大业，他也必须利用绝大多数法国人世代信仰的宗教——天主教。因为罗马天主教徒们是不会承认国家与宗教的分离或信仰自由的；他们充其量只会接受宗教容忍，交换条件是要给他们一种特权地位。只有付出这样的代价，他们才会解除武装，起码暂时会如此。

波拿巴不仅注意到保王党人在利用宗教、利用僧侣为其反革命服务，而且发现即使是在拥护革命的人士中，也有不少人在思想感情上仍然依恋传统宗教，对教会的分裂深感遗憾。如果不处理好宗教问题，就不可能真正有力打击反革命者，也永远无法使依恋宗教的革命者真心诚意地拥护革命。于是，1800年8月17日，波拿巴在罗德纳面前斥责了这样的观点："只要神甫保持沉默，就应把他们扔在一边，不去搭理他们；如果他们捣乱，就把他们逮捕起来。"他主张"应用照顾他们利益的办法，把他们的首领争取过来"。针对当时"由英国收买的50个亡命徒现在管理着僧侣"的现状，他认为"必须消除他们的影响，要完成这一任务，就需要罗马教皇的权威"。一些有政治头脑的人也看出了恢复宗教的重大意义。卢内塔在1801年4月18日给吕西安的信中写道："没有宗教，就没有政府。精明的征服者是从来不同神甫争吵的。可以既迫使他们就范，又利用他们……你可以嘲笑占卜师，但是最好还是同他们一道吃献祭的小鸡。"

内安法国，不可懈怠。波拿巴立即开始其利用宗教的工作。第一步，争取教皇。1800年6月15日，波拿巴路过维切利时拜会了马蒂尼安主教，让他转达自己与教皇庇护七世和解的愿望，条件是：法国永远取消什一税；主教由第一执政任命，教皇授职；本堂神甫由主教任命；教士薪俸由法国政府支付，教皇不以任何方式干扰教会财产的购买者。教皇则提出：恢复罗马天主教为"占统治地位的宗教"的要求，并于11月份派红衣主教斯皮纳蒂前往巴黎和贝尼埃进行谈判。贝尼埃原为旺代乱党的宗教领袖，现已投诚到波拿巴阵营，他非常渴望成为巴黎的大主教或红衣主教。由于斯皮纳蒂的坚持，贝尼埃接受了罗马天主教为国教，法律知识不足的波拿巴也差一点接受罗马天主教为国教或占统治地位的宗教，幸而塔列朗和奥特里父使其认清了承认这一点的严重后果：会毁掉信仰自由和国家世俗化这些大革命的基本成果。从此以后，只承认罗马天主教为大多数法国人信仰的宗教就成了波拿巴毫不动摇的立场。

双方在直接关系教皇重大利益的主教们辞职问题上也争执不下。但当法军占领教皇各属地和罗马本身的时候，教皇只得让步。1801年2月末，谈判的速度加快了。波拿巴派卡考尔到罗马催促此事。由于罗马教皇拖延答复，5月19日，波拿巴指示卡考尔，要求对方无条件地接受法国的条件，如果对方拒绝，就中断谈判。温文尔雅但意志有些薄弱的庇护七世忙写信给波拿巴，建议作某些修改。但卡考尔自作主张，在返回巴黎时把罗马教皇的国务卿红衣主教康萨尔维带回巴黎，让波拿巴多费一番口舌。6月2日到达后，康萨尔维逐条力争，但胳臂毕竟拧不过大腿。1801年7月1日2时，他最终被迫签订了《教务专约》。根据《教务专约》，罗马天主教是大多数法国人同时也是执政官们信奉的宗教，假如一个非天主教徒继任政府首脑，就必须另行谈判。宗教仪式可以公开举行，但应遵守世俗政府为保证公共安宁而制定的必要的规章。教皇权力丧失的部分也正是波拿巴所要求的那些。

至关重要的一点是波拿巴获得了提名主教的权力。他通过控制主教，就可以控制他们的教士了。

《教务专约》的签订，意味着享有特权的贵族又可以进入政府了，反抗派教士只要经过宣誓表示服从，即可以行使教会职权了。天主教势力开始纳入波拿巴的掌控范围。波拿巴通过对新主教的提名，打击极少数敌对顽固势力，控制了法国的宗教势力，也为他以后的称帝奠定了基础。

不可不提的是，《教务专约》在立法各院的批准遇到了相当大的阻力。参政院公然表示反对，立法院也逆其意而行，保民院几乎一致反对，军队中也有不少人反对。反对声是如此响亮，以致富歇指示要搜捕那些不接受《教务专约》的教士。波拿巴让富歇撤回了这个命令，向反对派做出了一些让步，颁布了"天主教组织条款"和"新教组织条款"。后者使新教获得了一视同仁的地位，成为新教徒的宪章。之后，他又利用立法院和保民院改选的机会清洗了两院，确保了《教务专约》于1802年4月在立法机构的通过。

波拿巴的一系列合纵之策，联合了大多数，打击了极少数，安定了法国，也为自己未来的宏伟目标铺设了道路。

波拿巴的和平攻势

雾月政变得手后，法国内忧外患。外部，各强敌大兵压境虽略有好转，但周边形势仍十分紧张。当时的战争形势对法国是极为不利的。虽然俄国已退出反法同盟，意大利战场和莱茵战场都暂时处于相持状况，但主动权完全掌握在奥军手中。在意大利战场，奥军老将梅拉斯统率8万人马，部署在亚历山大里亚及其西南一带，正在进窥法国东南边境；另有欧斯塔公爵等率军2万，控制着意大利的各个要地。而法国的意大利军团，虽然派去了名将马塞纳，但官兵不过3万，已经退守在热那亚至萨沃纳的一隅之地；法国驻防皮埃蒙特两部各山口的守军，也只不过万人，前途殊不乐观。在莱茵战场，奥将克莱拥兵12万余人，重点部署在莱茵河右岸，拟从瑞士方向进入法境；莫罗指挥的法军莱茵军团大约12万人与之隔河对峙。内部，波拿巴虽荣膺第一执政，但各反对势力仍虎视眈眈，政局也十分不稳。波拿巴个人虽有心有力，但法国却疲惫至极，需要休整。因此波拿巴在着手解决国内问题的同时，抛出了令人叫绝的和平攻势。

1799年12月25日，波拿巴就任第一执政的第一天，便发出了两封彬彬有礼的书信。一封发给英王乔治三世，一封发给奥皇弗朗茨二世。内容都是呼吁和平的，建议立即停战议和。他在给英王的信中写道："法国和英国，浪费国力，互相争雄，虽一时未必消耗殆尽，但对世界各国已属不幸。我不妨断言，结束这场引起全世界战火蔓延的战争，是关系到世界一切文明国家的前途的事。"

波拿巴此时抛出橄榄枝，其意有三：一是争取国内和国际舆论，让法国人相信他不是战争的祸首；二是可借机让法国韬光养晦，赢得时间完成备战工作；三是可挽救法国在埃及的军队。如果法军在此失败那将是法国在地中海和东方不可挽回的挫折。

英、奥根本不相信这位曾在意大利和埃及战场称雄一时的年轻将军会在战争问题上有什么真正的诚意。他们相信这只不过是波拿巴为了分化和削弱反法同盟而采取的一种缓兵之计。一旦做好准备，他就会毫不犹豫地摘下这个假面具。因此，英、奥同时拒绝了波拿巴的和平建议。英王复信波拿巴说，英国不能轻信这种"爱好和平的一般表白"。英国人需要的不是动听的言辞，而是实际的行动。皮特向众议院宣布，与波拿巴签订条约不能保证未来，并且无礼地对法兰西共和国宣称："和平的最真实、最长久、最好的天然保障，就是让法国国内原来的王室复位。这个王室统治已数百年，并使法国国内安享太平，在国外备受尊敬。"被收买的根茨突然极端地鼓吹发动反革命的十字军。

英国此举，对面临分裂的反法同盟起到了强心针的作用，但也使波拿巴的企图得逞。波拿巴非常擅长用战争迫使敌人讲和，其最精髓之处是能审时度势，变不利为有利，变优势为胜势。英、奥拒绝波拿巴的和平要求，法国人民觉得是反法同盟拒绝和平，法国和反法同盟之间的战争不可避免，他们只有选择战争。

真实的影子——法国预备军团

波拿巴在和平建议被拒绝后，也别无选择，只有抓紧时间加紧备战，一俟国内稍稍稳定，就重开战火，以武力制伏反法同盟。

波拿巴原欲以德意志为主战场，东进直取维也纳，另外还可有"围魏救赵"之效，迫使梅拉斯从意大利撤兵。但莫罗坚决主张由其部从斯特拉斯堡附近推进，否则，他便辞职。波拿巴虽心恨莫罗，但莫罗确有帅才，在军中影响很大，且今又正为急需用人之际，故波拿巴另出奇计：德意志方面专委于莫罗；自率一军横越阿尔卑斯山，南出意大利，切断奥军退路。

对于意大利，波拿巴是再熟悉不过了，四年前，他曾经在那儿纵横驰骋，扬名欧洲。如今形势迥异，敌我力量悬殊，法国岌岌可危。他——法国的第一执政，法国人心目中的英雄必须去拯救意大利，拯救法国。兵贵神速，将贵创新。波拿巴要按照传统的进军路线很显然是行不通的。他必须另辟蹊径。于是，他决定从北面的瑞士翻越阿尔卑斯山，突然、快速而直接地迂回到驻意大利奥军的后方，力争以一个决定性的战役粉碎奥军主力。

为了实现其计划，波拿巴首先凑足了一笔数额巨大的军费。由于长期战争的消耗，尽管波拿巴执政以来有所作为，但法国只能提供很少一部分战费。于是，波拿巴派外交大臣塔列朗同葡萄牙进行借款谈判，3月又派马尔蒙到阿姆斯特丹与荷兰商人洽谈借款事宜。为了打赢这场战争，他不惜支付高额利息，接受苛刻条件。

其次，波拿巴决定组建一个新的军团——"预备军团"。由于现有的莱茵军团和意大利军团分别在南北两翼牵制敌人，分散敌人兵力，其任务已很繁重，波拿巴难以再从中分兵，因此，他必须有新的作战力量。1800年1月25日，波拿巴给军政大臣贝尔蒂埃下达一个手谕，披露其想法："我的意图是组成一个预备军团，由第一执政亲自指挥。它应分成三个军，每军又分两个师。"几个星期后，他又进一步指示贝尔蒂埃："应成立一个预备军团，共六万人。由第一执政直接指挥。该军团将以第戎为集中地。"预备军团很快组建起来。2—3月间，几万人在极端保密的情况下，从全国各地陆续抵达第戎及其以东地区。由于共和八年宪法规定，第一执政不得亲自指挥军队，波拿巴便在4月2日委派自己的亲信贝尔蒂埃兼任预备军团司令，作为他的代理人。这样，波拿巴既尊重了宪法，又随时可以把指挥权转到自己的手里。

预备军团的组建工作做得十分出色，人们对此一无所知。但一个几万人的军团绝不可能长期地秘密活动，更何况当时英国和奥地利的间谍几乎遍及法国的各个角落，密切关注法军的每一个行动。于是，波拿巴决定半真半假，以假乱真，使敌人摸不清、猜不透，掩其耳目。

1800年4月，经过周密的部署以后，波拿巴在巴黎公开声称，预备军团已经成立，将在第戎集合，他将亲自前往那里检阅部队。为了使敌人深信不疑，他还利用写给立法议会和参政院的信函，各种各样的政府通报，甚至报纸上的广告等渠道，不断透露此事，结果，大批间谍闻讯赶到第戎。波拿巴让他们看到了预备军团的影子——一些老弱残兵和刚刚招募来的几个新兵团，还有一些徒有其名的司令部。他们没看到波拿巴检阅新锐部队，而是看到波拿巴检阅一支服装不整、装备不齐、毫无战斗力的部队。他们先是吃惊，而后是开怀大笑、嘲笑：堂堂泱泱大国的最高统帅跑到第戎干一个旅长都可以干的事情。很快，伦敦、维也纳，甚至巴黎……欧洲各地都涌现了各种各样的讽刺画。其中有一幅别有趣味：上面画着12个童子军和一个接着木脚的残疾人，下面标题写着："拿破仑的预备军团"。法国情报机关也推波助澜，把敌人引入圈套。他们散发大量小型传单，上面有的记载着波拿巴的不光彩趣事，有的夹杂着一些证明预备军团子虚乌有、根本不存在的证据。预备军团的影子笼罩了整个欧洲，因而差不多所有欧洲人都不相信第戎预备军团的传说。奥地利驻意大利的指挥梅拉斯元帅更是得意地宣称："用来威胁我们的预备军团只是一群乌合之众——

7000名或8000名新兵和残废兵。敌人希望利用它来迷惑我们，解热那亚之围。法国人把我们看得太简单了。他们希望我们同寓言中的狗一样：为了追一个影子，竟放过真正的掳获物。"

5月初，当欧洲人都在嘲笑那"影子"的时候，那影子的真身却开始向瑞士境内秘密移动。他们将给那些嘲笑"它"的人一个好好的教训，"它"将续写波拿巴军事生涯的又一个传奇。

翻越阿尔卑斯山第一险道

由瑞士南下意大利有三条隘道可走：圣戈塔德山口、辛普朗山口、大小圣伯纳德山口，另有塞尼斯山口可由法国直接南下意大利。这四个山口均为难走之路。其中大圣伯纳德山口，人称"阿尔卑斯山第一险道"。历史上除了汉尼拔和法王弗朗索瓦一世以外，很少有人选择这条进军路线。波拿巴原打算翻越圣戈塔德山口，因考虑莫罗军行动可能迟缓，不能保障其后方，以致奥军会在莱茵方向威胁其左侧翼。如从辛普朗山口前进，可立富饶之地，但雪橇不能通行；而从塞尼斯山口前进，则敌必有防备。于是，波拿巴决定从最艰难的大圣伯纳德山口进军。该山高2470米，炎夏时积雪也很厚。陡峭崎岖的羊肠小道长达10公里。在山口二三公里处的前方是悬崖陡壁，终年为坚冰覆盖，并常有雪崩。此处道路还异常狭窄，人行已难，携带大炮、车、马、粮秣简直难以通过。工兵在探测后认为，山路崎岖危险，不可能率大军通过。但已亲率一军由巴黎到日内瓦集中的波拿巴决心很大，慨然而言："'难'字，法国辞典中无之。"5月10日夜，波拿巴对

拉　纳

6.2万名法军做出部署：前卫及主力由洛桑湖北岸而进，从大圣伯纳德山口南下，夏布兰师由小圣伯纳德山口分进，与主力会师于奥斯塔。5月13日，又另遣德赛率1.5万人由左翼经圣戈塔德山口入意。杜劳率5000人从塞尼斯山口经斯萨入意，配合主力行动。

　　5月14日，拉纳率8000人的前卫军团出发了。由于道险路窄，漫长的队伍犹如一条灰色的长蛇在高山深谷中缓缓移动。一路上到处可以看到被抛弃的火炮、车辆和弹药。当部队行进到距大圣伯纳德山口顶端约十几公里时，小道只有一尺多宽，步兵和骑兵只能排成一路纵队才能勉强行走，车辆已经无法行进，庞大而笨重的火炮更是寸步难行。炮兵指挥官马尔蒙得到村民的指点后想出了巧妙的运炮方法：先把松树的树干按尺码截断，锯成两半，将中间掏空，然后将炮从炮车上卸下，装到掏空了的树干中，使炮耳和树干上的V形切口合紧，炮尾朝前，炮口朝后，捆绑好后，再在炮尾环上系上绳索，由人们拖着它前行。这样在运送时，无论是上山还是下山，或在雪中，大炮都很稳，不会摔下来。拉炮工作则由一些身强力壮者来完成，每100人一批，轮流拉拽。至于原来架炮的车轮，则卸下由骡子驮着前进。法国炮兵奇越阿尔卑斯山第一险道。5月17日，法军先头部队越过大圣伯纳德山口，抵达皮埃蒙特境内的奥斯塔。

波拿巴本人也于5月16日离开洛桑，在20日清晨开始上山，翻越大圣伯纳德山口。法国古典派画家达维德曾画了一幅波拿巴翻越大圣伯纳德山口的杰作：波拿巴身着灰色大衣，脸上显得十分镇静和沉着，骑着一匹腾空欲跃的战马，一名向导在前牵行。其实，波拿巴当时并没有骑马，而是骑着一头骡子。

经由小圣伯纳德山口进军的夏布兰师也跋涉至奥斯塔。至此，梅拉斯对波拿巴之举竟一无所知。拉纳统率两军直奔沙蒂隆河谷。而对如天兵而至的法军，沙蒂隆一带的奥军仓皇应战，加上兵力有限，根本抵挡不住。不一会儿，便留下三百多人为俘虏，其余慌忙东撤。5月18日，法军继续向东挺进。不料，在奥斯塔下方大约50公里的地方，巴尔德堡挡住了他们的去路。

巴尔德堡耸立在多腊巴尔特亚河谷的左岸岩石之上，外面有两道用石头砌成的高大的城墙，地势十分险要。堡内分为上下两层，上层有5门火炮，下层有12门火炮，其火力足以控制进入皮埃蒙特的狭窄通道。

为攻克这一城堡，拉纳率军奋勇攻打。但其地形险要，加上又缺少大炮，法军久未攻下。法军在情势危急之时，幸又得当地居民相助。他们给拉纳指点了一条绕过城堡的小路。拉纳率部先攻克了河谷下游的伊夫雷阿，俘敌三百多人，得大炮14门。然后，回兵配合上游的法军夹击巴尔德堡，昼夜炮轰不止。两个星期过去了，法军仍未攻克该城堡。

法军如被长时间阻于该地，对其战略实施十分不利。波拿巴不愿在此再耽搁时间，于是他让大军均绕城而过，想出一条冒险从大路偷运火炮的计策。他令人在巴尔德村的街道铺上一层厚厚的麦秸和畜粪，再把炮车的轮子用布裹起来，使它在滚动时不发出声响，然后利用夜幕和村中的房舍作掩护，悄悄地把火炮运过村庄。尽管此计后被识破，后面几批偷运的火炮和车辆都被击毁，但40门火炮和近百辆弹药车越过了巴尔德堡。这为以后法军顺利挺进提供了武器支援。5月25日，拉纳率先头部队前出渡河北岸、距都灵仅25公里的齐伐索。26日傍晚，波拿巴到达以维里亚。至此，法军胜利地越过了阿尔卑斯山。奥军统帅梅拉斯对波拿巴如此重大的军事行动先是一无所知，在巴尔德堡军奋力牵制法军的两个星期里，也未能迅速地让驻守在奥斯塔境内的奥军增援，从而使波拿巴能轻易地进入一马平川的皮埃蒙特平原，取得战略上的主动权。

舍小取大，直取米兰

1800年年初，马塞纳以劣势之兵对抗奥军，屡取攻势，迟滞了奥军前进步伐。但至4月19日，受强大奥军之迫，马塞纳部被迫退至热那亚困守，其粮草仅能支持到5月。马塞纳絮歇部也以劣势兵力在天达与奥军3万之众相战，寡不敌众，退至尼斯，隔着瓦尔河与奥军对峙。当波拿巴到达以维里亚时，马塞纳正在热那亚苦守待援。

法军如何挥师南下？当时有四种方案可供选择。一是主力在齐伐河附近渡过波河，直向热那亚。这既可以吸引奥军主力回救，并可能合击奥军而取得胜利，也可解马塞纳之围，顾全了与部下的关系。但他有严重的后顾之忧，法军如果被夹在波河与热那亚之间，那么后方交通线将完全暴露在敌人的夹击之下。另外奥军也可以退守待援，致使战事拖长，艰苦的大迂回就起不到应有的作用。在国内未稳的情况下，这很显然是波拿巴所不愿选择的。二是法军在以维里亚待机取攻势。这会给奥军时间，比较消极。三是法军主力向都灵，与杜劳将军会合，共同攻击梅拉斯。该方案可以在预备军团与法国之间开辟一条取道格里诺布和布里安森的新交通线。但它对解热那亚之围仍无济于事，且难以形成战略包围。况且梅拉斯兵力强大，巴尔德堡还未攻克，法军退路还受到威胁，不能确保法军安全。四是法军主力渡过提契诺河，直取米兰，与德赛将军的部队会师。该方案可迅速迂回到梅拉斯的背后，夺取奥军的补给基地，并进而切断奥军与其本土之间的联系，形成战略包围。而且它还可能迫使敌人自动放弃热那亚向北撤退，从而解救热那亚，使马塞纳军免去失败的厄运。同时该方案还可保证法军无后顾之忧，一旦失利，法军能够通过辛普朗山口和圣戈塔德山口退回法国。但其缺点是局部（**热那亚方面**）可能遭受损失。

波拿巴权衡再三，选择对整个战局具有决定意义的最后一种方案，决定舍小取大，直取米兰。他派拉纳军团向都灵，策应马塞纳军，掩护法军主力右翼，并向东协助维克多军团占领帕维亚，夺取波河上游的渡河点；派兵一师东出波河南之皮亚琴察；路易逊师更远出追击东退奥军；波拿巴则率主力直奔米兰。6月1日，法军强渡提契诺河，击退奥军武卡索维奇将军的一个师，迫使敌人朝贝尔加莫方向撤退。6月2日，缪拉骑兵军团未受奥军抵抗便进占米兰。波拿巴实现了与德赛将军的会合。与此同时，在热那亚坚守城池的马塞纳军弹尽粮绝，城内没有一粒粮食，野菜也被挖光了，牲畜也被宰光了，8000名法军奄奄一息。已坚守城池达两个月之久，并胜利地完成了战略任务的马塞纳军"以率守军全部，并不解除武装"为条件，退出热那亚。

在醒悟波拿巴的战略意图后，5月21日，梅拉斯留下鄂图部1.8万人继续围攻热那亚，亲率其余兵力驰援都灵。后因拉纳军团南下，奥军被迷惑，停留待敌。直至5月29日，梅拉斯得知波拿巴直趋米兰，他命令分散在波河南岸的各部队，迅速向亚历山大里亚地区集中，并特命在热那亚迫降马塞纳的鄂图迅速率兵北上，占领伏赫拉，以确保皮亚琴察渡口，防止自己的交通线被切断。但鄂图在前进途中被法军击溃，尼斯方向的奥军在纳瓦桥战役中被牵制的法将絮歇部5000人击败。

波拿巴重占米兰后，一面重建南阿尔卑斯山共和国，严厉镇压憎恨法国的敌对分子，一面向奥利奥河方向追击奥军残部。仅几天，法军各部又相继占领了帕维亚、克雷莫纳、布里西亚等重要城市和广大乡村。在意大利的奥军被分割成两个部分，主力位于波河上游以南地区，另一部分被赶过了奥利奥河。拉纳等在奉命抢占皮亚琴察渡口、斯特拉德拉隘路和伏赫拉等要地后，继续向亚历山大里亚要塞开进。这样一来，双方在亚历山大里亚不期而遇，一场大规模的战役将在这儿拉开序幕。

反败为胜的马伦哥决战

1800年6月9日，法军前卫瓦特林师开进到喀斯特姆奥时，与从热那亚方向赶来的奥军先头部队遭遇，发生了一场大规模的战斗。尽管维克多率沙门巴克师也参加了战斗，法军在数量上仍处于明显的劣势，但拉纳将军表现得极为出色，他率法军同奥军激战9小时，共毙伤和俘敌七千余人，给奥军以歼灭性打击，而法军却伤亡极少。

当两军会战于喀斯特姆奥之时，奥军统帅梅拉斯正从都灵回到亚历山大里亚。他自恃兵力、装备优势，准备与法军力战。他在此集结了3万余人的兵力和200门火炮。6月12日，奥军军事会议确定，击破当面法军，扫清后撤道路。奥军在波河南岸形成了一个"拳头"，等待法军的到来。

6月10日，波拿巴将司令部转移到斯特拉德拉，并将预备军团重新编组。德赛、维克多、拉纳各率一个军，各辖2个师（包德师和莫尼尔师）、2个师（沙门巴克师和加尔丹师）、1个师（瓦特林师），兵力分别为9000人、9000人、5000人。缪拉率领一个4000人的骑兵军。上述部队在波河南岸担任攻击任务。杜劳和蒙塞也各率一个军在波河北岸负责掩护法军后方和交通线的安全。

由于波拿巴对奥军的真实企图和确切位置都不了解，也不知敌人究竟有多少兵力，他估计奥军有可能畏战潜逃，故在兵力部署上有了切断退路、各处截击、进行包围的意图。法军在亚历山大里亚以东、波河以南一线部署了1.7万人。右翼拉纳军团5000人在喀斯特姆奥，其西南左翼维克多军团9000人在托尔托纳；往东德赛部9000人在伏赫拉充当预备队；最东为路易逊部在皮亚琴察；近卫军8000人在司令部斯特拉德拉。波河北岸有约2万人。蒙塞军在帕维亚和米兰之间，其西为夏布兰师四千余人在菲尔塞里；杜劳军约五千余人在都灵西之斯萨。法军大致对奥军形成三面包围，重兵在东方伏赫拉附近。但却由西向东一线式配置，兵力比较分散。

波拿巴原以为奥军可能凭借斯克维亚河进行防守，展开大战。但是法军就地停驻两天，仍不见奥军动静。于是，波拿巴于12日令法军沿斯克维亚河在8公里宽的正面上搜索前进。当天法军未遇到任何敌军。13日法军渡过斯克维亚河继续向亚历山大里亚方向推进。上午仍未见奥军踪迹。对敌方意图有些迷惑不解的波拿巴错误判断：奥军避免决战，向南退往热那亚，以便得到英国舰队的支援和补给，再与法军决战，或绕道摩德纳返回曼图亚要塞。中午，他做出决定：将预备队分为两部分，莫尼尔师和拉波普师（从蒙塞军团调来）继续留驻原地，充当主力的预备队。德赛率包德师由伏赫拉行进到托尔托纳以南约20公里的西拉法里，切断亚历山大里亚至热那亚的道路。又令夏布兰师在此路拦阻；东线各军继续前进，前卫维克多军团率军攻击马伦哥。

马伦哥是位于亚历山大里亚东南大约5公里的一个鲜为人知的小村庄。西依丰塔农纳河和博尔米达河，东为斯特拉德拉丘陵。从亚历山大里亚通往皮亚琴察的大道就从这个村庄穿过。这一带地形比较复杂，村庄、农舍和葡萄园星罗棋布。这些天然障碍对于防御者是十分有利的。

6月13日下午，法军左翼先头部队加尔丹师在博尔米达河东面的马伦哥附近，终于与奥军相遇了。接着发生了一场持续8个小时的激烈战争。奥军支撑不住，向亚历山大里亚方向退却。由于天色已晚，敌情不明，法军停止前进，在马伦哥及其以北地区宿营。其时法军维克多军团位置突出于马伦哥，比较孤立。当晚的马伦哥一片寂静，梅拉斯集中了全部兵力，秣马厉兵，准备第二天与波拿巴一决雌雄。如决战不成，则沿大道向伏赫拉、斯特拉德拉方向突进，取道皮亚琴察北渡波河，然后奔向曼图亚。而不明梅拉斯真实意图的波拿巴又接到加尔丹传来的错误情报：博尔米达河上各桥梁被破坏。这更加加深了他的先入之见——奥军要南逃热那亚。他随即离开了马伦哥，返回司令部。14日早，他又下令：担任预备队的拉波普师渡过波河，向瓦伦察方向搜索，以阻止奥军北窜；同时，又令德赛继续向西推进，查明奥军的去向。

第二天天色破晓，法军见博尔米达河上的桥梁不仅没有破坏，而且又出现了两座新的浮桥。上午9时，驻在亚历山大里亚约2.8万奥军倾巢出动，像潮水一般涌过河来。三路奥军并驾齐驱，直扑法军。法军虽利用有利地形顽强阻击，但寡难敌众。奥军很快便将法军前卫加尔丹师逼退进马伦哥村，又赶出马伦哥村。维克多急率沙门巴克师前往增援，亦抵挡不住奥军的攻击。奥军锐不可当。

波拿巴得知消息后下令维克多死守马伦哥；急令拉纳军团从右翼赴援，夏布兰骑兵旅对付鄂图部，利伙多骑兵旅于最右翼掩护；急令缪拉骑兵军团克列曼重骑兵旅从左翼赴援；急令南下的德赛部迅速回援。当法军前卫部队快支持不住时，克勒曼率一重骑兵旅及时赶到，竭力而战，将一部分突出冒进之敌赶过了马伦哥西面的丰塔农纳河，暂时迟滞了奥军前进，稳定了法军左翼，也迎来了拉纳率领的瓦特林师。瓦特林师的到来，加强了法军右翼。双方在马伦哥与卡斯特尔切利奥洛之间继续展开激战。

到上午10时，整个战场形势又发生了急剧变化。奥军倾力猛攻，不仅完全攻占了马伦哥，而且将瓦特林师赶出了卡斯特尔切利奥洛。正在这时，波拿巴从后方赶到了前线。他见形势危急，立即命令800

名近卫军支援右翼，迟滞奥军前进；又令唯一可用的预备队莫尼尔师迅速加入战斗，设法从敌人手中夺回卡斯特尔切利奥洛。但由于兵力悬殊，又得而复失。下午2时，法军左右两翼已陷入困境，人员损失惨重，弹药消耗将尽，士气已大大低落。而奥军攻势不减，法军被迫全线后退，看来法军已难逃败劫。

正当法军败退、奥军追击的关键时刻，奥军统帅梅拉斯身受轻伤。这位年近七十的老将在此前的战斗中十分骁勇。他亲临战场，两匹战骑先后被炮弹击毙，仍指挥士兵进攻，攻下马伦哥。此时因年老已不胜疲劳的他认为大局已定，他已打败了威震欧洲的军事天才、法

马伦哥战役

国的第一执政波拿巴将军。于是，他轻伤下了火线，把指挥权交给了参谋长查赫，自己兴高采烈地回了亚历山大里亚，并立即派人给维也纳报捷：奥军在马伦哥平原大获全胜，曾经战无不胜的波拿巴已被彻底打败，缴获的战利品和捉到的俘虏很多，目前尚未计数。奥军沉浸在一片欢乐的海洋之中。刚愎自用、扬扬自得的查赫先集合部队整顿休息，然后用5000人追击法军。在他看来，法军已败，残部不堪一击。

此时的法军无论是士兵，还是指挥将领都惶惶不安、一片混乱。但身在前线的波拿巴仍然镇定自若，沉着指挥。在他看来，战斗并没有结束，他还有获胜的一线希望，因为他勇猛善战的德赛将军正率包德师火速赶来援助他。

下午5时，德赛将军率部约5000人赶到。法军获得了新的生机和希望。德赛与波拿巴商定了反攻之法。马尔蒙部先从正面用德赛带来的13门火炮和原剩的5门火炮集中向敌射击；德赛部埋伏在附近一座小山后面，克勒曼率骑兵旅配置在左边，等待时机，向敌人发起反攻。5时半，查赫先头部队追击进入法军埋伏圈，法军突起攻击。德赛将军身先士卒，奋勇当先，士兵们也不甘落后，个个争先，一齐冲杀过去。突然，一颗子弹击中德赛，德赛当场牺牲。法军士兵无比悲愤，攻击更烈，炮火更猛，军刀、霰弹均夺奥军之命。骑兵也从右翼冲出，将敌人切成两半。奥军措手不及，阵脚大乱。刚才还奏着军乐，打着军旗，兴高采烈地推进，俨然是一支胜利之师的奥军一下子变成了乌合之众，士兵们惊慌失措，狼狈逃窜，成批成批的奥军跪地投降，根本不似一支军队。查赫竟也加入了投降行列。

法军乘势转为追击。奥军失去指挥，全线崩溃。他们放弃了马伦哥和卡斯特尔切利奥洛，争相涌向博尔米达河逃命，溺死者不在少数。法军抓住有利之机，一鼓作气，把奥军赶过了博尔米达河。由于德赛及时赶来，法军反败为胜。但德赛却已远离了胜利。这一战，奥军损兵9400人，法军也折兵5800名。战斗结束后，波拿巴赶到现场，祭奠德赛。他悲痛不已地说道："如果现在能够拥抱德赛，这一天该多好啊！"据波拿巴身边的人说，在多年的戎马生涯中，他们只看见波拿巴流过两次眼泪。一次是德赛捐躯马伦哥时，另一次是若干年后，在阿斯佩恩战役中，拉纳元帅被炮弹炸断了双腿，在他怀中死去的时候。

梅拉斯在亚历山大里亚听到败讯，沮丧万分，"看上去他的面容和他的身体一样在颤动着"。在维也纳，奥国皇室和首都民众一天之内接到两个信使之报，经历了一场从大喜到大悲的折磨。梅拉斯见大势已去，第二天便派出代表向波拿巴求和。波拿巴也十分愿意结束这场战争，因为奥军虽败，但尚未陷入绝境。法军虽胜，但已疲惫不堪。其次，从巴黎传来的各种消息也使波拿巴在喜悦中透出不安。尽管法国广大的群众，包括资产阶级在内，渴望他取胜，从而挽救法国的命运，但许多人伺机而动。西哀耶斯又在巴黎露面了，雾月党人也在考虑万一他回不来，有哪些可以解决的办法。有人开始议论什么新的督政府，什么新的第一执政——卡尔诺、拉法耶特、莫罗，也有人提到奥尔良公爵。他的弟兄约瑟夫和吕西安也跃跃欲试。自由主义者和某些雅各宾派分子则如斯塔埃尔夫人所写的："我在指望波拿巴失败，因为只有这样才能结束暴政统治。"保王党人仍无所不用其极地帮助敌人，企图恢复波旁王朝。如果波拿巴失败了，这就肯定意味着其专制统治的结束。很显然，巴黎的政局还不稳定，他必须尽快赶回巴黎。于是18日下午波拿巴派贝尔蒂埃与梅拉斯在亚历山大里亚签订了停战协议，双方同意在意大利境内停止敌对行动。从6月27日起，奥军撤到波河以北和明乔河以东地区，但仍派兵留驻佩斯基耶拉和曼图亚两个要塞。双方在明乔河以西地区设立一个非军事地带，避免发生冲突。

停战协定一签订，波拿巴便匆匆赶回巴黎。6月20日下午，巴黎城内礼炮轰鸣。人们得到正式消息：法军大获全胜，奥地利已被打垮，梅拉斯被迫求和，意大利又被法军占领。7月3日，"骑在马上的罗伯斯庇尔"驰骋在意大利，快刀斩乱麻般地解决了意大利问题后回到了巴黎。各种谣言顿时烟消云散，各种非分之念迅速销声匿迹。人们激动了，巴黎沸腾了，人们纷纷拥向街头，迎接波拿巴，带着惊喜，带着赞佩，真是举国欢腾。人们自发地举行了一次灯火会，成群结队地到杜伊勒里宫拜望他，称颂他，并期待他给法国带来和平。

在波拿巴鏖战意大利时，莫罗将军在德意志也较为积极地配合了波拿巴作战（但不愿派兵一部入意大利）。他在德意志境内缓慢推进。4月28日至5月1日，其部在瑞士的布赖扎赫至沙夫豪森之间渡过莱茵河。5月上旬，以9万兵力将奥地利的克莱将军的14万大军逼退至多瑙河。6月19日，法军在赫克施塔特强渡多瑙河，迫使奥军放弃乌尔姆向北撤退。7月15日，双方在帕尔斯多夫签订了停战协定。

吕内维尔与奥地利再签和约

马伦哥战役结束后，波拿巴衷心渴望欧洲能够实现和平。这不仅符合法国的利益，也符合他个人的利益。连年征战，法国人民已经厌恶战争。马伦哥平原战役的胜利，更增添了他们对和平的渴望。另外，法国国库也一贫如洗，财政状况日益恶化。所有这一切，促使波拿巴急于想和奥地利达成一项和平协议。于是，他在从意大利返回巴黎之前，用委婉动听的语言给教皇写了一封信，呼吁和平。"数以千计的法国人和奥地利人已不复存在。……数以千计的被夺去了亲人的家庭仍在祈祷，希望他们的父亲、丈夫和儿子能够平安归来！……这一罪过已经无可挽回……""我恳请陛下谛听人道的呼声，别再让这两个勇敢而强大民族的子孙，为了连他们自己都不清楚的利害的缘由而互相残杀了。""给我们这一代人和平和安宁吧！"他还建议：法奥停战扩大到全部军队；双方派遣谈判代表——或秘密或公开，到明乔河和希埃斯河之间的某一地点，商谈保障较小国家权利的办法，并解释《坎波福米奥和约》中经实践证明是含糊不清的某些条款。

获月25日，波拿巴在参加纪念7月14日的庆祝会时，对军官们说："你们回到营里，就向士兵们说，法国人民希望到葡月1日我们庆祝共和国成立周年纪念日的时候宣布和平，如果敌人继续制造不可逾越的障碍，就再夺一些军旗，作为新的战利品。"

然而，奥地利并不想就此罢休。他们虽然在意大利遭到惨败，但远还没有被彻底打垮，他们在德意志境内还有一支数量远占优势的军队。另外，第二次反法同盟还没有彻底瓦解，英国政府多次表示继续给予援助，鼓励他们无论如何要坚持下去，并兑现了2万英镑。维也纳宫廷内主战派和主和派也争吵不休。

奥军的态度迫使波拿巴不得不用战争施加压力，打破僵局。11月5日，波拿巴宣布取消法国与奥地利的停战状态，命令法军在德、意两个战区同时转入进攻。奥地利这才让大臣科本兹与法国代表约瑟夫谈判。然而谈判毫无进展。于是波拿巴在意大利和德意志同时发动了进攻。12月2日，莫罗将军率领莱茵军团在德国南部霍恩林登森林大败约翰大公率领的奥地利军队，奥军损失了1.2万—1.5万人、大炮100门，之后，莫罗迅速追击溃逃之敌，俘获2.5万人。这次大捷打开了通往维也纳的道路。奥国为了保住维也纳，于12月25日在希太尔签署了停战协定。与此同时，麦克唐纳经过一场出色的山地战，在严冬季节成功穿越了施普鲁根山口，顺利到达了阿迪杰河上游，再次切断了曼图亚要塞与奥地利之间的联系。布律纳也在意大利发动攻势，在卢卡击败奥军，迫和那不勒斯。这样驻意大利的奥军也签订了协定。

在吕内维尔，科本兹竭力抗拒波拿巴的要求。随着奥军战事节节失利，他才一步一步地屈服。经过一段时间谈判，1801年2月，《吕内维尔和约》终于完全像波拿巴要求的那样签订了。和约规定：把比利时、卢森堡和莱茵河左岸的所有德意志领土割让给法国，比利时完全脱离奥地利；奥地利承认法国在荷兰、瑞士、热那亚、伦巴底建立的巴达维亚、赫尔维第、利古里亚以及内阿尔卑斯共和国等附属国；皮埃蒙特仍归属法国占领；奥地利保有伊斯的利亚半岛、达尔马提亚、威尼斯以及到阿迪杰河为止的地区，阿迪杰河右岸地区划归内阿尔卑斯共和国。这样法国再次控制了意大利北部。和约没有提到撒丁王国和那不勒斯王国，也没有提到罗马。这样就使波拿巴以后可随意处理它们。1801年2月18日，那不勒斯国王与法国签订了《佛罗伦萨和约》，将厄尔巴岛和皮昂比诺公国割给了法国。

尽管奥地利签订《吕内维尔和约》心有不甘，但不管怎样，该条约的签订，结束了第二次反法同盟中的法奥战争，也确保了法国的天然疆界，并为以后法国超越天然疆界奠定了基础。该条约的签订也置英国于艰难境地。大英帝国孤掌难鸣，也只能走向求和之路。

连横对英伦

在著名的沙俄女皇叶卡捷琳娜二世统治时期，俄国坚决奉行反法政策，法俄关系紧张。与此同时，这位女皇与其子保罗关系也十分紧张，她禁止保罗参与国事。保罗则表示，一旦他执政，将全面改变其母亲的政策。1796年，叶卡捷琳娜二世去世，保罗继任皇位。其时，法俄处于战争状态。尽管保罗一世对法国大革命怀有恐惧，宣布"采取一切可能的措施去反对彻底毁灭法律、权利、道德和威胁欧洲的凶暴的法兰西共和国"，但是俄国近40年来战争不断，国力疲惫。为了取得喘息之机，他取消了叶卡捷琳娜制定的新征兵令，撤回派遣支援兵团进攻法国的命令。

英奥不愿失去这个反法同盟国，他们极力唆使俄国参加反法战争。保罗一世也担心法国在地中海势力的迅速增长，并害怕法国和土耳其结成同盟。1798年8月，俄国黑海舰队司令乌沙夫率舰队驶往博斯普鲁斯海峡，6个星期之内占领了爱奥尼亚群岛的四个岛屿，并于1799年2月18日攻克了战略要地科孚岛。接着，一支俄国海军部队在意大利南部登陆，占领了那不勒斯和罗马。

1799年年初，第二次反法同盟成立。作为反法同盟国的沙俄派出1.1万人的兵力援助那不勒斯王国。应英国之要求，保罗一世派正在放逐中的苏沃洛夫元帅担任反法同盟联军的总司令。苏沃洛夫不负联军之望，从法军手中夺得了意大利北部。奥地利早有独吞意大利之心，它担心俄国在意大利势力的增强，就以增援在瑞士处于困境的里姆斯科尔萨科夫军队为借口，把苏沃洛夫军队调到瑞士去。苏沃洛夫再发余威，在圣哥大击退法军，并乘势于10月4日翻过潘尼克斯山。法军稳住阵脚后，展开反击，并包围了苏沃洛夫军队。此时，奥军却不驰援，反与法军秘密议和，占领了俄军撤走后的意大利北部。保罗一世得悉后愤慨不已。他写信给奥皇弗朗茨二世，宣布："今后我不再关注你的利益，而只管我自己和其他盟国的利益。"保罗一世命令苏沃洛夫率军撤回俄国。

继奥地利激怒保罗一世后，英国又在马耳他问题上激怒了他。马耳他是地中海上最重要的战略中心。各国历来都不放弃对其争夺，波拿巴在远征埃及途中就先占领了马耳他。当时统治马耳他的骑士团与沙俄有密切联系，因而向保罗求援，并授予他骑士团大总管的称号。渴望在地中海有一个立足点的保罗一世当即允诺帮助骑士团，以获得马耳他。俄国参加反法同盟就有从法国手中夺得马耳他的目的。英国对马耳他也早已垂涎三尺。1800年9月，英国封锁马耳他，用饥饿迫使法国驻防军投降，独占了该岛，毫不理会俄国的利益。极度失望的保罗一世宣布将停泊在俄国港口的英国船只连同货物全部没收，以示报复。

波拿巴也及时调整对俄政策。1800年7月，他向保罗一世表示，要把1799年秋被俘的6000名俄国战俘送回俄国。沙俄立即派代表商谈此事。波拿巴对保罗一世极尽赞誉之词，并给每个战俘发放新服装、新皮靴，发还军旗和武器。之后，法国又终止对俄国船只的敌对行动。法俄关系密切起来。

12月16日，俄国组织武装中立同盟，反对海上霸权，矛头直指英国。丹麦、瑞典追随俄国，普鲁士也在12月18日加入同盟。俄国还驱逐了路易十八。接着，保罗一世与波拿巴开始通信，商谈媾和条约以及共同对付英国的问题。保罗一世在一份备忘录中写道："英国由于它的嫉妒、狡猾和财富，不仅是法兰西的对手，而且是法兰西的大敌。""英国用威胁、诡计和金钱武装了个别列强去反对法兰西。"俄法亲近可见一斑。波拿巴则进一步希望法俄尽快签订和约。保罗一世不仅表示同意议和，并且希望尽快与第一执政共同联合，使欧洲恢复"安宁"。法俄进一步商谈了共同反对英国的军事行动，着手制订远征印度的计划。1801年1月，保罗一世命令一支顿河哥萨克军队进入鄂伦堡（契卡诺夫）取道布哈拉和希瓦，直下印度河，与波拿巴配合，发动印度战役，直接同英国作战。

当然，俄法仍存在激烈的利益冲突。保罗一世想和奥地利瓜分土耳其帝国，并且建立一个置于俄国保护之下的领土辽阔的希腊国；俄国仍垂涎马耳他；俄国期望法军撤出那不勒斯王国，并且恢复撒丁王国的王位；俄国要确保对德意志的保护权。而波拿巴决不会把意大利交给奥地利，也不会把它让给俄国；更不准备把"土耳其大皇帝"交给俄国控制。

但不管怎样，法俄接近，波拿巴远征印度的计划和俄国南下的消息，使英国首相老威廉·皮特感到极度不安，也引起了俄国上层贵族的不满。在英国驻彼得堡大使的支持下，也经皇储亚历山大的默许，1801年3月23日，阴谋分子冲进保罗一世的卧室，将其扼死。同月28日，英国派遣一支以帕克为司令、纳尔逊为副司令的舰队开进厄勒海峡，炮轰哥本哈根。丹麦舰队遭受严重破坏。丹麦被迫缔结了停战协定。在获悉保罗一世死后，又于5月28日签订了和约。瑞典也于5月28日签订了和约。6月17日，亚历山大也采取了同样的措施。这样，第二次武装中立同盟就宣告解体了。

但新沙皇亚历山大一世并没有立即完全放弃以往的外交政策。他授权莫尔科夫伯爵继续在巴黎进行谈判。1801年10月8日和10日，法俄签订《法俄和约》和《巴黎秘密协定》。法国做出了让步，同意由沙皇出面调停法国因割取撒丁王国和德意志各诸侯领地给予补偿问题；承认俄国海军上将乌沙科夫在爱奥尼亚群岛建立的七岛共和国；不再损害那不勒斯王室的领土完整；俄法共同保障海上自由。俄国还是没有与英国站到一个阵营里。

英国失去奥地利和俄国，倍感孤寂无援。

波拿巴在夺去英国盟国的同时，又力图直接威胁英国。1800年期间，波拿巴开始改革海军的后方勤务和发展海军军备。在《吕内维尔和约》签订以后，他建立布伦大营准备登陆英格兰，并与西班牙联合。英国朝野上下均有惊慌情绪。1801年8月纳尔逊曾先后进攻由拉格什-特雷维尔率领的法国小舰队，但是遭到了失败。

与此同时，英国经济十分不景气。1799年2月工业危机袭击英国；1800年武装中立同盟成立后又把英国从波罗的海排斥出去；同时，在防止法国占领的借口下，丹麦人占领了汉堡，普鲁士占领了汉诺威，有效地阻止了英国在德意志各河流和汉萨各城市的贸易。而德意志和波罗的海各国恰恰是英国的两个市场。波罗的海航运的终止引起了英国谷物市场的恐慌，1801年4月25日，每夸脱（容量单位）小麦价格涨到151先令。一磅面包的价格高达5便士以上，相当于法国7个苏。虽然政府采取了措施，可是仍到处发生骚动。英国政府财政也令人不安。1801年黄金升值9%，白银升值17%；英格兰银行的现金储备再次减少到450万英镑。而1800年和1801年，英国对盟国的补助金达560万英镑，维持驻防军的费用达280万英镑，另外还要大量进口粮食。这三项款项高达2330万英镑。而在1801年，英国在西班牙的外汇损失了近66%，在汉堡损失了63%。政府财政拮据，而无论是贵族还是商人都反对提高所得税。在这样的情况下，和平成了人民的普遍愿望。《每月杂志》指出："既然那种要饿死法国国民的人道和值得称赞的政策不能实现，也许试图用媾和来防止我国人民饿死可能是良策。"

皮特和格伦维尔对是否应与法国议和举棋不定。但随着奥、俄的背叛，皮特备受指责。1801年2月5日，他提出了辞呈。3月14日被迫辞职。阿丁顿奉命组阁。英国一方面争取俄国，另一方面又让霍克斯伯里向法国建议进行和平谈判。法国派塔列朗与之会谈。英国想保留它的大部分征服地，包括印度，并要求保证那不勒斯和撒丁王国的独立。塔列朗则只同意交出埃及和印度，但要保留法国在大陆上的全部征服地，而英国则要放弃马耳他、梅诺卡特立尼达、法属安的列斯群岛，实际上还要放弃埃及，只保留锡兰。

关于埃及，波拿巴在1799年离开埃及时把它留给了克莱贝尔，并指示他不惜以放弃埃及为条件与土耳其谈判。1800年1月24日，克莱贝尔同率军从叙利亚前来的土耳其宰相优素福和英国人西德尼·史密斯在阿里什会晤，并达成了一项协定。但是英国舰队司令基恩拒绝承认这一协定。3月20日，克莱贝尔在希里奥波里斯彻底击溃土耳其军队。不幸的是，克莱贝尔于6月14日被害。其继任者梅努将军威难服众。波拿巴派出增援的冈多姆舰队贻误时机，被英国远征军抢得先机，在埃及登陆。土耳其军队也同时进击，梅努无力回天。6月28日开罗投降，8月30日，亚历山大被英军攻陷。在英法谈判之时，法国人实际都明白埃及的丢失是朝夕的事。故法国人千方百计的在埃及问题上把英国人与土耳其人的矛盾挑起。果不出所料，1801年10月9日，英国在大陆上的最后一个盟国土耳其也离它而去。法国人与土耳其签订了和约，答应将埃及归还给土耳其。此时的埃及实际已不在法国的控制之下，而在英国的控制之下。

法国对俄国的让步和签订对土和约使第二次反法同盟完全瓦解了。这使它在与英国的外交谈判中处于有利的外交环境中。当波拿巴威胁说，如果英国不在这些预备好的条款上签字就中断谈判时，英国遂于1801年10月1日签订了停止军事行动的初步协定。1802年3月27日，双方在亚眠签订了和约。《亚眠和约》规定：（1）英国应将战争期间所占的法国及其盟国的殖民地（锡兰和特立尼达岛除外）都归还给它们；（2）英国应从它占领的地中海及亚得里亚海上的各个港口及岛屿撤走；（3）英国将马耳他岛归还给圣约翰骑士团，马耳他永久中立；（4）双方保证土耳其领土属地和权利应和战前一样保持完整，英法两国从埃及撤军，把埃及归还土耳其；（5）法国应从那不勒斯、罗马和厄尔巴岛撤退。

《亚眠和约》签订后，欧洲各国都暂时放下武器，战火暂时平息下去。但各国的矛盾并没有因此而解除，特别是英法两国。双方在亚眠签约后，巴黎沉浸在一片胜利的欢乐中，而英国也不认为自己是战败国。明眼人都看得出，英法两国为了争夺商业和政治的霸权，绝不会因此而善罢甘休。欧洲的和平绝不会持续很久，烽烟必将很快再起。

欧洲和平下的危机

《亚眠和约》签订后，英法双方都没有认真执行。波拿巴要为法国重建一个殖民帝国。他要在欧洲恢复莱茵河和阿尔卑斯山的法国天然疆界，在海外恢复18世纪法国丧失的殖民地，建立以法国为母国的欧罗巴合众国。这个合众国不仅包括欧洲的附属国，还包括埃及、土耳其、伊朗、阿富汗、印度、西印度群岛、北美洲的路易斯安那、西班牙和葡萄牙在美洲的殖民地。

为达此目的，他在国内锐意改革，发展经济，以确保国内的稳定，也增加政府的财政收入，促进人口增长，从而使军队能够获得新的兵源。与此同时，他也着手制订打击其主要对手——英国的海上实力的计划，实现其宏伟的设想。1802年，波拿巴派勒克莱尔去镇压海地的黑人起义。在欧洲大陆，波拿巴极力控制意大利、荷兰、莱茵地区。1802年8月，法国吞并了厄尔巴岛，9月吞并了皮埃蒙特，10月吞并了帕尔玛。他借瑞士发生的起义，控制了瑞士政府。1803年9月27日，瑞士联邦和法国签订了一项为期50年的防御同盟条约，并且重订了为法国招募4个团、每团4000新兵的条款。但是联邦却没有常备军。法国还利用《吕内维尔和约》规定补偿莱茵河左岸被剥夺了的王侯机会，在德意志扩充势力，进展很快。1803年2月25日，德意志帝国议会批准了体现法俄意志的"帝国大法"，废除了各教会邦国，同时把51个自由市减为6个。德意志各邦国的领土也进行了调整，法国从中牟利极多，整个南德意志都倒向法国一边来反对哈布斯堡王室。这一年，法国采取了一系列直接针对英国的行动：占领英国国王在欧洲大陆的领地汉诺威，在一切附属地区没收英国的财产，逮捕居住在法国的英国人。波拿巴在布伦港集结了12万军队、1万匹战马、3000艘战船，准备乘大雾，突破英吉利海峡，直接进攻英国本土。为配合他进攻英国的计划，波拿巴还命令在布勒斯特和土伦的舰队冲破英国封锁，与西班牙会合，袭击西印度群岛的英国领地，然后袭击英国本土。波拿巴在地中海东岸也进行了扩张。1801年和1802年，法国分别与的黎波里的帕夏和突尼斯的别伊缔结了条约。之后，他又强迫阿尔及利亚总督同法国订立了条约；派塞巴斯蒂亚尼到埃及、叙利亚，设法和本地的首领建立联系；派卡韦尼亚克到马斯喀特，德凯恩到印度访问。波拿巴对澳大利亚也颇感兴趣。1802年11月，法国船队驶往德巴斯海峡和澳大利亚海岸。

1803年，波拿巴又试图远征路易斯安那。因美国总统杰斐逊透露，如果法国留在路易斯安那，美国在即将的战争中将参加英国一方，法国海军实力实在有限，无奈之下，波拿巴只好将路易斯安那以8000万法郎（法国实际上得到5500法郎）卖给了美国。

英国在《亚眠和约》签订后，也不想执行其条款，他们以法国不遵守《亚眠和约》为借口，拒绝从马耳他撤军。波拿巴则要求英国"应履行全部亚眠条款，别无选择"。波拿巴与英国驻法大使多次激烈争论。1803年3月13日，波拿巴大骂英国大使，以战争进行恫吓："要么归还马耳他，要么就是战争。"塔列朗也宣称："随着第一声枪响，就会诞生一个高卢人帝国。"

面对法国咄咄逼人的气势，加上法国最大限度地限制对英贸易——英国的五金器皿和棉毛织品不能向法国及其附属国以及刚交给法国的殖民地出口，英国愤慨不已。1803年4月皮特再度执政。4月26日，惠特沃思交给波拿巴一份最后通牒，要求波拿巴同意英国继续占领马耳他。如果7天内不表示同意，他就回国。1803年5月12日，英国使节离开法国。16日，英国对法宣战，英法断绝外交关系。英国再度采取军事行动，开始寻找新的盟国。

在英法再度爆发战争前后的时间里，俄国执行中立政策。秉性优柔寡断又喜欢耀武扬威的亚历山大一世幻想通过在英法两国之间充当调停人的角色来提高俄国的国际声誉，增强俄国的国际地位。1803年1月19日，他授命俄国驻巴黎大使莫尔科夫伯爵正式表示：欧洲目前的制度，不应再受扰乱，各国政府应尽力维护和平并谋求本国人民的幸福。他还建议法国第一执政发表公开讲话，以消除英国对于分割奥斯曼帝国的疑惧，从而保证世界和平。英法战事再起时，他还提出了停战草案。但由于英法两国急于进行战争，俄国调停失败。俄国还以波拿巴任意"修改和歪曲欧洲地图"，其近东政策、德意志和意大利政策损害了俄国的利益而逐渐站到了反法一边。对此，恩格斯评论道："作为联邦国家的德意志帝国实际上已经瓦解……但是俄国和法国也希望得到德意志帝国的王位继承权。法国用武力摧毁了旧的帝国……德意志小的诸侯都俯身在它的脚下。而俄国呢？……俄国能允许科西嘉的暴发户从它的鼻子下把猎获物夺走吗？……当1805年战争爆发时，只要稍微懂得一点事的人都会明白，问题仅仅在于各小邦是莱茵联邦，还是做俄国的莱茵联邦。"

奥地利丧失意大利，又失势于德意志，心中也实在不甘。但由于元气伤得太重，只有把仇恨藏在心里，等待有利时机向法国报复。而被波拿巴专横跋扈地对待的普鲁士和德意志西部与南部小邦国则摇摆不定，难以定夺。正由于此，第三次反法同盟的形成缓慢，直至1804年年底才形成。

第六章
"在自己的光荣中踽踽独行"——帝国的皇帝

终身第一执政

雾月政变时的法国政局动荡、经济危机、军事混乱。各派你争我夺，斗得法国人人人提心吊胆；经济凋敝，苦得法国人只好艰苦度日；战事不利，一片愁云压得法国人个个心烦气闷，好不难受。波拿巴执掌法国后，执政府展现了非凡的效率，波拿巴展示了非凡的治国才能，他内立法度，安定民心，外败强敌，迫和欧洲。顿时，法国人闷气得吐，锁眉得扬，自豪溢于言表。更使法国人喜上心头的是，法国经济一扫过去十来年一年不如一年的颓势，蒸蒸日上了。

上台伊始，波拿巴即废除督政府的某些类似恐怖年代的经济立法，诸如强制公债、军需征发等，以稳定有产者。紧接着，便委任财政部部长大刀阔斧地进行改革。中央设立了直接税行政总署，各省设分署，将财政管理权纳入了中央集权轨道。地方政府分配与征收直接税的权力被取消，由国家直接派税收人员到各省、大区、市镇执行收税任务。执政府恢复期票证券制度，用各种措施调动法国最富有的金融界的兴趣，并大力扶持银行业。波拿巴初试牛刀，在较短的时间内就使国库得到充实。银行业也随之兴隆。法国民众忐忑不安的心开始安定下来，他们对政府恢复了信心，对前途又有了期盼。

波拿巴的执政府对关系资本主义国计民生的工业颇为重视。对那些消耗本国原料的工业，他尤为关注。他尽力鼓励生产，特别是奢侈品的生产。1800年，执政府建立了统计局，调查全国的经济和人口。他采用十进位的公制以统一国内市场。1801年，在内务部部长夏普塔尔的主持下组织了一个"全国工业促进会"，他还恢复了督政府时期举办工业展览会的做法。1803年4月12日，制造业公会也出现了。波拿巴通过行会对工业进行管理。

执政府对商业也很重视，他把商业的管理委托给了一个总委员会。1801年3月19日，执政府改组了商业交易所；1802年12月24日，商会又重新出现了；1803年4月7日，执政府把货币制度固定在金与银的比率为1∶15.5，并坚决稳定货币；1803年4月28日，16个海港被指定为国际贸易港，并准予建立保税仓库。资产阶级看到了一个有利于资本主义发展的政府，期盼着一个荫护资本主义成长的伟大的法兰西帝国的诞生。

在对外贸易方面，波拿巴实行保护主义政策，尤其是对英国商品征收高关税，以有利于本国工商业的发展。《亚眠和约》签订后，英国希冀法国实现自由竞争，而波拿巴把英国看作是迦太基，他自己则要扮演伽图和西庇阿的角色，他选择了禁止通商。在欧洲呈现一片和平的时候，英法两国的商业争夺却并没有因此而减弱，而是照旧在国内市场、殖民地市场、欧洲市场、全世界市场上激烈地进行。在这时的争夺中，法国还是得大于失。1799年，法国的对外贸易额为5.53亿法郎，1801年则达7.9亿法郎。法国隐隐约约看到了世界殖民地霸主、世界商业霸主的宝座。

从旧制度时期以来，财政问题一直困扰着法国历届政府。执政府建立时，国库同样极为空虚，只有现金16.7万法郎，近乎不名一文。但到1802年至1803年，执政府的预算奇迹般地实现了收支平衡，并略有节余。这是从旧制度以来所没有过的。波拿巴以其惊人的才能振兴了法国的经济，也激活了法国的政治、军事和外交。

波拿巴在以神奇的速度取得了令人目眩的成就之后，也开始谋求把自己推向权力、地位和荣誉的顶峰。但要达到此目的，他必须扫除议会和军队中的障碍。他首先拿议会开刀。他说："什么是政府？如果它得不到舆论的支持，就什么也不是。它怎么能够抵消一个公开攻击它的议会讲坛的影响呢？""（政府）不应有任何反对意见。"为清除政府的不和谐声音，他便利用共和八年宪法中没有规定卸任成员的选定问题大做文章。1802年1月4日，波拿巴撤回了提交给议会各院的所有议案，使议会处于"法律禁食"状态。3天以后，参政院宣布，议会各院会期已告结束，应着手更换到共和十年任期已满的五分之一的议员。因共和八年宪法没有规定卸任成员的选定办法，此问题便提交给了元老院。不知是受到了恐吓，还是为图谋新的好处，元老院没有采用人们普遍认定的抽签方式，而是以46票对13票决定由它自己提出卸任的成员。结果在4月份的改选中，保民院中自由主义思想家邦雅曼·贡斯当、然格内、拉罗米居厄尔、萨伊、督政府时期教育政策的设计者多努、谢尼埃等二十余名反对派被清除出保民院。只有卡尔诺一人被例外地保留下来。吕西安·波拿巴重入政界，成了保民院议员。

不久，第一执政又规定：法律草案事先要在第一执政主持下的特别委员会里由各组的"报告人"和参政院负专职的参政官共同审查，以免在此后的公开会议上出现任何争论。这样，波拿巴就可以恣意任命心腹组成特别委员会，奉命准备他那些雄心勃勃的纲领，再交给参政院走走形式。这意味着参政院再也不能控制法律的起草工作了。

议会各院被压服以后，剩下的危险只有军队了。由于《亚眠和约》的签订、欧洲和平的实现，巴黎充满了百无聊赖的将军，他们嫉妒他们的上司，都不相信他的军事天才，而只承认他运气好。波拿巴总是说："他们之中没有一个不自认为具有同我一样的权力。"而声名不菲的莫罗和贝尔纳多特将军则与波拿巴敌对。莫罗已公然与波拿巴闹翻。他的妻子和岳母甚至怂恿他和波拿巴断绝往来。但莫罗过于优柔寡断，在犹豫不决和缩手缩脚中丧失了时机和光阴，也差一点丧失了自己的生命。贝尔纳多特将军率两路军驻守在雷恩，企图发动政变，夺取权力。谋叛者在巴黎举行了多次集会，并且试探了包括富歇在内的某些文职官员的意见。贝尔纳多特将军虽有能力，但太过骄傲自大，且过多考虑自己的利益。共和七年他任督政府陆军部部长时就因不敢轻举妄动而丧失良机。这一次，他又坚持要元老院首先采取行动，这一企图必然是再一次破灭。

1802年5月7日，三名军官，其中一名是多纳迪厄将军被捕。5月20日，贝尔纳多特的参谋长西蒙将军因向军队秘密散发的两份攻击波拿巴的煽动性宣言落入巴黎警察厅厅长杜布瓦手里，而后富歇以"阴谋诽谤"罪逮捕了西蒙将军及其同伙。波拿巴秘而不宣地处置了此事：有嫌疑的军官不加审讯地关进监狱里；正规军第八十二团被运往圣多明各，到那里就有去无回；而里什庞斯和德凯恩将军被派往里斯本，布律纳则出使君士坦丁堡。拉奥里退职了，勒古布转入了后备役。贝尔纳多特将军则再一次由于他的妻子——波拿巴的第一个真正的情人和未婚妻德茜蕾的缘故免去了重刑，但他还是被免了官。那些受牵连的政界人物因富歇向他们通风报信而躲藏了起来。波拿巴对此耿耿于怀。1803年斯塔埃尔夫人试图从瑞士返回法国时，波拿巴还下令将她驱逐出了法国。

波拿巴清洗立法机构和军队后，法国人民已清楚地听到了独裁者走来的脚步声。他们知道这位独裁者的到来会夺去他们为之奋斗的民主和自由。但这位独裁者在向他们走来的时候不断地在创造奇迹，不断地制造荣誉，不断地散发光芒。法国人身上的每个毛孔都充满着激动和自豪，而且他们觉得他口袋里装着他们多年来极其渴望的和平、发展、稳定。他太神奇了，他太伟大了。他们无力拒绝欢迎他的到来。

清洗后的立法机构已是波拿巴的掌中之物。为建立一个新的贵族阶级，波拿巴提出了建立荣誉军团勋章的法案。尽管参政院、保民院都很顺从，但该法案一出台还是遭到了严厉的批评。他们反对这个旨在恢复不平等，且要建立一个与法国大革命所要建立的以及新社会所祈求的制度完全相反的政权制度的法案。参政院的贝利埃指责道："勋章是为满足君主政体的虚荣的小玩意。"面对种种反对声，波拿巴回答道："我不相信有谁能给我指出一个没有勋章的新旧共和国。有人说这是为满足虚荣的小玩意。可不是！我们就是用这个来引导人的。……我不相信法国人民那么喜欢自由和平等。法国人并没有为十年的革命所改变；法国人只有一个感情——荣誉。因此必须满足这种感情，必须给他们荣誉。请看人民对外国人的骑士勋章是何等的崇拜；他们曾经为此感到吃惊，因此他们是要佩戴勋章的。……人们把什么都破坏了。现在就是要重建一切。现在有了一个政府，有了各种权力机构，但此外全国还剩下什么呢？一盘散沙。……如果我们不在法国的土地上放下大堆大堆的花岗石作为基础，我们是建立不起共和国的。"波拿巴决心已定，不再顾及反对者了。

尽管对建立荣誉军团的法案反对者并不算少，但并不能阻止法案的通过。在参政院该法案以14票赞成，10票反对获得通过；在立法院以166票赞成对110票反对而通过。在保民院只有38票赞成，而反对票达56票。但是，不管怎样，5月19日，荣誉军团创立了。它包括15个大队。每个大队由250名军团成员组成，军团长由波拿巴担任。其成员由波拿巴从新贵族名流中遴选出来。既有武官，也有文人。波拿巴从国有产业给每个"大队"20万法郎的年薪，作为军团成员的薪俸、住所和疗养院的费用，而他们则要宣誓"为共和国服务而献身"，"击败一切复辟封建制度……的图谋……"，并且"竭尽全力维护自由与平等"。波拿巴从思想、组织、经济各方面控制荣誉军团，世俗权贵已基本是唯唯诺诺。加入荣誉军团成了许多人的梦想，荣誉军团也成了波拿巴手中的又一筹码。

尽管波拿巴的荣誉军团中还留有"自由""平等"等体现大革命原则的字眼，但实质上，"荣誉"取代了一切。这里的"荣誉"名义上是为法兰西，但更多的是为拿破仑·波拿巴的荣誉，间或加上一点点他们自己的荣誉。荣誉军团的成员在很大程度上不是对法兰西效忠，而是对拿破仑·波拿巴效忠；他们不是在维护法兰西的荣誉，而是在维护拿破仑·波拿巴的荣誉。荣誉军团的建立是拿破仑·波拿巴用特权来确保自己的政权，同时以自己的政权的持续来巩固特权迈开的第一步。今天的荣誉军团就是明天的帝国贵族。

1802年5月6日，在荣誉军团创立前，夏博·德·拉利埃在保民院动议，应在全国对波拿巴的功勋给予表彰，以示"全国的谢意"。5月8日，元老院不甘落后，做出决议，重选"拿破仑·波拿巴"为执政，并连任10年。"拿破仑"这个教名首次出现在官方文件中。但功勋卓著、威望大增的波拿巴对连任10年执政的报酬已不满足。康巴塞雷斯见此，便献上一计，让波拿巴按照人民的愿望"命令"的那样，顺水推舟，先接受"连任十年第一执政"的提议，再作他图。此后，在一个特别会议上，洞悉波拿巴心意的罗德雷提出草案：除了授予波拿巴终身第一执政之外，还授予他指定继承人的条款。这个提议被提交给参政院，并获得通过。而这并不在参政院的权限之内。为慎重起见，波拿巴删去了决议中罗德雷加上的关于指定继承人的条款。本来无权参与修改宪法的保民院和立法院也通过了任终身执政的公民投票，而有权决定公民投票的元老院则负责清点票数。投票结果是赞成票330万张，反对票只有八千余张。热月14日（8月2日），元老院做出如下决定：（1）由元老院任命拿破仑·波拿巴为终身第一执政；（2）建造一个和平塑像，一手握着胜利的月桂枝，一手握着元老院的法令，以便向后世子孙证明全国对第一执政的感戴；（3）元老院应向第一执政表示法国人民的信赖、热爱和敬佩。

再次得手的波拿巴不失时机地提出一部新宪法。到此时，参政院、元老院已形同虚设。他们未经讨论便于8月4日批准了这部宪法，是为"共和十年宪法"。根据该宪法，第一执政不仅拥有缔结条约，任命第二、第三执政的权力，而且他还可在他认为合意的时候，或在遗嘱上把他挑选的一名继承候选人提交元老院通过。如果元老院不同意，波拿巴可以依次再提出两名候选人，第三次提出的就不能再被驳回了。这样，波拿巴就篡取了他曾拒绝向人民要求的权力，向世袭制度又靠近了一步。由于约瑟芬的肚子不争气，结婚多年的波拿巴仍然未能创造出新的生命，更谈不上有继承父业的太子了。正由于此，他的兄弟约瑟夫和吕西安为了争夺继承权而激烈地争吵。直到这年10月10日，路易·波拿巴和奥坦丝·德·博阿尔内的儿子查理出生后，这种争吵才暂告平息。

万古长存的民法典

法国大革命以前，尽管法国在政治上统一了很久，但在法律方面一直未能统一。其南部通行成文法，施行着古罗马的《优斯蒂宁法》，其北部沿用习惯法。这给法国人民造成了很大的不便。故法国大革命产生的第一部宪法中就明文规定："应制定一部共同于整个王国的民法典。"此后，尽管法国执政阶层更迭频繁，但还是拟出了好几个草案——1793年、1794年和1796年草案。其中个别条款已单独施行，如废除长子继承制的一切特权及继承法上基于年龄或性别上的一切区别；婚姻为纯粹的民事契约等。

波拿巴执政不久，就想在法制建设方面对法国大革命作一个总结，为社会留下点什么。1800年8月12日，他指定特隆歇、波塔利斯、比戈·德·普雷亚梅纽和马勒维四位法律专家组成一个委员会负责起草民法。主持人是当时的第二执政康巴塞雷斯。1793年、1794年和1796年起草的几个文本都被提交上来，但都未在立法机构获得通过。于是，波拿巴亲自督阵。1801年1月，民法草案终于完成。但由于波拿巴与议会各院的冲突，民法典的讨论中断了，直到1803年才又恢复讨论。参政院对草案进行了非常认真的讨论，召开会议达107次之多，其中波拿巴亲自主持了55次。1804年3月21日，该法令最终以《法国人的民法典》的名称颁布了。后来，它又改称《拿破仑法典》。

CODE CIVIL
DES FRANÇAIS.

TITRE PRÉLIMINAIRE.

DE LA PUBLICATION, DES EFFETS ET DE L'APPLICATION DES LOIS EN GÉNÉRAL.

Décrété le 14 Ventôse an XI. Promulgué le 14 du même mois.

ARTICLE I.er

LES lois sont exécutoires dans tout le territoire français, en vertu de la promulgation qui en est faite par le PREMIER CONSUL.

Elles seront exécutées dans chaque partie de la République, du moment où la promulgation en pourra être connue.

La promulgation faite par le PREMIER CONSUL sera réputée connue dans le département où siégera le Gouvernement, un jour après celui de la promulgation ; et dans chacun des autres départemens, après l'expiration du même délai, augmenté d'autant de jours qu'il y aura de fois dix myriamètres [environ vingt lieues anciennes] entre la ville où la

A

1804年原始版本的《拿破仑法典》

该法典共有3编、35章、2281条。第一编是人法，包括民事权利的享有和丧失、身份证书、住所、结婚和离婚、父母子女等，共8章。实际上它是关于民事权利主体的规定。第二编是物法，是对财产及所有权的各种限制，包括财产分类、所有权、用益权、使用权及居住权和地役权，共4章。实际上它是对民事权利客体的规定。第三编称为"取得所有权的各种方法"。它规定的对象颇为庞杂，包括继承、生前赠予及遗嘱、契约或合意之债的一般规定，非因合意而发生的债、夫妻财产契约及夫妻间的相互权利等，共20章。实际上它是关于民事权利转让的各种可能性的规定。

波拿巴制定该法典的指导思想有两个方面：一是为他个人着想。他在制定法典时把注意力集中在加强父权和夫权，剥夺未经认领的私生子的财产继承权，并削减已获认领者所继承的份额以及保留离婚的规定。这后一项，波拿巴明显已经在替他未来的帝国考虑了。二是他和那些法学家们心目中的国家利益。法典在涉及诸如地下资源或为公益而征用土地的情况，尤其是在以遗嘱处理财产方面，财产所有者的权利受到了一定程度的限制，国家被摆在了更高的位置。另外，给国家创造很大价值的家庭被置于国家的监护之下。

关于资本主义的民事关系，该法典的制定遵循三条基本原则：一是自由和平等的原则。其中规定："所有法国人都享有民事权利"，"民事权利的行使不以按照宪法取得并保持的公民资格为条件"，"满21岁为成年；到达此年龄后，除结婚章规定的例外外，有能力为一切民事生活上的行为。"二是私有财产神圣不可侵犯。"任何人不得强制出让其所有权。"三是契约自由原则。"工人的雇用、商品的流通都必须通过契约"，而"依法成立的契约，在缔结契约的当事人间具有相当于法律的效力"。

波拿巴制定的这部资产阶级法典在成就上也具有二重性。该法典有着资产阶级的阶级局限性，有反民主的一面。它处处为资产阶级的利益设想，首先关心的是确保其财产所有权，并且把这种权利视为自然权利，是先于社会的、绝对的、属于个人的权利，以保障其实际占有的所有权。法典中有关契约的各项规定涉及的几乎都是保障财产所有权的问题；家庭问题有很大部分也是从保障财产所有权的角度去考虑的。关于在资本主义社会中占主导地位的劳资关系，在总共两千多条条款中，只有两条与此相关。这绝不会是立法者的疏忽，这只不过是为了掩盖资本主义劳资关系的对立，同时也是资产阶级不愿让法律束缚自己的手脚，使自己可以更方便、更灵巧地进行统治。民法典中还以形式上的平等掩盖事实上的不平等。该法典宣布全体公民民事权利平等，但从劳资关系上看，我们只能看到资本家剥削雇佣工人的自由和平等，工人只有受剥削、受压迫的痛苦和屈辱；从家庭来看，"夫应该保护其妻，妻应顺从其夫"，"妻未经夫的许可，亦不得进行诉讼"，"即使妻不在共有财产制下或采取分别财产制，未得其夫参与或出面同意，不得为赠予、以有偿名义或无偿名义转让、抵押以及取得行为"，从中我们不难看到男女的尊卑。

从另一方面，该法典肯定了对封建贵族的消灭，并且采纳了1789年的社会原则：个人自由、法律面前人人平等、国家的世俗化、信仰自由和选择职业的自由等。这就是为什么这部法典在欧洲成为法国革命的象征，不论传到什么地方，它都提供了现代社会的基本准则。因此，从历史的角度看，它闪耀着不可磨灭的迷人光芒。故恩格斯说，这部法典"总结了革命的全部法规，在法律上承认了整个这种完全改变了的程序"，是"典型的资产阶级社会的法典"。拿破仑在圣赫勒拿岛时也曾回忆说："我的光荣不在于我打胜了四十多个战役，滑铁卢之战抹去了关于这一切胜利的记忆。但有一样东西是不会被人忘却的，会万古长存的，那就是我的法典。"

继民法典之后，波拿巴还编撰了民事诉讼法（1806年）、商法（1807年）、刑事诉讼法（1808年）、刑法（1801年）等。

"天空中布满了匕首"

尽管自执政以来，波拿巴以其辉煌的业绩深得民心，但保王党分子、雅各宾派分子和嫉妒他的将军们并没有因此放弃他们推翻执政府的努力。1803年，伦敦、旺代和巴黎等地的数百名间谍呈送的材料源源不断地送到了波拿巴的手中。他的政权、他的生命仍受到暴力行动的威胁。这年的冬天，巴黎充满着不安。已失去警察总监之职的富歇派人告诉波拿巴说："天空中布满了匕首。"

保王党一直是反现政权和反波拿巴的主要敌人之一，他们一直在从事阴谋活动。1803年8月21日，在派往巴黎的两名间谍被捕入狱后，旺代保王党头目卡杜达尔亲自在下塞纳郡的比维尔登陆，来到巴黎。他想绑架波拿巴，倘若他反抗，就杀死他。阿图瓦伯爵的到来将作为这次行动的信号，但他一直没有来。卡杜达尔还插手另一起阴谋。他通过拉若莱将军，力图把波旁王朝的朋友皮什格鲁和反对独裁的共和派英雄莫罗撮合在一起，携手反对波拿巴。莫罗原已同意与皮什格鲁会面，但在知道卡杜达尔插手此事后，便不同意参加。此外，在德雷斯顿，亚历山大的间谍昂特雷格伯爵通过"巴黎之友"——约瑟芬的一位密友详细地了解波拿巴的私生活的情况，并通过"巴黎友人"——塔列朗的一个助手了解波拿巴的政治动向，以便采取行动。以上只是其中的一小部分而已。其实叛变活动到处都有。

拉若莱的阴谋线索被梅埃·德拉图什识破。但接替富歇的大法官雷尼埃平庸无能，使侦察行动毫无结果。富歇为讨好波拿巴，也动用了他自己的情报系统为第一执政效劳，但进展也不大。到1804年年初，阴谋仍未被拆穿。波拿巴凭着他的直觉认为这应该是采取行动的时候了。1802年2月，两名被捕的卡杜达尔同党熬不过严刑拷打和死刑的威胁，供出卡杜达尔和皮什格鲁已在巴黎，并和几名著名的将军有接触的情况，其中包括莫罗。伟大的莫罗立即被捕了。波拿巴在逮捕莫罗前曾犹豫良久，他很敬重这位与他共享盛名的强人。但莫罗卷入了阴谋，罪证确凿；最终波拿巴在一定程度上宽恕了这位霍亨林登之役的英雄，条件是他必须退隐美国。波拿巴强大的对手莫罗从法国消失了。

另外，囚犯还供出"待一位亲王到来，就立即行动"一事。梅埃·德拉图什在报告中提到，当冈公爵就住在中立的巴登大公国的埃登海姆，离斯特拉斯堡不远。他还说亡命者正在奥芬堡集结。于是，波拿巴认为，这位公爵就是阴谋分子等的那位"亲王"。3月10日，波拿巴召开了一次会议。在会上，塔列朗又故意提醒波拿巴这样一个事实：长期以来，当冈公爵一直住在莱茵边境——据说是为了可以通过望远镜窥探法国的动静。于是，波拿巴决定绑架这位接受英国津贴的孔代家族的后裔、波旁王朝的亲王，杀一儆百，以终止逃亡国外的波旁王朝成员对自己政权的干扰。

绑架的任务交给旧贵族出身的科兰古侯爵执行，由奥德内尔将军作为他的副手，并带了300名龙骑兵。波拿巴对这次行动所需的船只和士兵的口粮都精确地计算，配备妥当，仿佛是派他们去远征曼图亚似的。科兰古等秘密地潜入了德意志领土。他们在奥芬堡未能发现亡命者的军队，但奥德内尔却在3月14日至3月15日夜间在埃登海姆逮捕了当冈公爵，他们在他的房间里没有发现任何可疑文件。20日，这位公爵被秘密带回到法国的万森城古堡。

如何处置这位伟大的孔代家族硕果仅存的后裔呢？一心只关注自己前途的老狐狸塔列朗建议交给军事法庭审讯，采用最严厉的手段来处置，以此引起道义上对波拿巴的谴责，达到自己的政治目的。约瑟夫一方面怀着对伟大的孔代的尊敬，一方面从日后道义上的非难考虑，要求宽恕当冈公爵。波拿巴则怀着一种矛盾的心态。20日晚11时，当冈公爵被带到了军事法庭，面对着12个参谋部军官（*法官*）和一个参政院议员（*检察官*）。尽管他的文件没有表明他与卡杜达尔共谋，但却有证据说明他被英国收买了，并且他盼望指挥入侵阿尔萨斯。他没有被宣判为阴谋分子，但他被宣判为接受外国津贴要入侵法国的亡命者。次日凌晨2时，当冈公爵被枪决了。

卡杜达尔、皮什格鲁等一批阴谋分子也先后被捕。6月9日，20人被判处死刑。波拿巴赦免了其中的12名，其余的（*包括卡杜达尔*）都送上了断头台。皮什格鲁被勒死在他的牢房里。

从技术角度来说，处死当冈公爵无可挑剔。但是，法国人在中立国绑架了他，这又是非法的。对波拿巴来说，他有太多的失策之处。这件事使他的政权同旧势力的和解遭受了挫折。上流社会"对政府的仇恨和谩骂就像我（*罗德雷*）在法国革命前所看到的那样剧烈，那样肆无忌惮",已经接受了一项外交职务的夏托勃里昂也辞职了。这件事给欧洲列强提供了一个求之不得的借口。沙皇亚历山大一世和欧洲其他君主国都表示震惊、不满和抗议。他们认为这是对欧洲十几个君主的挑战,也是对数百万相信君权神授的欧洲人民的挑战。这件事促使各种反对波拿巴的势力团结起来。所幸的是,法国人民对此没有情绪激昂,新闻界对此保持缄默,他们仍在真诚地拥护波拿巴。

"永恒之父的儿子"——帝国的皇帝

1803年英法重开战争,卡杜达尔、皮什格鲁和莫罗的谋叛成了波拿巴修复王位的阶梯。尽管此时波拿巴的权力早就不亚于甚至超过了一个帝王,但他也明白他的权力和威望是靠他治国的成就和战场上的胜利取得的。如果遭到失败,拥有的一切很可能顷刻失去。而那些世袭的帝王则没有这种忧虑,他不得不羡慕他们。波拿巴周围的人,以及希望重新得宠的富歇都催促他利用这一机会趁热打铁,建立世袭制度,解除刺客们的武器。因为假如他有不测,这个政权就会被推翻。议会各院也装出一副认真考虑这个借口的样子,以便表明他们在建立世袭制度方面不是没有起过作用。1804年3月27日,元老院在接到这次阴谋的报告后,向第一执政派去了一个代表团。代表团团长弗朗索瓦·德·纳夫夏托对波拿巴说:"第一执政阁下,你开创了一个新纪元,但你应该使它永远存续下去,昙花一现是毫无价值的。我们决不怀疑你抱有这种远大理想,因为你的创造天才是洞察一切的,你是不会有所忽略的。但是请你不要拖延了;一方面,时间、各种事件、阴谋分子、野心家，都在催促你；另一方面，法国人的惶惑不安也在催促你。但你创造出各种制度，使你的殿堂永远坚如磐石，使你为父亲一代建立的功业能够传之于他们的子孙，你就能掌握时间，控制各种事件，打击野心家，安定全国的人心。第一执政阁下，请相信，这是元老院以全体公民的名义在向你说话。"这正合波拿巴的心意，他在4月25日答复元老院说："你们的建议正是我的夙愿，是我时常考虑的事情"，"贵院认为有必要建立世袭制。"元老院原只是认为需要修改制度，并未同意建立世袭制度，但到了此时，他们只好认可了，并称："元老院认为把共和国委托给世袭皇帝拿破仑·波拿巴是法国人民的最大利益。"从而建立帝国的序幕拉开了。

保民院议员居雷也动议在保民院就建立帝制问题展开讨论。众议员全表现出谄媚的热情、奴才的狂热，闻风归附，只有卡尔诺一人坚决反对。他说："我决不是想贬低大家对第一执政的赞扬；但是，一个公民不管他对祖国的贡献有多大，荣誉和理智都要求全国的感激有一定限度。如果这位公民恢复了国家的自由，拯救了他的国家，难道可以牺牲这种自由来作为对他的报偿吗？把他的国家变成他的个人的世袭财产，这不是毁了他的功绩吗？""难道自由是被摆给人看的而不能为人所享受的吗？不，我不同意把这种幸福看作只是一种幻想，它是这样被普遍地看得高于一切，没有它，一切都是空谈！我的良心告诉我，自由是可能的，这种制度是令人放心的，是比任何独裁政权都稳固的。以前我投票反对终身执政，现在我同样投票反对君主政体复辟，我认为我作为保民院议员应当责无旁贷地这样做。"一个理性的杰出代表、一个自由的坚强斗士、一个不弯腰折贵的铮铮铁汉，他将永垂青史。与卡尔诺同样不畏波拿巴权威的还有参政院，他们也表示反对世袭统治。

但当时的法国，真正能为自由和民主而战的人太少了，其力量远不能阻挡波拿巴称帝的步伐。5月16日至18日，法国又起草了一部新宪法，确切地说是波拿巴制定了一部新宪法，然后交给元老院以决议案的形式颁布，最后由公民投票批准。5月18日，波拿巴给法兰西第一共和国罩上了白纱。尽管我们还能透过白纱看到资产阶级的身影，但法兰西第一帝国已经走到了前台，第一执政成为皇帝，称拿破仑一世。法国大革命废除的君主制度恢复了，国王的宝座又重新被搬上法国的历史舞台。11月6日，元老院公布就设立世袭的"法兰西人的皇帝"全国公民投票结果，3572329票拥护，反对的只有2579票。与此同时，把一个共和国政府托付给一位世袭皇帝的"共和十二年宪法"也诞生了。

既然帝国已在圣克卢宫建立，它的一套附属物也不可能避免地需要复活。官制更改刻不容缓。于是，一批亲王、帝国大勋爵、元帅、侍从官和扈从也被生产出来。约瑟夫·波拿巴和路易·波拿巴被晋封为法国亲王。14位被任命为帝国元帅：贝尔蒂埃、缪拉、蒙塞、儒尔当、马塞纳、奥热罗、贝尔纳多特、苏尔特、布律纳、拉纳、莫蒂埃、内伊、达武、贝西埃尔。另有4位年老的将军荣膺名誉元帅（非现役）：克勒曼、勒费弗尔（后来一度恢复现役）、佩里尼翁、塞律里埃。其后，还有8位将军被授以元帅军职。他们是维克多、麦克唐纳、乌迪诺、马尔蒙、絮歇、圣西尔、波尼亚托夫斯基、格鲁希。在整个帝国时期，拿破仑曾先后封了4名亲王、30名公爵、380名伯爵、1090名男爵。当然这些勋爵不是旧制度下的封臣，而是拿破仑派驻各"封地"的代理人。以上这些人，加上宫廷大臣和所有获得荣誉勋位的人构成了拿破仑帝国的贵族阶层。

第一执政演变为"法兰西人的皇帝"后，为防止大权旁落，拿破仑开始专断。新闻出版自由早已受到检查委员会的压制；保民院的会议变成了局部的、秘密的会议，参政院也一样；他的下属也不准对其决策加以议论。法国成了拿破仑一个人的讲坛，其他人只能保持沉默。法国人民、众多谋臣武士只能眼睁睁地、默默地看着这位伟大的"法兰西人的皇帝"用战争给他们带来光荣、给他们制造痛苦。不满在许多人的心中升腾，他们在享受光荣之后，开始寻求和平、安宁和自由，而拿破仑却沉浸在自己的光荣中踽踽独行。

拿破仑"依照"人民的委托登基为帝，但他并不把民众的委托视为新皇统的基础。尽管他出身不算高贵，但他却从内心深处蔑视平民各阶级。他说："法国真正的人民是各区的长官、各选举团主席和军队"，而不是"两三万鱼贩子以及类似的人……我看他们只是一个大

达　武

城市的堕落的愚昧无知的社会渣滓"。他认为他的登基乃是出于上帝的指点。因此，他像矮子丕平一样，要求教皇"为第一世法兰西人的皇帝涂圣油暨加冕，给予最神圣的宗教仪式"。塔列朗与贝埃在巴黎同圣使卡普拉谈判。在罗马，皇帝的舅父费什——前宪政派教士，曾任里昂大主教，现为红衣主教，还是拿破仑派往圣座前的大使，也在同康萨尔维进行谈判。由于拿破仑不久前处死了当冈公爵，还在以前的征意战争中夺取了他的属地，加上害怕得罪欧洲列强，教皇庇护七世心中十分不愿意。但法兰西帝国太强大了，拿破仑太强大了，庇护七世最终屈服了，同意替拿破仑加冕，不是在罗马，而是去巴黎。

11月12日，教皇从罗马动身前往巴黎。随从人员有：红衣主教7名、主教4名、高级教士2名、贴身教士4名、机要神甫3名、祭司2名、统率教皇卫队的红衣主教2名，此外还有总管、文书、医生、信差、侍卫官、男仆若干，总共六十余人。一路上，法国民众对教皇的来临表现出了空前的热情，他们不计时日地恭候、欢迎教皇，高呼"庇护七世万岁！"

罗维戈精心策划了拿破仑出城迎接教皇的一幕，先给了教皇一个下马威。11月24日中午，在通往枫丹白露的一个十字路口——一块很大的空间林地，拿破仑带着一些猎手和猎犬事先在这儿等待教皇。这事并没有通知教皇。当教皇的车子来到该处停下来时，一个专管猎犬的仆人随即走向前去，将左边的门打开。拿破仑骑着马站在几米远处的地方，动也没动，教皇犹豫了一会儿，还是先把他那双雪白的绸面鞋落在了泥泞的土地上。待教皇走了几步后，拿破仑这才跳下马向教皇迎去，亲了亲他的面颊。

这时，停在旁边的皇帝的轻舆，好像是由于车夫的疏忽，突然向这边移动了几步。为了给马匹让开道，教皇和皇帝各向后退了两步，车子来到他俩之间，两边的门也随即打开。波拿巴立即从右边上了车，庇护七世只好从左边的门上了车，坐在一个次要的位置。他们就这样去了枫丹白露。

接着，在如何进入巴黎的问题上，拿破仑再一次让教皇体验了他的厉害。为了降低教皇在巴黎的影响，拿破仑安排在天黑之后不声不响地进入巴黎。各家报纸对教皇的到来只字未提。驻守巴黎的各部队也禁止离开兵营。11月28日下午2时，教皇一行从枫丹白露出发，下午6时进入戈柏兰城门，然后穿过残废军人大桥、协和桥和杜伊勒里宫大街，绕过骑兵竞技场，于6时50分到达弗洛尔宫下榻。第二天上午7时，以巴黎圣母院为首的全城各教堂响起震耳欲聋的钟声，全巴黎的人才知道教皇已经到了。

加冕前几天的巴黎，欧洲各国贵宾云集，法国人也喜气洋洋。杜伊勒里宫更是一片喧闹。然而12月1日之夜，皇宫里发生了一起与这种欢庆气氛很不和谐的事情。约瑟芬突然找到教皇，说她同拿破仑没有在教堂举行婚礼的事。庇护七世闻此大怒。他表示即使要他的命，他也不会为一对没有在天主面前举行婚礼的人行加冕礼，除非他们立即按照宗教仪式补行婚礼，并说这是教会最严格的规定。约瑟芬此举的目的是要把自己和拿破仑的婚姻再加一把锁，以使他们的婚姻能够长久，以保障自己皇后地位的牢固。在她看来，现在的拿破仑已不是当初那个对她一心一意、如痴如醉的毛头小伙子，现在的他已四处留情，对她已不太在乎。如果不是以她最厉害的武器——温柔和眼泪抵挡，或许她早已享受不到今天的荣耀了。但她也知道，随着时间的推移，她的武器威力会越来越小；而她最大的致命处——她和他没有自己的孩子，她却永远无法掩饰。已恢复世袭制度的拿破仑在内心深处是多么渴望有他自己的孩子，渴望有他自己的骨肉来继承他的伟业。说不准哪一天，拿破仑就会离弃她，去找一位新的皇后，去孕育一个他自己的后代。为此，约瑟芬使出了这一招。对于约瑟芬横生枝节，拿破仑大为恼火，气得面色发白。但欧洲各国贵宾已应邀而来，各项工作已准备就绪，如果推迟举行加冕礼必会被各国耻笑。因此，拿破仑愤怒归愤怒，也只得如约瑟芬所愿。在加冕礼的那天早上，在杜伊勒里官的一间不为人所注目的房间里，教皇为拿破仑和约瑟芬补了行婚礼。这次婚礼的场面和当天的加冕礼形成了鲜明的反差，除了几个必不可少的人，别无他人。

12月2日，拿破仑一世的加冕大典在巴黎圣母院如期隆重举行。早上9时，教皇就离开杜伊勒里官前往教堂。众宾客也早早来到这里。

拿破仑·波拿巴加冕称帝

但直到正午时分，拿破仑才乘坐着八匹白色骏马拉着的、车顶饰有皇冠的御驾，在扈从的护卫下，由皇后约瑟芬陪同来到巴黎圣母院前面的广场。教皇、红衣主教、大主教、主教和重要官员都在为这一盛典装饰得富丽堂皇的大教堂迎候他。拿破仑手执权杖缓缓地走下车来，只见他头戴一顶帽子，身着皇袍，外面披一件特别大的深红色天鹅绒斗篷，斗篷上绣满金星，里子是白鼬皮的，其重量为40公斤，展开来可达近20平方米。

之后，拿破仑和约瑟芬由皇室成员和文武百官陪同，迈进了教堂。皇宫的司祭、一位红衣主教和一位主教到宝座前把拿破仑带到祭台。于是，教皇登上祭坛，开始了弥撒仪式。仪式非常隆重，也非常冗长。教皇在拿破仑头上和双手上敷了三次圣油，口中诵念着祝词："全能的上帝，您曾使哈扎尔为叙利亚王，使耶胡为以色列王，您曾借埃利亚先知之口向他们传示您的旨意；您也曾借撒母耳先知之手在撒乌尔和大卫头上敷过圣油，现在请您借我的手赐予您的仆人拿破仑以恩宠和幸福，我等虽属卑微，今以您的圣名，尊拿破仑为皇帝。"拿破仑坐在那儿直打呵欠，不知他是累了，还是讨厌这烦琐的仪式。弥撒终于结束，拿破仑走下宝座，与皇后一起走到祭坛边，跪在一条凳子上。教皇捧着一顶皇冠走到了拿破仑面前，拿破仑从教皇手中接过皇冠，戴在了自己的头上。随即，拿破仑又从教皇手中接过凤冠替约瑟芬戴上。拿破仑就这样替他自己和约瑟芬加冕了。接着，拿破仑返回宝座，手按《圣经》，依照新宪法规定宣誓。总传令官高声叫道："法兰西人的至荣至尊的皇帝即位了！皇帝万岁！"教堂里所有的人立即应声呼喊。然后，礼炮齐鸣，教皇领唱"感恩赞美歌"。加冕仪式是如此恢宏，以至于拿破仑也思如潮涌，感慨万千。他转身对约瑟芬说："父亲若是能活到今天，该有多好！"接下来就是一系列的庆祝活动。一直到晚上7时，皇帝、教皇、众宾客先后离开巴黎圣母院，去参加为庆祝加冕典礼而举行的盛宴。

庆祝会一连进行了几天。但这些按命令进行的庆祝，为帝国的庆祝，为皇帝加冕的庆祝，满足了拿破仑的心愿，却没有因此增添他的威望。人民用怀疑的眼光看着这一切，审视这一切：这与他们为之奋斗的神圣事业是相同的吗？这难道就是他们为之奋斗的结果吗？拿破仑自己对此也很清楚。12月3日，他在与德克雷的谈话中说："是的，我同意，我的生涯是美好的，我开辟了一条美好的道路；但是，同古代相比又有多大的差别啊！你看亚历山大吧，在侵入亚洲以后，向人民宣称是朱庇特的儿子，除了确有所知的奥林匹亚丝、亚里士多德和雅典的若干博学之士以外，整个东方都相信了这句话。好吧，我，如果我宣称是永恒之父的儿子，并且表明我将对这个称号向永恒之父表示感激，那么没有一个粗野的妇女不会不在我经过的路上发出嘘声的。"尽管如此，他还是通过加冕试图让人们知道他就是"永恒之父的儿子"。

加冕之后，他还感慨："我来得太迟了，再没有什么辉煌的事业可做了。"由此看来，从今以后他所要做，甚至所能做的就是维护他的个人事业，维护他的法兰西帝国；而法国人民的要求、希望是什么，他开始慢慢忘记。人民所渴求的和平、自由没有随帝国的诞生而降临。

第七章
"把鹰徽插到敌人的土地上去"

反法同盟蠢蠢欲动

拿破仑称帝后，始终视法国为劲敌的英国，十分害怕拿破仑真的会跨过狭窄的英吉利海峡，大举进攻英国本土。1804年5月老威廉·皮特再度出任英国首相后，一直在积极拼凑新的反法同盟，他先是拉拢对欧洲大陆抱有野心的俄国。沙皇早就想称霸欧陆，拿破仑的存在是最大的障碍，俄法两国于1804年断绝了外交关系。由于英国许诺出钱出粮，并保证出兵相助，俄国决意要遏制拿破仑的扩张势头，让法国退回到从前的疆界里去，于是俄英两国在1805年4月11日秘密签订了同盟条约。

接着英国又拼命给奥地利打气。奥地利不甘心两次在意大利的战争失败，这时通过几年的停战已恢复了一点元气，便急于要向法国复仇，收回失地。1804年11月6日，奥地利皇帝弗朗茨二世同俄国沙皇亚历山大签订了一项秘密条约，以防止法国势力在意大利的渗透。可是拿破仑在意大利继续为所欲为。1805年5月26日，拿破仑宣布自己为意大利国王，他的继子欧仁·德·博阿尔内（约瑟芬皇后的侄子）

作为副王代表他主持意大利的政务，又先后将皮埃蒙特和热那亚并入意大利王国。对拿破仑在意大利的所作所为，奥地利感到特别恼火，它念念不忘夺回意大利，想乘拿破仑埋头准备进攻英国之机，从背后给他一刀，于是便被英国收买，甘心为其火中取栗。1805年8月9日，奥地利秘密加入英俄阵营，第三次反法同盟由此建立起来，只是尚未公开宣布。在英俄两国的鼓动怂恿下，奥地利开始秘密动员军队，准备对法作战。俄国答应派兵支援，按照三方达成的协议，俄国出兵18万，奥地利出兵30万，而英国则答应每年给每10万军队提供125万英镑的开销，总兵额以40万为限，用于对付法国。远在北方的瑞典虽未明确参加反法同盟，但早与英、俄、奥等国暗中眉来眼去，它答应了必要时出兵1.2万人相助。普鲁士此时尚不敢与法国公然为敌，它采取了骑墙政策，表面宣布中立，实则试图两面讨好，从中牟利。

得知第三次反法同盟建立的消息时，拿破仑正在英吉利海峡的布洛涅港，准备指挥大军跨过海峡大举入侵英国，他已经为这次入侵做了长达两年半的准备工作。在平息二月阴谋引起的麻烦和加冕称帝之后，拿破仑继续积极施行其入侵英国的宏伟计划。1804年7月9日，他曾亲临布洛涅视察，检阅整支入侵舰队。在英吉利海峡这一边的法国及盟国荷兰的各大港口，停泊着数千艘船只，十几万大军已经整装待发。成功的关键在于有适宜的天气，波涛汹涌的英吉利海峡虽说不上很宽，却是一道天然的障碍。拿破仑并不太懂海军战术，但作为一个战略家而言，他不觉得自己需要学习什么新东西，因为战争原理本是可以通用的。他曾写信给出使土耳其的布律纳元帅说："我在这里大约集结了12万人和3000艘登陆艇，只等顺风就可以把帝国之鹰送到伦敦塔上去。"然而他的登陆艇所等待的不仅仅是顺风，而且还要等待该死的英国海军舰队从海峡上消失。可这一等就是一年。

要制服英国必须有一支强大的海上力量。昔日堪与英国海军匹敌的法国海军，在大革命时期已经衰败。拿破仑上台后曾大力扶植海军，但建设海军很不容易，法国一时半会儿尚难造出相当数量和质量的战舰来同英国舰队抗衡。拿破仑自己对海上战争知之甚少，海军中也找不出几个得力的将领。当时法国主要的沿海港口，如布勒斯特、罗什福尔和土伦等，都被英国军舰封锁，法国舰队被困在港内行动困难，数次试图诱离英舰的企图也未成功，因此无力协助陆军进攻英伦三岛。由于英国海军控制了英吉利海峡，如果没有军舰的有力保护，整装待发的法国登陆船队，是不可能靠近英国海岸的。虽然西班牙于1804年12月12日对英宣战，成为法国的盟友，但法国海军在西班牙海军的支援下，依然在对英海上作战中屡遭败绩，其主力舰队因此不敢冒险冲入英吉利海峡，相反却是撤往西班牙南部，随即被英国舰队封锁在加的斯港内。这样看来，在短时期内法国是很难彻底打败负隅顽抗的英国了。

由于法国海军迟迟未能夺得制海权，进攻英国的运输船队无法起航，入侵遥遥无期，而欧洲大陆的后院又将起火，奥地利已经在威尼斯和蒂罗尔集结军队，准备有所行动，意大利南部的那不勒斯王国也在蠢蠢欲动。海军令人失望的表现令拿破仑又急又气，时不我待，无奈之下他不得不放弃跨海进攻英国的宏伟计划。1805年8月，他在布洛涅做出决定，将入侵行动再推迟一年，转而命令在海峡边待命的陆军调头东进，准备对奥地利和俄国开战。对于不争气的海军，拿破仑于9月14日命令主力舰队突破英国舰队的封锁，出港支援法国陆军登陆那不勒斯，就此引发了帆船时代的最后一场大海战。

特拉法尔加大海战

1805年10月19日，法西联合舰队从加的斯港拔锚起航，英国舰队早已严阵以待。10月21日拂晓，双方在西班牙西南海岸一个名叫特拉法尔加的海角附近遭遇。

参战的法西联合舰队有战列舰33艘，其中法舰18艘，西舰15艘，另有巡洋舰7艘，共有大小火炮近3000门，船员约3万人，统由法国舰队司令皮埃尔·夏尔·维尔纳夫海军中将指挥。此人生于1763年，是一个贵族出身的海军军官，他在法国大革命中幸免于难，从此官运亨通，受过良好的教育，可是性格懦弱、优柔寡断，并不适宜指挥一支作战舰队。虽然他不乏勇气，但对战胜英国海军却缺乏信心，因而也最终失去了拿破仑的信任。当维尔纳夫得知皇帝派来接替他的将领正在途中的消息后，才决心与英舰不惜一战，以避免承担怯战罪名，蒙受难堪的耻辱。法西联合舰队分为前卫、中军和后卫三个纵队。法舰在前，西班牙军舰殿后，前卫舰队由法国的杜马诺瓦海军少将指挥，中军舰队由维尔纳夫亲自指挥，后卫舰队则由西班牙海军中将格拉维纳指挥。在33艘战列舰中，有1艘西班牙四层甲板舰"圣特立尼达"号，其侧舷装有130门火炮，堪称是当时世界上最强大的战舰；另有3艘三层甲板舰，两艘各装112门火炮，1艘装了100门火炮；其余战舰都是两层甲板舰，6艘装了80门炮，22艘装了74门炮，最小的1艘装了64门炮。看起来像是一支强大的舰队，可驾驭这些坚船利炮的人员却素质不高，由于该舰队被英国舰队长期围困在加的斯港内，物资短缺，士气低落，而且官兵缺乏必要的战备训练。所有这些不利因素都大大削弱了联合舰队的战斗力。

英国地中海舰队有战列舰27艘，巡洋舰4艘，快速帆船2艘，共有约2500门炮，近2万名船员，司令官是英国海军的骄傲——海军中将霍雷肖·纳尔逊勋爵。此人生于1758年，比维尔纳夫年长5岁，本性与之完全不同，向以大胆果敢著称，是英国有史以来最伟大的海军将领。昔日的征战虽已使他失去了一只眼睛和一条胳膊，却并没有削弱他的斗志。今天对阵的敌舰队指挥官维尔纳夫，就是在1798年尼罗河口海战中从纳尔逊手中逃脱的幸存者，难怪维尔纳夫要对纳尔逊望而生畏了。尽管英舰数量不及对手，但期待已久的纳尔逊还是决然求战。为了搜寻维尔纳夫的舰队，他曾横跨大西洋，一直追到了西半球

特拉法尔加海役中的英国军舰

的法属加勒比群岛，现在他不想失去消灭敌舰的大好时机。当时的风向是西北偏西，由西向东行驶的纳尔逊舰队分为两支分舰队，纳尔逊指挥北面的上风纵队，有12艘战列舰，他的副手科林伍德海军中将指挥南面的下风纵队，有15艘战列舰。在这些战舰中，有7艘三层甲板舰，3艘装了100门火炮，4艘装了98门炮；其余20艘为两层甲板舰，1艘装80门炮，16艘装74门炮，3艘装64门炮。纳尔逊原本还有6艘战列舰，但先前已被他派去为一支运输船队护航了。从舰队现有的实力看，无论在船只、火炮，还是船员的数量上都要逊于对手，可是纳尔逊坚信英国海军良好的素质可以弥补这些缺陷。

到了21日的早晨，大战临近之时，维尔纳夫又丧失了作战的勇气，决定返回加的斯港，向南行驶的法西联合舰队转而向北航行，并排成一路战斗纵队，久疏战阵的联合舰队在转向编队时发生混乱，法、西舰只夹杂在了一起。一看时机来到，纳尔逊立即命令进攻，英舰顺风快速驶近，使得法西联合舰队来不及退回加的斯港，交战已不可避免，主动权掌握在了纳尔逊手中。按照纳尔逊事先制订的作战计划，他的分舰队直插法西联合舰队的前卫与中军之间，攻击维尔纳夫旗舰所在的中军，科林伍德的分舰队则直插法西联合舰队的中军与后卫之间，攻击其后卫。由于当时的大帆船转向非常不便，再加上风力的影响，法国前卫舰队无法及时救援后面的舰只，这样英舰就对受攻击的敌舰队占有相对的作战优势，并可使敌舰首尾难顾，从而各个击破。纳尔逊独创的战术根本不同于当时盛行的两支舰队并排对轰的传统战法，并且他给下属独立行动的自由，以发挥他们的主动精神。这种不拘一格的天才战术使得英舰在战斗中处于有利地位。开战前纳尔逊向部下发出了"英格兰要求人人恪尽厥职！"这一旗号，大大激励了英军官兵的斗志。

维尔纳夫与纳尔逊打过交道，对其采用的独特战术还是有所了解的，可是究竟应该如何应付这样的攻击，他却束手无策。临近正午时分，海战开始，英舰在西，法西舰在东，英舰以两路纵队攻占法西联合舰队乱糟糟的一字横队，英国炮火最猛的主力舰只领头，纳尔逊的旗舰"胜利"号（104门炮）也冲在前面。风向对英国有利，炮火硝烟可以有效地挡住敌人的视线。开战之前，双方按照当时的规矩，几乎同时升起了各自的国旗，船上鼓乐齐鸣，士兵举枪敬礼，颇有绅士风度，好像将要进行的是一次礼节性的拜访，而非你死我活的厮杀。

法国战舰首先开火，但是准星很差，几乎未给对方造成什么损伤。科林伍德的旗舰"皇权"号（100门炮）一马当先冲入敌阵，其他英舰随后鱼贯跟进，与敌舰展开惨烈的近程炮战，一时间弹如雨下，蔚蓝的海洋顷刻成了一片血与火的世界。由于距离太近，两军舰只有的发生猛烈碰撞，士兵跳舰肉搏，子弹和刺刀代替了火炮。残酷的战斗使得甲板上尸积如山，血流成河，残肢断臂随处可见，其状惨不忍睹。在交锋中，法国人和西班牙人虽都不失勇气，但有效的战术、熟练的协同配合以及训练有素的海军使得英舰渐渐占了上风，特别是英舰装备的近距离巨型短炮，给法西舰只造成了可怕的破坏。两军激战几个小时，法西军舰被打得七零八落，中军和后卫舰只损伤惨重，不少军舰因力不能支而被迫向英舰投降。维尔纳夫和他的旗舰"布桑陶尔"号（80门炮）陷入重围，最后也一起落入英国人手中。西班牙的"圣特立尼达"号是当时世界上唯一的一艘四层甲板战列舰，又高又大，因而成了一个醒目的靶子，6艘英舰对其展开围攻，终迫使它降旗投降。法国战列舰"阿基里斯"号（74门炮）则在炮战中被击沉。

等到姗姗来迟的法国前卫舰队加入战斗之时，海战已临近尾声，法舰徒劳的进攻也被挫败。眼看大势已去，法西联合舰队的残余舰只四散逃命。傍晚时分，海战结束，英国海军获得了辉煌的胜利。他们杰出的指挥官纳尔逊勋爵却没有那么幸运，由于衣着显眼，他在战斗中被法舰"可畏"号（74门炮）上的狙击手击成重伤，子弹穿透身体打断了他的脊椎骨，这是致命的一击。下午4时30分，在弥留之际纳尔逊得知了英国大胜的消息，临终前他欣慰地说道："感谢上帝，我已经尽到了我的职责！"死时年仅47岁。

法西联合舰队在战斗中损失了18艘战列舰，除1艘沉没外，其余17艘均被英舰俘获，幸存舰只也大都受损，死伤2600人，被俘7000人，在海战中身负重伤的西班牙海军中将格拉维纳回到加的斯港后也不治身亡。英国舰只有半数损伤严重，纳尔逊的旗舰"胜利"号以及科林伍德的旗舰"皇权"号由于冲在最前头，曾遭到敌舰的围攻，受伤尤重，但幸好没有一艘沉没或被俘，人员伤亡1700人。自当天晚上起，返航的英国舰队受到了飓风连续4天的袭击，业已负伤的舰只遭到更为可怕的损坏，虽免于沉没，但丢失了许多战利品，一些被俘舰只或搁浅或被迫放弃，"可畏"号和"圣特立尼达"号沉没，不少海员丧生。所谓祸不单行，在海战中幸免于难的法西联合舰队也因暴风雨而损失了数艘舰只。

一名回来报捷的舰长向英国海军大臣汇报的第一句话就是："报告，我们取得了伟大的胜利，但是我们失去了纳尔逊勋爵！"纳尔逊勋爵的遗体被保存在白兰地酒桶里运回英国，1806年1月9日官方在伦敦为其举行隆重的国葬。伦敦市中心的一个广场改名为特拉法尔加广场，以纪念这场伟大的海战。败军之将维尔纳夫曾获准参加纳尔逊的葬礼，之后他被释放回国，可是拿破仑对他的失败耿耿于怀，不想再召见他，无勋的维尔纳夫于绝望之中在雷恩的一家饭店里自杀身亡。他在遗嘱里辛酸地写道："幸运的是，我没有孩子继承我这败将的臭名！"拿破仑对纳尔逊甚为推崇，特拉法尔加海战4个月后，他命令在所有法国军舰上都悬挂纳尔逊的画像，而且他还仿效纳尔逊的做法，命令每艘军舰都漆上醒目的大字"法兰西要求人人恪尽厥职！"

特拉法尔加海战后，帆船舰队又进行过多次交锋，但没有一次这样令人难忘，如此受人注目。特拉法尔加海战是一次真正的决定性战役，辉煌的胜利拯救了大英帝国，惨痛的失败使得法国海军一蹶不振，100年来的英法海上争霸战就此告一段落，英国舰队从此控制了海洋。拿破仑的海上贸易被迫停止，其海外领地也面临着英国的军事威胁。更为重要的是，英国现在可以从海上对任何一处陆地发起攻击，伺机打击拿破仑的薄弱环节。拿破仑征服英国的梦想由此成为泡影，他只好把目光转向东方，眼下的陆上敌人才是最迫在眉睫的威胁。

奇袭乌尔姆

在失去了一举击败英国的最佳时机后，拿破仑决定采用各个击破的战术，先打败反法同盟中最薄弱的一环——奥地利，必须在俄国援军赶到之前给奥地利军队以毁灭性打击，然后再迎战俄军。他先前

乌尔姆战役

发出的要求奥地利军队恢复原来状态的最后通牒在9月3日被奥地利拒绝。

奥地利的如意算盘是，乘拿破仑进攻英国之机，进军南德意志和意大利，一举收复失地。为此，奥地利军队以意大利为战略重点，34岁的查理大公是奥地利最优秀的将领，他率领9.5万奥军，对驻守在意大利的法军采取攻势，以期夺回意大利北部地区。在南德意志方面，由斐迪南大公率部7.2万人，前进至多瑙河上游及其支流伊勒河一线，暂取守势，牵制法军，并等待俄国援兵的到来，在人数上获得可观的优势后再伺机向法国本土推进。斐迪南大公年方24岁，乳臭未干，实际指挥军队的是他的参谋长——53岁的卡尔·马克·冯·莱伯里希男爵，此人刚愎自用，率部独自向莱茵河一线冒进，却又想当然地以为拿破仑军队不可能很快到来。在蒂罗尔方面，约翰大公率部2.3

万人，准备两面接应。

1805年7月，俄国同奥地利达成协议，决定出兵10万援助奥地利，以德意志地区为主战场。但是俄军行动迟缓，库图佐夫将军的部队8月下旬出发，要两个月后才能抵达目的地巴伐利亚，俄国人却还一厢情愿地以为他们会比拿破仑早到3个星期。此外另有俄国、瑞典、丹麦、英国和汉诺威组成的五国联军5万人，企图收复1803年被法国夺取的汉诺威，并进而侵入荷兰。俄国、英国还同那不勒斯拼凑了三国联军5万人，目的是将法军逐出意大利南部。

普鲁士则心怀叵测，它像英国一样敌视法国，但又暗中觊觎德意志地区的霸权，同奥地利有着不可调和的利益冲突。因此它一方面想参加反法同盟，通过战争来瓜分法国的领地，却又怕拿破仑先进攻它，另一方面又暗地里希望法国教训奥地利，以成全普鲁士当上德意志的盟主。所以普鲁士王国政府蠢蠢欲动却又顾虑重重，最终采取了所谓的中立政策，实际上是想坐山观虎斗，视战局的发展决定下一步的行动。这种损人利己的企图事后证明是糟糕至极，结果搬起石头砸了自己的脚。

反法同盟诸国各怀鬼胎，行动却磨磨蹭蹭，而且他们还想尽量保密，可是拿破仑早已完全明白他们的意图。到了1805年8月23日，拿破仑眼看进攻英国无望，决定大军秘密东调，强行军500英里，从海峡沿岸转移到多瑙河这边来。法军取胜的希望就在于迅捷的行动和集中的兵力。敌军虽然人数众多，但是却很分散。拿破仑计划在俄军到来之前，法军主力在南德意志主战场实施战略奇袭，一举歼灭孤军冒进的斐迪南大公军队，而在意大利方面采取守势，牵制住查理大公的军队，不让他增援多瑙河方面。为此，他特意请出已退休的47岁的马塞纳元帅，让他指挥6.5万人的驻意大利法军，抗击查理大公。

　　拿破仑早已洞察奥普这两个德意志国家间的钩心斗角，对它们之间存在的矛盾知道得一清二楚。他丝毫不相信普鲁士政府所谓中立的诚意，并且认为普法战争是不可避免的，但他能巧妙地利用普鲁士的中立给法国造成的有利形势。拿破仑不想同时跟奥普两国作战，于是他先拿北德意志的小邦汉诺威作为诱饵，以使普鲁士继续保持中立。8月24日，拿破仑的宫廷大总管迪罗克将军前往柏林，与普鲁士国王腓特烈·威廉三世谈判，拿破仑表示愿意将法国刚兼并的汉诺威割让给普鲁士，贪婪愚蠢的普鲁士国王一下子就上钩了。接着拿破仑又写信给巴伐利亚、巴登和符腾堡这三个德意志选帝侯以及黑森·达姆斯塔特伯爵，对他们威胁利诱，要求他们同法国结盟，这几个国家勉强答应了他的要求。这样，拿破仑争取到了几个盟友，既可以在他们的领土上作战，还可得到他们军队的支援。不过在4万盟军中，只有巴伐利亚军队稍有战斗力。

　　拿破仑思维敏捷，行动快速，一旦制订计划，实施起来决不浪费一分一秒。他以骑兵作为大军的前卫，先期开赴莱茵河地区。8月29日，拿破仑最终发布了进军令，在英吉利海峡沿岸等候进攻英国的17万多法军精锐将要火速奔赴的莱茵河-多瑙河地区。法军的编成如下：

第一军（贝尔纳多特元帅指挥）　　　　1.5万人

第二军（马尔蒙将军指挥）　　　　　　2万人

第三军（达武元帅指挥）　　　　　　　2.5万人

第四军（苏尔特元帅指挥）　　　　　　2.8万人

第五军（拉纳元帅指挥）　　　　　　　2.6万人

第六军（内伊元帅指挥）　　　　　　　2.1万人

第七军（奥热罗元帅指挥）	1.4万人
近卫军（贝西埃尔元帅指挥）	6000人
骑兵军（缪拉元帅指挥）	2.1万人

全军共计20个步兵师、11个骑兵师，17.6万人，拥有286门野战火炮。近卫军是拿破仑的精锐部队，下辖几个团的步兵掷弹兵、步兵狙击兵、骑兵掷弹兵、骑兵狙击兵，两个骑兵宪兵连，一个在埃及招募来的骑兵连和一个意大利营。法国近卫军全由百里挑一、出类拔萃的老兵组成，战斗力很强，他们有薪金，吃得好，穿着特别漂亮醒目的军服，戴着高大的熊皮军帽，显得非常神气。加入近卫军是每一个法军士兵的梦想，在这支部队里可以接近他们日思夜想的皇帝，直接保卫他的安全。拿破仑对于这支部队也是非常珍惜，轻易不肯动用。

此时，最北面的第一军在汉诺威，奉命于9月2日出发，目的地是格廷根；第二军在比利时西南部港口布鲁日，目的地是美因茨；其后两军均要进至维尔茨堡，在那里与同盟国巴伐利亚的军队会合。在奥地利军队入侵之后，巴伐利亚大公带着他的军队退至维尔茨堡和班贝格，以等待法军的援助。第三、四、五、六各军以及近卫军和骑兵都在英吉利海峡边的布洛涅，将于8月27日出发，向位于斯特拉斯堡和曼海姆之间的莱茵河各渡口前进。第七军在大西洋港口布勒斯特，行程最远，它奉命在渡过莱茵河以后占领弗赖堡地区，以封锁黑森林的出口。

拿破仑还从集结在海峡边的法军部队中抽调兵力组成一支佯攻军团，由布律纳元帅指挥，留在原地迷惑英国，余部急速向莱茵河挺进。9月2日拿破仑离开布洛涅，"英格兰军团"摇身一变成了"大军团"，不渡海峡而是要准备渡莱茵河了。伦敦得救了，维也纳却要为此付出沉重代价。从海峡沿岸到莱茵河的行军距离为375英里，这在当时算得上是远距离的大兵团运动了。拿破仑的大军团以每天15英里的惊人速度急行军，9月25日渡过莱茵河，并继续向多瑙河上游地区前进，这是军事史上最伟大的战略机动之一。这支庞大的军队出发时每个士兵仅携带了4天的干粮，各军在行进途中就地获取粮秣给养，幸好所经之处都是富庶之地，而且正好秋收刚刚结束，法军补给无虞。

在开战前，拿破仑向奥地利发出警告，要求其部队恢复平时的状态，否则他将率10万军队进入巴伐利亚。但奥地利置若罔闻，9月3日，拿破仑的最后通牒被拒绝了。奥军斐迪南大公和马克将军的部队于9月8日侵入巴伐利亚境内，10日占领其首都慕尼黑，并继续向西进至多瑙河河畔的要地乌尔姆，可是他们对快速接近的法军竟一无所知，正好成了掉进拿破仑嘴里的猎物。

9月29日，拿破仑在斯特拉斯堡向全军将士发布了一个进军公告：

士兵们：

　　第三次同盟的战争开始了：奥地利军队已经越过莱茵河。它违反条约，进攻我们的盟友，并将之逐出他们的首都……你们自己曾不得不急行军，借以保卫我们的边界，但你们已经越过了莱茵河……只要我们还没有确保日耳曼集团的独立，支撑住我们的盟邦，使我们的非正义侵略者的狂妄行为遭到挫败，我们就不停止前进。我们将不再搞没有保证的和平，将不再让我们的仁慈贻误我们的政策。

　　士兵们！你们的皇帝正在你们的中间，你们只是这个伟大民族的先锋队，如果有必要，整个民族将按照我的号召，奋起捍卫国家，粉碎这个由英国的仇恨和黄金交织而成的新的同盟。但是，士兵们！我们还将急行军，还将忍受种种疲劳和匮乏。人们正在为我们设置障碍，我们将克服它们；只要我们还没有把我们的鹰徽插到我们敌人的土地上去，我们将决不休息。

这就是著名的公告《把鹰徽插到敌人的土地上去》，从此它成为法军官兵坚定不移的必胜信念。

拿破仑亲自率领大军团向斐迪南大公和马克的右翼迂回，意图切断位置突出的该部奥军与奥俄联军其他部队的联系。法军6个军以缪拉元帅的骑兵为前卫，快速越过南德意志地区，从四面八方像一只章鱼的触须一样伸向毫无戒备的奥军。贝尔纳多特的第一军和巴伐利亚军队在南下途中，不打招呼就通过了中立的安斯巴赫侯国领土，而该

法兰西第一帝国国徽

国恰好是普鲁士的附属国，结果招来普鲁士人的一片愤怒抗议声，要不是拿破仑赶忙致歉，差一点就要导致一场普法战争。

法军行动之快捷出乎奥军意料，等到得知法军的真实情况时，强大的法军已成排山倒海之势从他的右面压了过来。这时马克才感到有被切断后路和包围的危险，慌乱之中他命令分散的奥军向乌尔姆方向集结，企图固守待援，可这并不是什么好办法。他既不肯暂时退却，又未派重兵扼守多瑙河以阻止法军渡河，结果导致进退失据。俄军对法军的行动也是茫然不知，而且俄奥军队之间也没有什么联合行动的计划，所以远水救不了近火。

1805年10月8日，法军大部队安然渡过多瑙河，将前来阻击的一小股奥军击溃，然后转而向西，在韦廷根又将一个奥地利加强师打败，俘敌3800人。贝尔纳多特的第一军乘胜追击，于10月12日收复慕尼黑。斐迪南大公和马克面对法军优势，连战不胜，不得已躲进了乌尔姆，法军乘机切断他们退往维也纳的后路。为了防止敌人援军的迅速到来，拿破仑分出部分兵力监视，其他部队向乌尔姆步步进逼，包围歼灭战的重任交给了他的妹夫缪拉。马克眼看大事不妙，乘法军尚未合围，派一支2万人的军队将斐迪南大公护送出去，以免其被法军俘虏。法军在乌尔姆东北方向正好露出一个空隙，斐迪南大公就从这里突围，他置指挥大权不顾，率领一小队人马逃脱，马不停蹄一直跑到了数百英里之外的波希米亚地区，可其他人就没有这么好的运气了，护送他的2万人几乎被追击的法军全歼，试图向乌尔姆以南逃跑的一个师也在途中被消灭大半。马克6万多人的部队现只剩下一半左右。

10月13日，法军做好了总攻的最后准备，拿破仑向全军将士发布了一个鼓舞军心的公告：

> 军人们，一个月前我们在海峡沿岸扎营对付英国，但是一个邪恶的同盟迫使我们飞到了莱茵河。……要不是你们面前的这个敌人，我们今天就已经在伦敦了。我们就已经洗雪长达六个世纪的耻辱并恢复海上自由了。
>
> 军人们，明天将是一个比马伦哥大捷辉煌百倍的日子，敌人已被置于马伦哥战役同样的境地。你们在这次会战中的丰功伟绩定将流芳百世。

10月14日晨，内伊元帅的第六军向乌尔姆东北六英里的埃尔欣根村发起攻击，该村由1.5万奥军驻守，附近有一座多瑙河大桥，是被围奥军的最后退路。内伊军经过一场激战，终于拿下了这个险要的据点，俘获3000人和20门火炮，残敌退守乌尔姆。得胜的法军顺势将乌尔姆围了个密不透风，至此，马克已成瓮中之鳖，欲逃不能。10月16日法军炮轰城市，拿破仑要求马克投降，并威胁说如果奥军拒绝投降，将会遭到像土耳其人一样可怕的下场。1799年3月7日，拿破仑在巴勒斯坦地区攻占雅法城，曾经大肆屠杀土耳其战俘。马克见抵挡不住，只得乞降。10月20日，马克率奥军残部3万人，内有将军16名、骑兵3000人，向法军投降。他们俯首帖耳地从法兰西皇帝面前依次走过并放下他们手中的武器，60门火炮和所有的弹药、军旗等物资连同乌尔姆要塞一起交给了胜利者。前后加起来，奥地利军队这一仗损失多达6万人，而法军此战仅死500人，伤1000人，大部分损失出自内伊军。此时最近的俄军距此尚有100英里之遥。

内 伊

法军以轻微代价换来了乌尔姆大捷，面对如此迅捷的胜利，狂喜的法军士兵向他们的统帅欢呼："我们的皇上创造了新的战争艺术，不用武器，而用我们的双腿来作战！"拿破仑在公告中对他的大军也是倍加赞赏：

　　大军的士兵们！在15天内我们打完了一个战役，我们提出来要做的事已经完成了，我们把奥地利皇家部队赶出了巴伐利亚，并在它的那些邦的主权的基础上重建了我们的联盟。这支既夸耀又冒失地来到我们边境上的军队被消灭了。然而这同英国有什么关系！它的目的已经达到：我们不再在布洛涅，而它的津贴费将既不增加，也不减少。由10万人组成的这支军队，有6万人当了俘虏。他们将去接替我们的新兵在农村的工作。200门大炮，全部车辆，90面军旗，他们所有的将军，都在我们的支配之下；逃脱不了我们这支1.5万人的军队的手掌。

　　士兵们！我曾经告诉你们有一个大战役，但是，由于敌人配合得很差，我能够无须再靠任何机遇而取得同样的胜利；在各国历史上没有先例的是，一项如此巨大的战果，只有一千五百多人失去战斗力，这并没有削弱我们。

士兵们！这一胜利应归功于你们对皇帝的无限信任，归功于你们经受种种疲劳和匮乏的毅力以及你们罕见的大无畏精神。不过，我们将不会停留在那儿；你们正亟待开始打第二仗。我们就要使这支用英国从世界各地搜刮来的黄金豢养的俄国军队遭受同样的命运。这场战斗特别和法国步兵的荣誉有关，因而将再一次对曾经在瑞士和荷兰业已提出过一次的问题做出决定：法国步兵在欧洲居第一位还是第二位。不紧紧依靠将军们，我就不能获得荣誉，我的全部关注将是尽可能少地流血来赢得胜利。我的士兵是我的孩子！

马克投降后不久便被释放回国，奥地利政府以坐失战机、低能误国罪，将他送交军事法庭。当军事法官审讯他的时候，马克竟然回答："我全在梦中！"他最后落了个免官入狱的下场。

拿破仑在陆地上取得了辉煌的战果，但就在马克投降的第二天，法国舰队在特拉法尔加海战中惨败，两天内发生的两件震惊欧洲的事件清楚地表明，法军只是在陆上占有优势。况且大批凶恶的敌人正在靠近，现在还远不是庆祝胜利的时候。

三皇会战奥斯特里茨

拿破仑不顾海上的失败，继续乘胜追击，在休整一周后即率军直奔预定目标——奥地利首都维也纳，缪拉的骑兵为先导，沿途奥军闻风而逃。库图佐夫率领的俄军前卫部队虽已赶到，但3万人无法挡住十多万精锐之师的前进步伐，于是他决定放弃保卫维也纳，改向东北方向的摩拉维亚地区撤退，以同俄军后续部队会合。这样，通往维也纳的道路畅通无阻，法军在多瑙河南岸势如破竹。但在多瑙河北岸前进的法军就没有那么幸运了，莫蒂埃元帅率领新成立的第八军在杜伦斯坦与俄军狭路相逢，结果被打败，损失惨重。11月13日，法军骑兵不去追赶俄军，却直奔不设防的维也纳，以抢头功。这是违背拿破仑意愿的，他要求的不是夺取奥地利首都的荣耀，而是要抓住敌军有生力量加以消灭。为此，拿破仑狠狠地训斥了他有勇无谋的妹夫一顿。次日，皇帝在近卫军的护卫下浩浩荡荡地开进奥国首都，下榻于宏伟壮丽的肖恩布鲁恩皇宫。奥地利皇帝弗朗茨二世听说法军靠近，早已仓皇逃离，并向拿破仑提出媾和。拿破仑对此嗤之以鼻，他知道这不过是一个缓兵之计，战争尚未结束，敌人还有反扑的力量。

占领维也纳之后，为了夺取连接维也纳和多瑙河北岸的一座大桥，法军使了一个诡计：缪拉、拉纳将一个掷弹兵营埋伏在灌木丛里，两人却单枪匹马地走向桥头堡，守桥的奥军原本接到命令，一看到敌人出现，就立刻把桥炸掉，可是他们早已惊慌得手足无措，此时又被两人的无畏举止吓傻了，竟然呆若木鸡。缪拉和拉纳凑上前来，谎称法国已与奥地利达成停战协议，要与对方的指挥官谈判。没等对方从迷惑中醒悟过来，法军掷弹兵就突然从灌木丛中一跃而起，向奥军和架在桥上的大炮冲去。只用了一分钟，不费一枪一弹，法军一个营就夺取了大桥，反应迟钝的守桥奥军统统做了俘虏。

弗朗茨二世逃到离维也纳不远的摩拉维亚首府布尔诺，与来到此地的俄国沙皇亚历山大一世会合。事不宜迟，为了赶在寒冬季节以及俄奥援兵到来之前结束战争，拿破仑立即命令法军三个军一鼓作气继续追击，直扑摩拉维亚。由于法军来势凶猛，库图佐夫率俄奥联军退出了布尔诺，但是紧追不舍的法军骑兵还是在布尔诺以东13英里的一个村庄奥斯特里茨（这是德语叫法，捷克语里称为斯拉夫科夫）赶上了俄奥联军。历史上有名的"三皇会战"就要在这里打响，命运的安排将使奥斯特里茨从此名垂千古。

法军与俄奥联军遭遇后，暂时停止前进，与其对峙。此刻拿破仑的形势并不太妙，当地的俄奥联军有9万之众，而且俄军后续部队正朝此地源源开来，在意大利的查理大公率领所部奥军也在摆脱了马塞纳的纠缠后，向这里靠拢，一旦会合，兵力将增一倍，而此地的法军只有6万余人。更危险的是位于法军侧后方的普鲁士大军也在虎视眈眈，伺机而动。远离本土的法军不仅数量上居于劣势，时间也越来越对拿破仑不利，而且特拉法尔加海战的惨败消息已经传来，难免动摇军心。拿破仑当然清楚自己所处的危险局面，决意在俄奥援军以及普鲁士军尚未参战之时尽早在这里进行一场决战。

为此，他在外交和军事两方面作了不少部署，少不了也要玩一些把戏。

首先，拿破仑要竭力避免或推迟普鲁士参战。普鲁士一直对英国国王在北德意志的领地汉诺威垂涎三尺。拿破仑把普鲁士的心意摸得一清二楚，现在开始玩弄汉诺威这个筹码。他曾经说过，可以用汉诺威这根骨头，紧紧拴住普鲁士。当法国同英、俄、奥作战之时，拿破仑抛出了这根骨头，他私下里答应把汉诺威交给普鲁士，换取了普鲁士的中立。但当法军擅自穿过普鲁士属国安斯巴赫前往奥地利的消息传来后，发怒的普鲁士国王腓特烈·威廉三世又回过头来向俄国靠拢，10月他邀请亚历山大一世来柏林，亚历山大一世乘机竭力劝诱腓特烈·威廉三世加入反法同盟阵营，但是奥地利军队在乌尔姆的覆灭，维也纳的陷落，对拿破仑的恐惧，加上汉诺威的诱惑，使得普鲁士国王犹豫再三也没有答应出兵助战，只同意与俄国、奥地利于11月9日签订《波茨坦条约》。根据这一条约，普鲁士答应以武力为后盾，承担调停义务，如果调停失败，则普军再对法军作战。

拿破仑密切注视着亚历山大一世的柏林之行，他要求外交大臣塔列朗无论如何也要应付好前来下最后通牒的普鲁士使者豪格维茨伯爵。善于计谋的塔列朗对豪格维茨拼命笼络奉承。被塔列朗的甜言蜜语冲昏了头的豪格维茨，不但收起了普鲁士的最后通牒，而且大方地向法国表示：俄军可以穿越普鲁士国境，法军也可以这样做；普鲁士不会准许英军进入汉诺威；普鲁士进入汉诺威只是为了维持北德意志的和平；在《波茨坦条约》中，普鲁士只承担调停，并没有其他义务。有了豪格维茨伯爵随随便便的外交许诺，拿破仑感到非常满意，至少北方的军事威胁暂时消除了，他可以大胆地去进行他一生引以为豪的这场大会战了。

11月25日，拿破仑派其侍卫长萨瓦里将军向沙皇亚历山大一世递交一封国书，提议暂时休战并进行议和谈判，而且法军还故意后退了几英里。俄军将领误以为这是拿破仑要退却了，司令部里一片欢腾之声，他们摩拳擦掌地叫嚷着："拿破仑胆怯了！拿破仑被打得筋疲力尽，要完蛋了，要紧的是现在不要放过他！"结果，不明真相的沙皇拒绝了拿破仑的休战要求。其实，拿破仑这一举动的真正目的是要萨瓦里乘机窥探敌方各军的位置和虚实。通过这次侦察，拿破仑对俄奥联军的意图有了清晰的了解。而沙皇派去会见拿破仑的特使是年轻的侍卫长多尔戈鲁科夫公爵，此人和沙皇一样，在军事问题上是个十足的草包。他在拿破仑面前表现得极其傲慢无礼，态度强硬不可一世，似乎把法兰西皇帝当成了"要被流放到西伯利亚的贵族"，拿破仑则故意装出一副不安和忧虑的样子。会见的结果，沙皇的停战条件被拿破仑拒绝，可是多尔戈鲁科夫此行得出的结论却是拿破仑信心不足、胆怯畏战。他兴奋地向主子报告了他的印象。这更坚定了沙皇的迎战决心。在亚历山大看来，自己的兵力占优势却还要逃走，且要在这个贫穷多山的地区藏匿几个月，以躲避拿破仑，这是可耻的、不必要的。他乐观地认为普鲁士参战是绝对有把握的，尽管对军事问题一窍不通，但他被荣誉心所驱使，又自信取胜是毫无问题的，于是决定立刻决一死战。俄奥联军此前的失败情绪一扫而空，他们要马上向正在退却的、虚弱的、慌张失措的拿破仑进攻，将他打垮。

为了对敌决战，拿破仑对兵力进行了集中，此前他身边有缪拉元帅的骑兵军、贝西埃尔元帅的近卫军、乌迪诺将军的掷弹兵师、苏尔特元帅的第四军和拉纳元帅的第五军；贝尔纳多特元帅的第一军原先在波希米亚与斐迪南大公的1.8万奥军对峙，现已被召回，他的任务由巴伐利亚军队接替；达武元帅的第三军也从南面的普雷斯堡（即今斯洛伐克首都布拉迪斯拉发）被召回；莫蒂埃元帅的第八军仍留守维也纳。截至11月30日，法军已在奥斯特里茨附近集结了6.5万人，而与之对垒的俄奥联军则有8.2万人之众，其中俄军5.2万人，奥军3万人，分别由沙皇和奥皇亲自指挥。

12月1日，拿破仑将全军沿一条名叫戈尔德巴赫的沼泽小河向东展开，法国阵线的左翼（北段）有一小丘可为依托，右翼（南段）则

拿破仑在奥斯特里茨

有一连串冰冻的湖泊和沼泽地可作为掩护，但是，法军的中部却在一个名叫普拉岑的高地俯控之下，拿破仑为诱使联军进攻，故意放弃了这个高地，现已落入俄奥联军的掌握之中。法军的左翼，由拉纳元帅的第五军和贝尔纳多特元帅的第一军扼守；缪拉元帅的骑兵军、乌迪诺将军的掷弹兵师和贝西埃尔元帅的近卫军则在其后充当预备队，拿破仑的指挥所也设在这里。拿破仑从所在的小丘上可以看到戈尔德巴赫小河谷和对岸的普拉岑高地。法军的中路和右翼，由苏尔特元帅的第四军把守，其防线宽达3英里，兵力远较左翼单薄。在它的右后方不远处，有达武元帅的第三军作为预备队。

俄奥联军方面，年已60岁的老将库图佐夫虽然名义上是联军的总指挥，但根据俄奥两国协议，他必须执行两国皇帝所制订的计划，而这两个皇帝已经接受了库图佐夫的参谋长奥地利将军魏罗特尔提出的计划。该计划的依据是相信拿破仑已成强弩之末，马上就要退回维也纳，魏罗特尔决心牵制住法军的左翼，而联军的主力则向西南迂回拿破仑的右翼，切断法军通往维也纳的退路，继而包围歼灭法军。实际上拿破仑根本不想退回维也纳，如果他战败了，也只会向西退入波希米亚，那里通往法国的道路更为方便。库图佐夫反对这个自以为是的计划，他宁愿等待后续援军的到来，但是年轻好战的贵族军官急于进攻，因为他担心拿破仑真的会逃跑，所以老将的稳妥意见最终未被采纳。

拿破仑再一次预见到俄奥联军的作战意图，决心趁敌军迂回他的右翼之时，集中打击其暴露的侧翼。12月1日，大战在即，他向全军发布了一份公告：

> 军人们，你们面前的俄军正准备替在乌尔姆战败的奥军复仇。他们正是你们在霍拉布仑所击败的那些部队，现在却跑到这里来了。
>
> 我们所占据的阵地坚不可摧，如果敌人企图迂回我军右翼，就势必将其侧翼暴露在我们的面前。……
>
> 这次胜利将结束我们的战役，我们可以住进冬季营房过冬，并将得到国内新建军团的增援。到那时，我所致力赢得的和平就将无愧于人民，无愧于你们和我自己了。

当天晚上，拿破仑骑马沿着前线巡视了部队，他注意到敌军的营火集中在普拉岑高地的后面和左面，这进一步证实了他的猜测。当他从士兵行列中穿过时，士兵们用火炬为他照路，并高呼"皇帝万岁"向他致敬。第二天就是拿破仑加冕称帝一周年的纪念日，法军官兵决心以胜利来庆祝这一节日。而俄奥联军却以为这是法军企图撤退的迹象，求战之心愈加迫切。

12月2日拂晓，俄奥联军开始行动。8万多大军兵分六路，北面的二路纵队由俄国的巴格拉季昂亲王和奥地利的列支敦士登亲王指挥，负责进攻法军阵线的左翼，在他们之后作为预备队的是康斯坦丁大公的俄国近卫军。联军的主攻方向在普拉岑高地以南，3.3万人在布克斯霍夫登将军的指挥下，以三路纵队进攻苏尔特军的一个师。进攻刚开始，联军由于人数上的优势，取得了一些进展，突破了法军右翼防线。拿破仑立即把达武元帅的第三军团调了上来，向敌军进行反冲击。双方展开拉锯战，一时相持不下。9时左右，柯罗华特的2.5万奥军按捺不住，开始冲下普拉岑高地，准备联合进攻法军的右翼，连沙皇亚历山大本人以及联军总司令库图佐夫也随其一起下山，这正是拿破仑求之不得的。

到了早晨，战场上的浓雾开始消散，阳光普照大地，拿破仑从大本营观察到普拉岑高地已无人占领，立刻命令在中央阵地的苏尔特率部夺取高地。苏尔特的军队从侧斜处勇猛杀出，几乎未受到任何抵抗就占领了高地。这样，拿破仑在俄奥联军的两翼之间打进了一个楔子，法军在夺取了这个中央要地后，对联军的侧后方构成极大威胁。沙皇和库图佐夫一看大势不好，赶忙将大批后备部队包括沙皇的近卫军调过来，企图夺回普拉岑高地，法军则竭力抵抗。此时，在战场的北端，拉纳的第五军在炮兵的支援下顶住了俄国步兵和奥地利骑兵的反复冲击，缪拉的骑兵、贝尔纳多特的第一军以及近卫军随后也加入了战斗，巴格拉季昂和列支敦士登所部在激战中败北，不得不撤退。法军粉碎了联军的北路进攻后，就可以腾出手来支援中路的友军。

到了中午，大战又在普拉岑高地周围爆发，缪拉的骑兵和贝尔纳多特的步兵以及近卫军精锐先后赶来增援。沙皇和库图佐夫则拼命要夺回高地，法俄两军的骑兵在这里展开壮观的冲锋战，你来我往几个回合过后，哥萨克骑兵终于因力不能支败下阵来。库图佐夫在激战中受伤，沙皇也险些被俘，两人仓皇逃命，俄国近卫军被击溃，骑兵指挥官列普宁亲王被俘。这样，中路联军在法军步骑两军的联合进攻下也被打退。

至此，联军的战略战术已彻底失败，部队也失去了统一指挥，乱作一团。法军的中路得到了稳定，这下就轮到南路的敌军遭殃了。拿破仑命令苏尔特军顺着普拉岑高地冲下山去，袭击联军的侧后方。正和达武军打得不可开交的敌军猝不及防，在两面夹击下被击溃，慌不择路，只好越过封冻的湖泊和沼泽逃命。人多冰薄，早有准备的法军炮兵从高地上猛轰，冰层破碎后，无数官兵溺水淹死，其状惨不忍睹。俄奥联军遂完全溃败，沙皇亚历山大一世和奥皇弗朗茨二世连夜率残部向东逃走，法军也未乘胜追击，气势宏伟的奥斯特里茨战役就此告终。

血战结果，法军以6.5万人参战，伤亡8800人，俄奥联军参战者将近9万人，结果伤亡1.5万人，另有1.1万人被俘，残余部队也已溃不成军，庞大的辎重队、全部弹药和粮食以及一百余门大炮被法军虏获，奥皇第二天清晨即派列支敦士登亲王前来请求休战，这回拿破仑同意了，但条件是所有俄军必须撤出奥地利，并且绝对不允许普鲁士军队进入其领土，此外还要赔偿巨款。待沙皇同意撤军，奥地利随即开始与法国议和，这就宣布了第三次反法同盟以失败告终，因为同盟条约中曾规定缔约国任何一方不得单独媾和，显然，惨败之后的俄奥两国已无心再战。

大战过后的第三天，也就是12月3日，拿破仑向全军将士发表了一份通令，赞扬他们在奥斯特里茨取得的伟大胜利：

> 士兵们！你们使我感到十分高兴。以前我一直知道你们是有勇气的，今天，你们在奥斯特里茨证明了这一点。你们在你们的鹰徽上又添上了不朽的光荣。不到四个小时，你们把俄国皇帝、奥地利皇帝指挥的10万大军打得落花流水，溃不成军。……他们十分自夸的步兵，虽然在数量上占优势，却抵挡不住你们的进攻。今后你们无须担心有任何对手了。事情就是这样：在两个月中间，击败和粉碎了第三次同盟。现在离和平不远了；但是，正如我向人民许诺的那样，只有在和平确实有保证，并且包括实行对我们的盟邦承担赔偿的诺言以后，我才议和。

> 士兵们！当保证我国的繁荣昌盛所需的一切都已完成时，我将带领你们回到法国，在那里我将尽我所能保护你们的利益。我的人民一定会兴高采烈地再和你们相见。你们只要说"我参加了奥斯特里茨战役"，他们就会回答说："好一个勇士啊！"

12月26日法奥两国最终在普雷斯堡签订了和约，奥地利把威尼斯、伊斯特里亚（在今克罗地亚境内）和达尔马提亚（在今斯洛文尼亚境内）割让给法国控制下的意大利王国；将在德意志境内小块分散的土地割让给法国的盟友巴伐利亚、符腾堡和巴登三国，其中包括奥格斯堡、纽伦堡和蒂罗尔等重要地区，奥地利放弃对上述三国的宗主权；赔偿法国4000万法郎军费。这一惩罚是严厉的，蒙受难堪羞辱的奥地利心中愤恨不已，法国因此失去了一个本可以争取的盟友。对此法国外交大臣塔列朗曾表示反对，但拿破仑却没有听进去，他要削弱奥地利，使之成为一个内陆国家。奥地利再一次被拿破仑打翻在地，对于丢尽脸面的哈布斯堡家族来说，德意志邦联的领袖是再也当不下去了。

奥斯特里茨战役堪称拿破仑一生中最辉煌的军事杰作，有的评论家认为这一战"开创了欧洲战史上新的一页"，堪称以弱胜强的经典战例。奥斯特里茨的胜利之日，正好是拿破仑加冕为法兰西帝国皇帝一周年的纪念日。在这一特殊的日子取得的这次光辉的胜利，使他赢得了欧洲第一名将的殊荣，法兰西军队的鹰徽已经插到了亚得里亚海边。英国首相老威廉·皮特听到俄奥战败的消息后，曾懊恼地指着墙上的欧洲地图哀叹道："此地图十年之内毫无用处！"英国的议员们对英国花费了巨额的金钱却换回如此的结果大为不满，他们对皮特首相群起而攻之，谴责他耗费数百万黄金建立起来的联盟落得个土崩瓦解的结局。皮特经受不住接二连三的精神打击，就此一病不起，几个星期后就去世了。就这样，奥斯特里茨战役把拿破仑这个顽强而有才干的敌人也送上了天。继任的福克斯内阁决定同拿破仑议和。

一战定乾坤：耶拿－奥尔施塔特大捷

俄奥联军在奥斯特里茨战败后，欧洲大陆暂时沉寂下来，进入了一个短暂而不稳定的和平时期。乘此机会，拿破仑先吞并了荷兰，让他的弟弟路易·波拿巴当了国王，接着又派马塞纳军团征服了意大利南部的那不勒斯王国（又称两西西里王国），将他的哥哥约瑟夫·波拿巴捧上国王宝座。同时还给他的部下加官晋爵，将新夺取的领土大肆分赏，贝尔蒂埃成了纳沙泰尔亲王，塔列朗被封为贝内文托亲王，贝尔纳多特做了蓬特科沃亲王。法国军团分散驻扎在外国各地，经过一段时期的休整之后，部队战斗力已有所恢复。就在这时拿破仑的面前忽然又冒出了一个新的敌人——普鲁士王国。

奥斯特里茨大战法军取胜，令普鲁士使者豪格维茨伯爵心惊肉跳，他非但不敢把腓特烈·威廉三世的最后通牒拿出来，反而转过头来谄媚地对拿破仑击溃所有对手表示祝贺，并提出法普议和。拿破仑很清楚，如果这次战役的结果不同，就不会有普鲁士的友谊，因此当豪格维茨刚说了句"我向陛下祝贺胜利"的时候，皇帝就打断他的话讥讽道："命运女神把您的祝贺对象改变了！"1805年12月15日，在维也纳的肖恩布鲁恩宫，法国与普鲁士草签了和约，拿破仑这次变得强硬起来：普鲁士要放弃所谓的中立，同法国结盟；还要放弃一些领土，作为普鲁士拿到汉诺威的交换条件；并要同英国决裂。拿破仑现在是无所忌惮，因为普鲁士已丧失了参战的最好时机。

豪格维茨带回来的这个和约，令普鲁士国王腓特烈·威廉三世大为不快，但现在要同法国打仗，良机已失，先前的盟国都不肯出面支持他，于是只好忍气吞声，与法国签订《巴黎条约》，这才得以兼并汉诺威。普鲁士还封闭主要河口，不准英国船只进入。英国也随之向普鲁士宣战，并没收了300艘普鲁士船只，封锁其北海港口。当普鲁士国王还在庆幸自己的英明决策时，不久之后在德意志领土上发生的一件大事，却使他几乎无法选择，似乎只有同法国开战一条路可走。

事情是这样的：奥地利吃了败仗以后，法国的盟友巴伐利亚和符腾堡两个公国被拿破仑加封为王国，巴登侯国加封为公国，三国领土的扩大是以牺牲奥地利利益为代价的，同时它们继续保留德意志选帝侯的资格。丢脸的奥地利已经没有资格再当德意志的霸主，如今的德意志，除了普鲁士以外，都要唯法国之命是从。1806年7月12日，拿破仑一手策划，未与奥地利和普鲁士商议，就将南德意志和莱茵河地区的几十个大小不一的国家，经过兼并和结盟，组成了一个依附于法国的"莱茵邦联"。莱茵邦联推举拿破仑为仲裁人（实际上就是保护人），法国与这些国家订立攻守同盟，并可调遣它们的军队，有的国家还废除了日耳曼法律，改行拿破仑法典，拿破仑还能一定程度地支配它们的财政与税收。这样，在德意志土地上，一个同奥地利和普鲁士鼎足而立的政治军事共同体，在法国的培养下诞生了。拿破仑的20万大军，非但没有复员回国，相反却继续驻扎在德意志领土上，并由所在国供养。奥地利在德意志的首脑地位垮了。1806年8月1日，众叛亲离、大权旁落的奥地利皇帝弗朗茨二世被迫宣布放弃"德意志民族神圣罗马帝国皇帝"的称号，仅称自己为奥地利皇帝弗朗茨一世，所有德意志邦国的君主无须再向他效忠。就这样，从公元800年圣诞节起苟延残喘了一千多年的所谓"神圣罗马帝国"结束了。法国大文豪伏尔泰对这个中世纪的封建堡垒曾有过一句绝妙的评语："既不神圣，也无罗马，更非帝国！"如今它终于灰飞烟灭了。

　　奥地利在战争中受到削弱，这是普鲁士所乐于看到的，但法国的强盛却是普鲁士不愿见到的，莱茵邦联的成立，更令普鲁士惊恐，使它在德意志的地位遭到致命威胁，因而普鲁士国内的反法情绪难以遏止，以路易丝王后为首的主战派开始占了上风。拿破仑得寸进尺的扩张政策也逼得普鲁士无路可退，为了实现称霸德意志的雄心，必须要同法国决一死战。普鲁士贵族军官继承了腓特烈大帝的军事传统，一贯好战。外敌的步步进逼，又使得普鲁士人的爱国情绪空前高涨。而拿破仑为了同英国和谈，又企图将汉诺威交还给英国，这种两面三刀的做法更加激怒了普鲁士，一场鏖战遂不可避免。8月9日，腓特烈·威廉三世宣布军队总动员。普鲁士再次向英、俄两国靠拢，北海的港口重新开放，准许英国船只进入。普鲁士进而与英、俄、瑞典等国组成第四次反法同盟。9月26日，普鲁士政府向法国发出最后通牒，强烈要求法国军队全部从德意志领土上撤走，当即被拿破仑拒绝，他反过来要求普鲁士政府解散其军队，双方谈崩了，于是战争阴云再一次笼罩欧洲大地。

但是，此时的普鲁士是否有同法国决一雌雄的实力呢？普鲁士军队上一世纪在腓特烈大帝的率领下，曾威震欧洲，显赫一时，可是到了腓特烈·威廉三世时代，已是徒有其表，法国大革命时期就屡次败在法军手下。现在的普鲁士军队还停留在50年前的水平，武器装备陈旧，战术思想保守，将军老迈无能，士兵缺乏训练。腓特烈·威廉三世用这样一支军队作赌注，去同久经考验的精锐法军较量，简直是拿国家的命运和自己的王位开玩笑。

英国和俄国虽然许诺援助普鲁士，但实际上都在观望，普鲁士以前的左右摇摆令它们很不满意，现在要看普鲁士先采取行动。奥地利尚未恢复元气，短时间内是无法再战的。这样，腓特烈·威廉三世实际上既没有得到俄、奥两国的军队协助，也没有得到英国军费的资助，就要同拿破仑决一死战，胜算实在不大。虽然他得到了萨克森和魏玛两个南方邻国的支持，但也不过是在兵力上增加了2万多人罢了。

8月25日，普鲁士的第一次军事会议决定成立两个主力军团，分别由不伦瑞克公爵和霍恩洛厄亲王指挥，另有一个独立军团归布吕歇尔将军率领，腓特烈·威廉三世只是名义上的最高统帅，总司令由不伦瑞克公爵担任，此人已年逾古稀。9月初，普鲁士军队开始缓慢地调动，到了月底，才在普鲁士西南边境上集结完毕，摆出一副防守架势。普军共计13万人，分为左、中、右三个军团，左路是霍恩洛厄亲王的军团5个师，4.7万人，部署在耶拿-萨尔费尔德一线，中路是不伦瑞克公爵的6个师，5.8万人，在哥达-埃尔富特一线，右路是布吕歇尔的3个师，2.5万人，部署在埃森纳赫。霍恩洛厄军团的5个师中，普鲁士师和萨克森师各一，其他3个师各由一半普鲁士士兵和一半萨克森士兵组成，另有2万萨克森军队归其指挥，这样他的军团和不伦瑞克的军团实力不相上下，他也更自以为是。

不伦瑞克公爵与霍恩洛厄亲王不和，两人存在着战略战术分歧，他俩各自的参谋长沙恩霍斯特和马森巴赫也是话不投机，由此影响了双方的协作。直到9月25日，不伦瑞克公爵才提出了自己的作战计划，他的意图是从埃森纳赫向西南方向推进，越过图林根山地，威胁法军的交通线，但是霍恩洛厄亲王不同意，他有自己的想法。直到10月5日，在魏玛召开的第二次军事会议上，经过一番争论，不伦瑞克公爵的计划才被采纳，但又按霍恩洛厄的意思作了修改。普鲁士军队主力还是向西南挺进，由路易·斐迪南亲王指挥的霍恩洛厄军团的前卫部队则从耶拿南下至萨尔费尔德，陶恩岑将军的一个萨克森师则向耶拿以南偏东方向推进，掩护主力的左翼。

普鲁士军队内部关系复杂，将军意见不一，不伦瑞克公爵对开战持犹豫态度，而霍恩洛厄和布吕歇尔则极力主战。普鲁士国王的侄子路易·斐迪南亲王倒是能带兵打仗，他是一个精力充沛的人，可是据说私生活放荡，每天都是喝得烂醉后才上床睡觉，唯一可算得上名将的人，只有64岁的格布哈德·列博莱希特·冯·布吕歇尔，此人1742年12月16日生于罗斯托克，1760年加入普鲁士军队，是一个优秀的骑兵将领，参加过七年战争和第一次反法同盟战争，他将在拿破仑战争后期发挥至关重要的作用，但在当时的普鲁士军队中说话还没有分量。普鲁士军队的指挥系统就像是一个九头鸟式的怪物，普鲁士国王亲临前线督战，但他自己对战争又一无所知，所以选定82岁的莫伦多夫元帅当他的顾问，身边还带上了战时内阁，于是什么人都可以提出自己的见解，导致普军任何行动都是争执不决，加之作战计划不明确，部队调动又十分缓慢，结果普军是不战不退，不攻不守，而且位置突出孤立，战争的主动权很快便转交到了法军手中。

拿破仑视察卫队

　　与普鲁士军队的迟钝犹豫相反，拿破仑军队的行动相当敏捷。9月初，拿破仑得知俄国沙皇拒绝批准法俄两国使节在7月达成的和约草案后，便打消了准备让法军返回本国的念头，随后又得知普鲁士军队正在向南移动的消息，他立即征召了一批新兵和后备军，驻扎在德意志各地的法军也迅速动员起来。到了10月初，20万大军已在巴伐利亚东北部集结完毕，拿破仑手中握有七个主力步兵军、一个骑兵军、一个近卫军以及同盟国巴伐利亚的军队。法国大军团序列如下：

　　第一军（贝尔纳多特）2.5万人，位于班贝格

　　第三军（达武）3.3万人，位于班贝格

　　第四军（苏尔特）3.5万人，位于安贝格

　　第五军（拉纳）2.3万人，位于柯尼霍芬

　　第六军（内伊）2.1万人，位于安斯巴赫

　　第七军（奥热罗）1.6万人，位于法兰克福

　　第八军（莫蒂埃）1.5万人，位于美因茨

　　骑兵军（缪拉）2万人，位于维尔茨堡

　　近卫军（勒费弗尔和贝西埃尔）1.2万人，位于美因茨

　　巴伐利亚军（弗雷德）8000人，位于纽伦堡

　　共计20.8万人。

　　此外，荷兰国王路易还有一支约1.5万人的援军在后方。为了防止奥地利有非分之想，拿破仑要求他的继子欧仁亲王监视奥军的动向。欧仁亲王此时指挥着意大利境内的所有法军，马塞纳元帅的军团有7万人，驻扎在意大利北部；马尔蒙将军的军队在达尔马提亚，有1.2万兵力。

　　拿破仑并不知道普鲁士—萨克森联军的作战计划，但他有自己的

战略意图，即包抄敌军的左侧翼，切断他们与柏林和德累斯顿的交通线，趁俄军尚未动员之前，先打垮普鲁士—萨克森联军。法军一旦集结完毕，便立即行动，不折不扣地执行拿破仑的伟大战略计划。由于对敌人的动向、实力和意图仍不很清楚，法军四处侦察，搜集到了不少有价值的情报。有一名军官更是胆量过人，竟敢身着军服骑着马，大模大样地直闯普鲁士军队的防线，普军士兵还以为他是萨克森军官，竟稀里糊涂地让他过去了，此人经萨尔费尔德、耶拿，一直跑到了萨勒河上的要塞瑙姆堡，在那里发现了普鲁士国王和不伦瑞克公爵的大本营。在成功地探明普军的主力所在之后，他又安全地返回。

通过情报工作，拿破仑对敌人的兵力部署有了颇为清晰的了解，普鲁士军的主力在埃森纳赫至耶拿一线，其左翼的图林根山林只有一支弱小的兵力掩护，现在他准备出击了。拿破仑无须再找什么借口，战争即从法国拒绝普鲁士的最后通牒那天开始。法军以缪拉元帅的6个骑兵师作为先导，主力分为三个纵队，苏尔特元帅的第四军、内伊元帅的第六军和巴伐利亚军在右，贝尔纳多特元帅的第一军、达武元帅的第三军和勒费弗尔元帅、贝西埃尔元帅共同指挥的近卫军在中路，拉纳元帅的第五军、奥热罗元帅的第七军在左，18万大军在30英里宽的正面上平行推进，各军都能互相支援。法军组成的"营方阵"像推土机一般向普鲁士军队碾来。按照拿破仑的意图，不管敌军的位置在哪里，它向何处前进，他都可以用营方阵的一部分兵力对其采取攻势，另用一部分兵力来迂回其侧翼或后方，而第三部分兵力则保留为预备队，这是一种相当积极而又灵活的部队组织形态。

为了实现拿破仑的大迂回包抄战略，法军在崎岖的山林中艰难行进，距离最远的奥热罗第七军平均每天不得不行军24英里，并且要连续行军9天。10月8日，右路苏尔特军的前卫部队在萨克森边境同陶恩岑将军的一个师遭遇，并将其击退，随后又在贝尔纳多特军前卫部队的支援下，把这支军队打得落荒而逃。10月10日，路易·斐迪南亲王率领的一支普鲁士先头部队在萨尔费尔德与左路的拉纳军狭路相逢，结果这支军队也被彻底打败，年轻的亲王在激战中丢了性命。普军的左翼现已出现空虚，法军主力便乘胜前进长驱直入，10月12日夺取了耶拿。随后拿破仑命令缪拉的骑兵会同达武军、贝尔纳多特军继续包抄敌军的左翼，深入其后方，切断敌军通往易北河的退路，亲自率大军准备在耶拿迎战前来救援的普鲁士军主力。如果普军继续退却，则拿破仑的主力随即可以发动追击，右翼的法军也可以断其后路，迫使其接受决战。

初战失利的消息传来，普鲁士军队上下十分惊慌，尤其是斐迪南亲王的战死，更是在军中造成了一种恐怖不安的气氛。由于左翼和后方已经暴露在法军面前，特别是得知璐姆堡要塞落入法军手中之后，普军已是全线动摇，不伦瑞克公爵只好命令全军撤退，在埃尔富特的主力退往易北河一线以掩护去柏林的退路，停留在哈勒的预备队同其会合。霍恩洛厄军团则奉命将其兵力集中在耶拿附近保护主力军团的侧后方，在魏玛的布吕歇尔军负责对其提供支援，这样霍恩洛厄军就要同刚刚夺取耶拿的法军遭遇，将直接面对拿破仑即将发动的进攻。霍恩洛厄并不知道当面的法军为第四、五、六、七军和近卫军，有7.5万多人，由拿破仑亲自指挥，蒙在鼓里的他还以为拿破仑和他的主力已经前往莱比锡、德累斯顿方向，此地并无大危险。而拿破仑也不知道面前的敌人并不是主力，而只是霍恩洛厄军团的4.7万人，他还误认为普鲁士国王也在军中，于是决心立即打一场包围歼灭战。为此他还要求参谋长贝尔蒂埃指示右翼的达武军从侧后方攻击敌军。

10月14日拂晓，拿破仑就像在奥斯特里茨战役中那样，又骑着马到前线去视察部队，与一些官兵亲切交谈，为部下作战前动员，极大地鼓舞了法军的士气，士兵们再一次向他欢呼致敬。听到法国人的欢呼声，萨克森军队不禁胆寒。上午6时，拿破仑发布了攻击命令，耶拿之战打响。在浓雾掩护下，法军步兵先是驱散了躲藏在附近村落里的敌军，巩固了自己的阵地，然后面对前来进攻的敌人援兵，他们巧妙地利用房屋、果园等掩蔽物，以散兵战术对付呈密集队形冲锋的普鲁士军队。接着就发生了一件怪事，这是军事史上最出奇和最不幸的怪事：一支2万人的普军步兵队列，外表极为壮观，却整整两个小时站立在开阔地里，暴露在猛烈的火力之下，成了法军步、炮兵的活靶子，而法军则躲在垣墙后面，使敌人几乎找不到可以还击的目标，结果到处都是普军死伤枕藉，只剩下少数人还在继续射击。

霍恩洛厄军团虽然顽强抵抗，但因战术陈旧、指挥笨拙，造成人员无谓牺牲，到了下午，已经支持不住，即使布吕歇尔的军队前来救援也无济于事。眼看胜利在望，拿破仑命令法军全线进攻，法军援兵迅即投入了战斗，普军终被优势的法军击溃，残部开始四散奔逃。战前被拿破仑召回的法国骑兵现在有了大显身手的良机，在法军步骑两军的合力追击下，普鲁士人、萨克森人（一般指撒克逊人）溃不成军，毫无斗志的士兵大批投降或被俘，局面不可收拾，布吕歇尔也在激战中受了致命伤。到了下午4时，会战已经结束，此战告捷，使拿破仑以为他已打败了整个普鲁士军队，但他错了，他只不过粉碎了普军两支部队而已。法军伤亡五千余人，而普鲁士军先后投入了5.3万多人，结果却打得只剩1万多人，法军追击时，沿途到处都是毫无斗志的降卒，普军炮兵也全部投降。

耶拿大战的同时，北面不远处也在进行着一场激战。法军主力在夺取耶拿之后，达武的第三军和贝尔纳多特的第一军奉命继续向纵深推进，以断敌退路。10月13日两军已经占领了萨勒河上的重镇瑙姆堡。在此地，达武接到拿破仑的参谋长贝尔蒂埃元帅的通知，要他奉拿破仑之命与贝尔纳多特一起行动，渡过萨勒河向耶拿方向攻击前进，以包围敌军的左翼。达武马上去与贝尔纳多特商量，建议两军一同前进，并大度地表示愿意接受贝尔纳多特的指挥。谁知贝尔纳多特拒绝了这个建议，可能是他与达武不太和睦的缘故。他声称此前另有拿破仑给他的进军命令，要他向多恩堡前进，所以他仍要执行以前的命令，宁愿单独行动。结果两个军只好分头行动，各自沿着萨勒河两岸向耶拿方向前进。贝尔纳多特的这种不顾大局、拘泥成命的顽固态度，差点儿葬送了法军到手的胜果。

尽管贝尔纳多特拒绝合作，达武还是毅然率军前去迎击普军，虽然他相信敌军有7万之众，但他毫不退却。他的军队于10月14日渡过萨勒河后，刚走了不多远，就在一个名叫奥尔施塔特的村庄附近，撞上了大批敌军，这正是从埃尔富特和魏玛方向撤退过来的普军主力。达武只有三个师2.6万人，而对方不伦瑞克公爵的军团却有5万兵力。

甫一交战，两军就都迅速地将后续部队调上来做殊死一搏，达武自知兵少，便采取死守态势，力图封锁住敌军的退路，普鲁士军则拼命要杀开一条血路，战斗空前激烈。普军仍是采用线式战术，以密集队形进攻法军，伤亡不小，进展却不大，于是主帅不伦瑞克公爵亲自上阵，率领一个团的榴弹兵冲锋，谁知竟被子弹击中双眼，造成致命的重伤，当即被抬出战场，于11月10日不治身亡。另一师长也在战场上阵亡。普军的士气遭受重创，一时间指挥失灵，各自为战。普鲁士国王见冲不过去，只好下令西撤至魏玛。不料撤退途中又碰上了从耶拿战场上逃出来的数千残兵败将，他们正遭到缪拉骑兵的无情追杀。于是普鲁士军队秩序大乱，大家各自逃命。一天之内，普鲁士三个军团都已溃不成军。达武军以寡击众，却击溃普军主力，打死打伤1万人，取得了令人赞叹的战果，为此他也损失了7000人，占兵力的四分之一。拿破仑在夜幕低垂之时才回到他的大本营，达武的一名参谋军官已在那里等候皇帝，并向他报告说第三军已经单独地击败了7万普军，地点是在奥尔施塔特附近，率领普军的主将即为普王本人和不伦瑞克公爵。这个消息使拿破仑大吃一惊，他不禁对参谋军官说："你的元帅一定是把一个人当两个人来看的。"但是不久他就搞清楚了这个事实，于是对他最能干的将领和他的部下大加赞扬。在战役公报中他曾经这样说道：

> 耶拿会战扫除了罗斯巴赫的耻辱。在我们的右翼方面，达武元帅的军团表现最为优异。不仅阻止了敌军的前进，而且击败了敌军的主力。这位元帅表现出来其过人的英勇和坚定的性格，这都是战士的第一流品性。

至此，耶拿-奥尔施塔特战役以法军大捷、普军大败告终，普军不仅遭受了可怕的伤亡，还有2.5万人做了俘虏，200门火炮、60面军旗成了法军的战利品，普军主力已不复存在。连胜利者都没有想到，貌似强大的普鲁士军队竟会如此不堪一击，这在很大程度上要归咎于普鲁士将军们的无能。

在10月14日的会战中，唯一未赢得荣誉的法军就是贝尔纳多特的第一军，此人拒绝达武的建议后，执意向先前指定的地点多恩堡前进，他一整天都可以听到从耶拿和奥尔施塔特两个方向传来的枪炮声，结果却在两个战场之间徘徊不前，直到傍晚战斗结束。如果他能及时参战的话，普鲁士军队恐怕难逃全军覆灭的厄运。为此，拿破仑把贝尔纳多特痛骂了一顿，只是因为顾及两人的姻亲关系（贝尔纳多特的老婆与拿破仑哥哥约瑟夫的妻子是姐妹，她还曾是拿破仑的情人），这才没有将他撤职查办。

模范追击与大陆封锁

大败之后的普鲁士国王因为害怕法军跟踪追击，连首都柏林也不敢回，一直往东逃到东普鲁士首府柯尼斯堡（即今俄罗斯的加里宁格勒），惊魂未定的他向俄国求救。腓特烈·威廉三世选择10月同法国开战实在是愚蠢至极，他的盟友俄国军队虽正向普俄边境靠近，但根本来不及救援他的败军，如果普鲁士能再等待两个月，到了冬季，拿破仑就会面临更为强大的敌人，现在已悔之晚矣。

法军在耶拿-奥尔施塔特战役取得大胜后，并未善罢甘休，拿破仑不想失去追歼溃逃之敌的良机。法军各部此刻就像一群撒手的猎狗，四处追剿敌军残部。普鲁士军队已处于半瓦解状态，无法组织起有效的抵抗，根本就不像几星期前还十分傲慢、自信地要消灭拿破仑的那支军队。10月16日，埃尔富特守军1万多人向缪拉投降。霍恩洛厄亲王的残部由马格德堡向波罗的海边的斯德丁要塞（即今波兰的什切青）撤退，半路被缪拉的骑兵截住，霍恩洛厄毫无斗志，10月28日率部1.6万人投降。此前一天，拿破仑耀武扬威地进入普鲁士首都柏林，柏林市长恭恭敬敬地向他献上城门钥匙，以示降服。拿破仑还从普鲁士国王的波茨坦夏宫里拿走了腓特烈大帝的宝剑和军功章，当作战利品送给了巴黎的残废军人院。11月6日，波罗的海港口吕贝克被法军攻陷。次日，在贝尔纳多特和苏尔特的围追堵截下，东躲西藏的布吕歇尔所部近万人终于在波罗的海边被迫放下武器。11月8日，马格德堡要塞守军2万多人向内伊军团投降。法军的追击无往不胜，取得了赫赫战果，不到一个月，普鲁士和萨克森的军队就被打垮，总计伤亡2.5万人，被俘者达10万人。法军缴获物资无数，仅在柏林一地，就缴获大炮4000门，军马2万匹，步枪10万支。普鲁士境内诸要塞望风而降，东至奥得河的领土落入法军手中，萨克森和魏玛被迫加入莱茵邦联。这是历史上最著名的一次追击战，因而被誉为"模范追击"。

拿破仑占领了远至奥得河口的德意志海岸，于是他决定进一步打击宿敌英国的商业贸易，以不流血的方式扼杀英国，为此他首先没收了在普鲁士和萨克森境内的一切英国货物，并命令莫蒂埃元帅去占领汉堡及汉萨同盟的其他港口城市。1806年11月21日，拿破仑在柏林颁布大陆封锁敕令，宣布全面封锁英伦三岛，凡是在法国及其盟国占领区，发现英国臣民或货物一律扣押和没收。他准备用毁灭英国贸易的庞大计划，该计划包括十一条内容，其中前八条是最重要的，略述如下：

（一）宣布不列颠诸岛处于封锁状态之中。

（二）一切前往不列颠各岛的旅行和通信均应禁止。

（三）所有在法军及其盟军占领的国家中，若发现任何英国臣民，一律当作战俘收容。

（四）所有仓库、一切商品及财产，无论其属于何种性质，只要是属于英国人的，一律予以没收。

（五）一切买卖英国商品的商业都在禁止之列，所有一切充公没收的财产中，应提出半数来赔偿因商船被英国巡洋舰所捕获而受到损失的商人。

（六）自本敕令公布之后，一切直接从英国及其殖民地开来的船只，以及曾经到过该地的船只，一律不准进入欧洲的任何港口。

（七）属于英国的商品，或是从其工厂和殖民地中出来的，一律宣布为没收对象。

（八）一切假借名义企图违反上述规定的船只，一律加以没收，对于船只本身和所载的货物则一律视同英国货物来处置。

这个敕令是拿破仑大陆政策的奠基石，凡是愿意接受其约束者，即视为法国的友人，否则即被认为是法国之敌。这真是一项疯狂而又难以执行的计划，汉堡、不来梅、吕贝克、罗斯托克等德意志海港城市原本同英国有着极其密切的商业往来，封锁英国，就意味着这些因海外贸易而繁荣发达的城市将从此走向衰亡，如此一来不可避免地要引起当地民众的强烈不满。这项政策即使在法国也遭到不少人的异议，但拿破仑为了彻底打倒英国，决定不择手段不惜代价。英国政府当然也以牙还牙，于1807年1月7日宣布任何中立国船只载货进出法国及其同盟国港口者一律予以扣留。作为报复，1月27日，拿破仑又命令没收汉萨同盟各城市中的英国货物，连同其殖民地所生产的物品在内。又一场旷日持久的殊死战斗开始了，但这是拿破仑难以取胜的一场战争。

艰苦漫长的冬季战争

拿破仑在夺取柏林之后，才同意普鲁士国王的求和，但由于条件苛刻，普鲁士难以接受，而且俄国答应如果普鲁士同其保持同盟关系，沙皇即将亲率14万大军前来援助，于是普王决定拒绝批准普法和约，整军再战，把自己同俄国人绑在一架战车上。既然战争不能结束，拿破仑只好奉陪到底，他在给将士们的公告中说道：

士兵们！俄国人自吹前来同我们会战；我们将前去和他们交锋，我们将让他们少走一半路程。他们将在普鲁士中部再次找到奥斯特里茨。在这场战役以后，一个曾经立即忘却我们所施与的仁慈的国家，它的皇帝、朝臣、残余部队，只有我们同意他们投降才能获救。那将是一个不能成功对抗我们的国家。而当我们前去迎战俄国人的时候，在帝国内部组成的一些新的部队，就会接替我们的岗位，保卫我们的胜利果实。我的全体人民已经站起来了，他们对普鲁士内阁胡言乱语地向我们提出要我们屈辱投降感到愤怒；在我们的大道上和在我们的边境城市里，已经布满了渴望踏着你们的足迹前进的新兵。今后，我们将不再受某种背信弃义的和平的愚弄，我们将不再放下武器，除非我们能迫使国家的永远的敌人——英国人放弃扰乱大陆和称霸海洋的计划。

士兵们！我除对你们不断对我显示的爱戴之忱表示衷心的感谢以外，我无法更好地表达我对你们的感情。

稍作休整，大军便向东进发。尽管严冬将至，拿破仑却不想坐等敌人上门，这不是他的作战风格。再说，若是等到春天再战，俄国人就会集结起一支数量庞大的军队，普鲁士也可能恢复元气，而奥地利也可能会被拉拢到普俄阵营中去，到那时形势可就太不利了。所以1806年11月初，达武的军队就占领了普俄边境附近的波森（今波兰的*波兹南*），把它作为野战部队的未来出发地。

俄军由卡缅斯基元帅指挥，此人年逾八十，早已老朽不堪，难当重任。由汉诺威人本尼格森将军率领的5.5万俄军正向法军逼近，另一支3.6万人的俄军由布克斯霍夫登将军指挥，离得还很远。普鲁士国王虽已逃至柯尼斯堡，但在战场上还有约1.5万人的军队，由莱斯托克将军指挥。由于俄军一如既往的行动迟缓，拿破仑可以从容地做出部署，11月底缪拉的骑兵打进华沙城，从俄国人手中夺取了波兰古都。波兰人因此把拿破仑和法军看作是把他们民族从普鲁士人、奥地利人和俄国人手中解放出来的救星。俄军前卫部队见法军行动迅速，没有立即与其先头部队交战，而是退守华沙北面不远处的普乌土斯克，随后赶来的法军不依不饶地继续发起进攻，迫使俄军再次退却，但法军并没有取得决定性的战果。经过长途跋涉和连续不断的战斗，法军已筋疲力尽，士气低落，拿破仑骑马从士兵身旁经过时，已无人像奥斯特里茨战役时那样向他欢呼"皇帝万岁"了。由于恶劣天气和泥泞道路的阻碍，法俄两军无法行动，双方只好宿营休整，等待明年再战。

1807年1月，接替卡缅斯基担任俄军总司令的本尼格森对内伊的部队发动突然袭击，迫使其退却，从而挑起了新一轮战事。2月，拿破仑准备发动新的攻势，包抄俄军的左翼，大军已经集结完毕，随时

本尼格森

可以出击，不料拿破仑的参谋长贝尔蒂埃元帅派去给贝尔纳多特下达作战命令的一名参谋在途中被哥萨克骑兵巡逻队俘获。这样，不仅贝尔纳多特的军队不能支援主力进攻，而且拿破仑的全盘计划也泄露给了俄国人，本尼格森立刻意识到形势危险，赶紧北撤，退往柯尼斯堡。拿破仑大军随后追击，唯独贝尔纳多特的第一军没有动静，因为他根本没有接到命令。为夺取普鲁士人控制之下的其余领土，拿破仑又组建了第九、第十两军，由其幼弟热罗姆·波拿巴和勒费弗尔分别指挥。波兰人也加入法军行列一同作战，波尼亚托夫斯基亲王就是波兰最出色的一名军官。

由缪拉的骑兵和苏尔特的第四军组成的法军先头部队，于2月7日在东普鲁士境内一个名叫埃劳的小镇（今名巴格拉齐昂诺夫斯克，属俄罗斯），追上了由巴格拉季昂亲王指挥的俄军后卫部队。一场激烈的遭遇战随即爆发，法军夺取了埃劳。拿破仑于当晚赶到，立刻亲

拿破仑在埃劳会战上

自指挥全军。他命令苏尔特军和奥热罗的第七军第二天从埃劳发起正面进攻，近卫军作为后援，达武的第三军迂回俄军左翼，内伊的第六军咬住俄军的右翼，即由莱斯托克将军指挥的普鲁士军队。翌日拂晓，埃劳会战以大炮对轰开始，法军从埃劳向前推进，进攻俄军阵地，谁知一场暴风雪骤然而至，弄得法军士兵晕头转向，结果在俄军炮兵近距离的猛轰之下，伤亡惨重，只得撤退，俄军则乘机反击，两军为争夺埃劳进行了殊死的拼杀，双方损失都很大。最终还是达武军团的迂回包抄扭转了战局，待到夜幕降临时，俄普联军全部撤往柯尼斯堡。法军也已精疲力竭，无力再追。

　　埃劳会战是当时流血最多的战役之一，法军8万人参战，损失1.5万人，俄军损失相对大一些，7.3万人参战，损失1.8万人。虽然法军仍控制着战场，但只是令敌军退却，收获不大，负责正面进攻的第

四、第七两个军还因此蒙受了严重的伤亡，几乎丧失战斗力。由于法军无力再打一场大仗，拿破仑只好率全军后撤，先巩固广大的后方，双方暂时休战过冬。不过在这段休整时期，拿破仑也未闲着，他解散了损失过于惨重的第七军，从国内征召了一批新兵。5月底，获得了波兰人支援的法军终于攻克了位于维斯杜拉河入海口的但泽要塞，使所占领的德意志北部地区得到了巩固。

1807 年战争的结局：弗里德兰战役

4月26日，俄国、普鲁士签署了《巴腾斯坦条约》，继续对法作战，以后英国和瑞典也加入进来。6月，休整之后得到加强的俄军又发动对内伊的袭击，这一次恢复元气的法军可以好好地教训一下俄军了。现在拿破仑决定一鼓作气，彻底击败俄军，将其一举赶出东普鲁士，从而迫使普鲁士和俄国最终求和。

法军重又开始发动进攻，本尼格森指挥的俄军且战且退，一直撤到柯尼斯堡东南不远处的一个小镇弗里德兰（即今俄罗斯境内的普拉夫丁斯克），它是阿勒河下游最后一个可供俄军过河的地方，也是俄军在东普鲁士的最后一个支撑点。拿破仑迅即决定拿下这个战略要地，进攻方向有两个，西路较短也较容易，可以直取俄军的补给基地柯尼斯堡，但这样只能将俄军驱赶出东普鲁士，而不能有效地消灭他们，俄军撤回俄国后，更不可能深入俄国腹地去追击他们；如果走东路，虽然要绕道不少，但可以切断俄军在东普鲁士与俄国本土之间的交通线，从而将其困在东普鲁士一举歼灭，只是这样做极其冒险。傍晚时分，法军莫蒂埃、拉纳、内伊三个军分成左、中、右三路向俄军进攻，骑兵也配合行动。近5万俄军背水一战，他们的炮火给法军造成很大杀伤。在攻势毫无进展的情况下，塞纳蒙将军的炮兵预备队紧急加入战斗，给法军步兵以有利支援。经过三小时激战，法军终于拿下了弗里德兰，俄军残部无心恋战，渡河夺路北逃，前往涅曼河边的提尔西特。

弗里德兰大战，法军8.6万人中损失1.2万人，俄军4.6万人参战，损失多达2万余人。虽然法军损失不小，但攻占了既定目标，在近卫军和第一军尚未参战的情况下，俄军遭受重创，并被逐出东普鲁士，而且还有80门火炮成了法军的战利品。同一天，缪拉、达武和苏尔特的军队也将普鲁士军击退，莱斯托克被迫放弃柯尼斯堡，随俄军一起退往提尔西特。

提尔西特：拿破仑帝国的奠基石

6月19日，紧追不舍的法军夺取了提尔西特。俄军请求停战，拿破仑立即接受，他无意也无力深入俄国辽阔的内地，他的补给线已经延伸得太长了，法军也变得越来越虚弱。现在，除了涅曼河以北的梅梅尔地区外，法国已经占领了整个普鲁士领土，拿破仑觉得是见好就收的时候了，他急于同俄国沙皇亚历山大一世达成协议，以便可以腾出手来对付身后的奥地利可能出现的敌对行动。6月25日，拿破仑和亚历山大在涅曼河上一只设有帐篷的木筏上举行会晤，讨论和平条件。这是精心安排的，这样沙皇可以不必去法军占领的涅曼河岸，

两国皇帝在事先搭好帐篷的竹筏上会晤

提尔西特会议中的拿破仑

拿破仑也不必去涅曼河岸俄国的一侧。在河岸的法国一侧排列着拿破仑的全部近卫军，在俄国一侧则有亚历山大为数不多的侍从人员。普鲁士国王腓特烈·威廉三世可怜兮兮地冒着大雨在河岸上等候他们的决定，听从他们的发落。

两位皇帝同时登上木筏以后，拿破仑和亚历山大热烈拥抱，然后两人在帐篷里开始了长达两个小时的谈话。拿破仑问道："我们为什么打仗呢？"亚历山大回答："我和你一样憎恨英国人，在你反对英国人的一切活动中，我将成为你的助手。"拿破仑说："在这种情况下，一切都可以妥善安排，和约也可以签订。"于是法国外交大臣塔列朗奉命赶来参加和谈。拿破仑所希望的，是封闭波罗的海，不让英国船只进入，俄国人同意了。经过十多天的谈判，法俄两国终于在1807年7月7日签订了《提尔西特和约》，两天之后，法国也与普鲁士签订了和约。第四次反法同盟又以失败告终。当着众人的面，拿破仑吻别了自己的新盟友——沙皇，启程返回巴黎。

根据《提尔西特和约》，拿破仑按照他的意愿重建了中欧和东欧。在先前被普鲁士侵占的波兰土地上，拿破仑建立了一个华沙大公国，交由新盟友萨克森国王腓特烈·奥古斯都统治；重要港口但泽成为一个自由市；在易北河以西的普鲁士领土上成立了一个威斯特伐利亚王国，国王由拿破仑最小的弟弟热罗姆·波拿巴担任。丧失了大片国土的普鲁士王国缩小到只有原先的一半大，沦为法国的附庸，其陆军被削减至4.2万人，赔偿军费1.4亿法郎，还要与法俄两国采取一致的行动对抗英国。屡战屡败的俄国则被拿破仑拉拢过来，成了暂时的盟友，俄国将地中海上的爱奥尼亚群岛和达尔马提亚海岸交给法国，作为交换，俄国得到了波兰的比亚韦斯托克省，并获得对奥斯曼土耳其自由行动的权利。并且俄国同意如果英法未能达成全面的和平，则将与法国一同对付英国。击败了两个老牌强国后，拿破仑在欧洲大陆上暂时没有了对手,《提尔西特和约》的签订，标志着拿破仑的帝国进入了鼎盛时期。

第八章
"我们是胜利者"——鼎盛的帝国

空前绝后的军事大帝国

《提尔西特和约》的缔结使拿破仑一跃成为欧洲大陆最大的独裁者，达到了历史上任何一位统治者都未曾有过的、高不可攀的权力顶峰。通过一系列扩张战争，拿破仑重建并扩大了昔日查理大帝的光辉霸业，其疆域广阔无比，西起大西洋，北达波罗的海，南至意大利半岛的"靴尖"，东端则已伸展到了巴尔干半岛的达尔马提亚海岸。拿破仑拥有四项头衔，他不仅是法兰西帝国的专制皇帝，还是意大利国王，莱茵邦联（萨克森也参加进来）的保护者，瑞士的统治者。他对下述这些地区同样有着绝对的发号施令权：比利时、西德意志、皮埃蒙特和热那亚已被纳入法兰西大帝国疆域内；在荷兰，他委派了弟弟路易做国王；在那不勒斯，国王是他的兄长约瑟夫；在德意志中北部地区，他建立了一个威斯特伐利亚王国，交给他的另一个弟弟热罗姆治理；在过去从属于奥地利的大片土地，他夺来后交给了自己的附庸巴伐利亚国王；在欧洲大陆北部沿海地区，汉堡、不来梅、吕贝克、但泽和柯尼斯堡等重要贸易港口都在法军占领之下；在波兰地区，驻扎着达武元帅的占领军，拿破仑把新成立的华沙大公国交给了另一个附庸和奴仆萨克森国王。此外，地中海上的爱奥尼亚群岛和达尔马提亚海岸也属于拿破仑。在欧洲传统强国中，普鲁士只剩下很小一部分领土，从昔日的一等欧洲强国沦落为拿破仑的小喽啰，对他的每一句话都是心惊胆战；奥地利屡战屡败，此刻也是不声不响，表示顺从；俄国刚刚与法国结成同盟；只剩一个英国还在继续进行斗争。控制如此庞大的帝国，驾驭如此众多的民族，这不是一般的统治者力所能及的，而对拿破仑这样一个军事天才来说，治理比征服更难。他的策略很简单，就是在武力基础上的掠夺和压榨。

从法国人民和其他被奴役的国家人民那里残酷榨取来的帝国收入每年可达7.5亿至7.7亿法郎，足够补偿拿破仑的巨额支出，连庞大的军费开支也可一并报销。意大利算是不依附于法国的"独立"王国，每年也要缴纳给法国3600万金法郎。至于管理意大利的费用，则从意大利王国的财政收入中特别拨款开销。拿破仑的继子欧仁·德·博阿尔内作为意大利的地方长官，代行管理之职，其称号是副王。驻扎在意大利的法国军队，更不用说，是意大利出钱维持的。拿破仑直接或间接统治的其他国家也得付出这类费用，也就是说，驻扎在别国的法国占领军是由被占国家人民养活的。拿破仑用强索战争赔款和征收各种苛捐杂税的办法从被征服国家掠夺了大量的黄金。

拿破仑对于随侍左右的文官武将十分慷慨。在签订《提尔西特和约》之后，他赏给达武元帅100万金法郎，赏给内伊元帅将近30万金法郎的终身年金，贝尔蒂埃元帅获得了50万金法郎外加40.5万金法郎年金，其余替他卖命的元帅和将军不管功勋大小，也一律大加犒赏，加官晋爵。

外交大臣塔列朗、警务大臣富歇和财政大臣戈丹等人得到的赏赐虽比不上出生入死的元帅们多，但也是够丰厚的。近卫军和军队中所有实际参加战斗的军官，都得到了奖赏，很多人还得到了优厚的年金，负伤的比未负伤的多得两倍。但是这种慷慨行为并未使法国国库多花费一个法郎，因为除了战败国要向战胜国法国偿付大量赔款之外，拿破仑还对这些国家征收其他的苛捐杂税，数额可达几千万法郎，例如从威斯特伐利亚王国征收4000万法郎，从汉诺威得到的土地金2000万法郎，从波兰征收3000万至3500万法郎等。这些款项根本不是通过国家预算而是依靠贪婪的剥削得来的，都由他个人任意支配。他从这一笔笔其他国人民的血汗钱中拿出很大一部分来犒赏自己的亲信，剩余的钱则储存在杜伊勒里宫的地下室内。据他自己说，1812年他在那里存有3亿金法郎。他的宫廷费用，亦即他的正式的皇室生活费用，数目为2500万法郎，是由法国国库支付的，但比起那些由他完全支配的无限制的巨额不义之财而言，实在是微不足道。拿破仑声称："战争应该以战养战。"这成了他的帝国和他的军队严格遵循的原则和奴役剥削被占领国家的辩护词。

因此，在拿破仑手里有一种非常特别的、每年都要由被征服国家交给他支配使用的几千万法郎收入，他把这些钱很慷慨地分送给自己的部下。但是元帅将军们得到这些巨额的赏赐，却产生了追求荣华富贵的安逸生活的愿望，因为此前他们整个一生几乎都是在连续不断的战争中度过的，现在他们要享受生活的美味佳肴，不可避免地对枯燥乏味的军营生活表示厌烦，由此他们变得越发的懒怠骄横，军事才能开始严重退化。在金钱的滋养下，拿破仑的朝廷沉溺在奢华的生活中，旧贵族和新贵族互相比赛宴会、宴席和舞会上的阔气。暴发户们挥金如土，外国和附庸国的王公贵族络绎不绝地前来朝见法兰西皇帝，长期居住在世界的首都巴黎，花掉大量的金钱。这是一个永不间断的光辉节日，凡尔赛宫、卢浮宫、杜伊勒里宫、爱丽舍宫、圣克卢宫、枫丹白露森林、马尔梅松夏宫……处处装饰得如同童话里的仙境。法国在旧制度下都从来没有过这种金碧辉煌的景象，从来没有过这么一大群浑身珠光宝气的红男绿女穿梭于宫廷之间。但是在穷奢极欲的狂欢声达不到的宫廷深处，幽静的内室里，他们的君主却依然在俯视着一张军事地图，他的眼中又有了下一个受害目标。

在奥斯特里茨战役之后，拿破仑的部下就觉得，必须最后停下来了，因为法国已经达到难以想象的空前强大的地步。在《提尔西特和约》签订后，大臣和将领们就一直提心吊胆，他们害怕的是，拿破仑的领土大得实在惊人。拿破仑的伟大成就简直就像是一个奇怪的童话，而不大像历史中的事实。他们很多人都认为，要在史册中续写新的童话将会越来越困难，越来越危险，但是他们的皇帝却仍不满足。

半岛战争的开始——侵占葡萄牙

拿破仑虽然获得了一连串令人眼花缭乱的军事胜利，但他所面临的棘手难题依然不少。尽管他一口气击败了欧洲大陆上三个最为强大的敌国：奥地利、普鲁士和俄国，但是对手们并未就此俯首帖耳，为防止他们卷土重来，拿破仑还需要维持一支强大的军队。对海峡彼岸的宿敌英国，他却无可奈何，顽固的英国依然拒绝媾和，在它没有屈服之前，欧洲没有和平可言。可是自从特拉法尔加海战惨败之后，法国海军已经无法同英国海军较量，更无法动用陆军去征服地处海岛之上的英国。拿破仑唯一打垮英国的希望就寄托在通过"大陆封锁"政策的实行，来彻底断绝英国同欧洲大陆的一切经济贸易和商业往来，从而困死英国，不战而屈人之兵。

但是拿破仑有一块心病，法国的两个南方邻国，伊比利亚半岛上的西班牙和葡萄牙，并不和法国同心同德，如果不能有效地控制西班牙和葡萄牙两国漫长的海岸线，大陆封锁只不过是枉费心机。西班牙虽说是法国的盟友，但却貌合神离，特别是特拉法尔加海战以来，情况变得越来越糟。至于葡萄牙，除少数亲法派外，有权阶层和有钱阶层都明确地站在英国一边。所以拿破仑早就想制服这两个国家，只是苦于东线作战腾不出手来，《提尔西特和约》一签订，拿破仑就认为时机已到，他决心征服整个伊比利亚半岛，将西、葡两国纳入大陆体系。

大战之后，局势初定，此时的俄国成了法国的盟国，普鲁士则刚被打翻在地，一时半会儿还爬不起来。但是有迹象表明，屡战屡败的奥地利依然不死心。对昔日的失败耿耿于怀，正暗中做着再打一场战争的准备。拿破仑察觉到了这一潜在危险，但他在制服西班牙和葡萄牙之前并不想刺激奥地利，为此，他指示刚刚接替塔列朗出任外交大臣的香巴尼，要他就奥地利秘密备战一事向奥地利驻法大使梅特涅提出措辞审慎的警告。同时，为防止不测，拥有20万人马的大军团并未遣散复员，而是分成六个军区继续占领着普鲁士和波兰，占领军的总部就设在柏林。拿破仑把常胜之师留在东欧吓唬奥地利，以为只靠实力外交就可使敌人屈服，同时期望不战而吞并整个伊比利亚半岛。这当然是拿破仑一厢情愿的想法，他粗暴对待别国的做法早已激起受害国家上下一致的极大不满，他的政策导致的结果是两头落空，既未能阻止奥地利向法国宣战，也未能轻而易举地拿下西班牙和葡萄牙，拿破仑和法国即将被拖入长期战争的泥淖中不能自拔。

拿破仑现已被自己所取得的辉煌军事成就所陶醉，他深信自己无论是在战略上还是在策略上都是一贯正确的，他的非凡能力确已证明他是欧洲最伟大的军事家，法国陆军在他的指挥下所向无敌，欧洲一些精明的外交老手被他玩弄于股掌之间，许多显赫一时的王室贵族匍匐在他的脚下簌簌发抖。惊人的胜利令拿破仑的头脑有些发晕，他无与伦比的军事判断力和政治敏锐性开始退化。事实证明，征服西班牙和葡萄牙是拿破仑相当不明智的决策，专制统治者的禀性使得他的失误无法挽回，他的皇朝根基将因此被动摇，这将是拿破仑帝国走向衰败的开始。

西班牙国王卡洛斯四世是一个无能的统治者，他将一切国家大权交给了首相戈多伊掌管。戈多伊是西班牙王后的情夫，但却深得卡洛斯四世的宠信，1792年至1808年间，实际上是戈多伊在统治着西班牙，1795年，他在法西和平条约签订之后，被封为"和平亲王"。可就是这个得到国王信任的首相，知恩不报，背地里却在干着出卖其主子的勾当，竟然同拿破仑密谋让法军自由通过西班牙领土进入葡萄牙。拿破仑以为，西班牙不过是他攫取葡萄牙的一块垫脚石，至于戈多伊，靠贿赂、拉拢和欺骗就可得逞。他与戈多伊商定，一旦拿下葡萄牙，就将其领土瓜分，作为报酬，戈多伊也可得到相当一部分葡萄牙领土。

1807年7月19日，拿破仑警告葡萄牙王国政府，为了其自身利益起见，最好是从9月1日起，禁止英国船只进入其港口。7月29日，他又命令陆军大臣克拉克在临近西班牙边界的巴约纳组建一支拥有2万人和40门大炮的军队，作为入侵伊比利亚半岛的先头部队。

7月31日他也向丹麦王国政府提出了类似的禁运要求，接着在8月16日，又要求丹麦舰队与法国合作。但是英国人早就注意到了这支舰队，决心不让其被法国所利用。7月26日英国派出由卡思卡特和甘比尔率领的一支强大的海陆联合远征军开赴丹麦，要求丹麦舰队投降。因为丹麦人拒绝屈服于恫吓之下，英军遂于9月2日未经宣战便炮轰其首都哥本哈根，到了9月7日，该城被迫投降，18艘战舰和52艘其他船只都被英国人占为己有。经历这番耻辱之后，丹麦即开始与法国结盟，向英国宣战，可是拿破仑垂涎的舰队却不复存在，这样法国海军就更难与英国海军匹敌了。

9月8日，拿破仑致函西班牙国王说，必须使葡萄牙脱离英国的影响，迫其就范。同日，他还写了一封威胁信给葡萄牙摄政王，警告他当心继续与英国结盟所造成的后果。可是有了丹麦的前车之鉴，葡萄牙人拒绝听从拿破仑封闭他们的港口。闻听此消息，拿破仑大怒，决定立即采取军事行动。10月12日，他写信告知西班牙国王，法国准备对葡萄牙动用武力，并称将把宗主权让给西班牙。他写道：

> 过去16年来，葡萄牙无耻至极，就像是英国的一个封臣。里斯本港一直是他们取之不尽用之不竭的宝库。现在是向他们关闭波尔图和里斯本这两个港口的时候了。我预计朱诺将军的部队最晚11月1日可抵达布尔戈斯，与陛下的军队会合。然后，我们就可以武力进占里斯本和整个葡萄牙。届时，我当与陛下会商对该国的处置，但无论如何，像您所希望的那样，宗主权是您的。如果不把英国从大陆孤立开来，不在欧洲每一个港口对它的贸易实

行封锁，我们就不可能有可靠的和平。在这一方面，我指望陛下的强有力的合作。因为如果要在这个世界上恢复安宁，必须迫使英国接受和平。

10月22日法国正式向葡萄牙宣战，27日，拿破仑签署了他同西班牙国王商定的《枫丹白露密约》，根据这一条约，葡萄牙王国及其殖民地将按拿破仑的意志分割，西班牙只不过拥有名义上的宗主权。

10月31日，由朱诺将军率领的一支2.2万人的军队受命从巴约纳出发，取道西班牙向葡萄牙首都里斯本进军。这标志着一场旷日持久的半岛战争的开始。为了不让任何一座葡萄牙要塞落入西班牙人手中，朱诺军每日行军14英里。法军经过的道路崎岖难行，沿途荒无人烟，粮食难觅，于是法军便骚扰抢劫当地农民，而农民也随即进行报复，杀死掉队的士兵。由于葡萄牙军队无力进行坚决的抵抗，法军经过长达1个月的急行军之后，于11月30日到达葡萄牙首都里斯本，不过也已累得半死，而他们的追捕对象——葡萄牙摄政王连同王室其他成员早在法军到达前3天就在英国军舰的护送下逃往巴西，葡萄牙的舰队也一同逃脱了。占领葡萄牙的法军在当地胡作非为，肆意搜刮，不仅断绝了葡萄牙最重要的海外贸易通道，还强令该国缴纳了1亿法郎的战争特别税，令葡萄牙人痛恨不已。

半岛战争的扩大——蹂躏友邦

拿下葡萄牙并不是拿破仑的唯一目的，他同时要求派兵进驻西班牙，且数量不限，西班牙国王哪敢不从。拿破仑还不肯就此罢休，他决定乘此机会赶走无能的波旁王室，将混乱的西班牙并入自己的帝国。

11月初，拿破仑下令在巴约纳组建一个3万人的军队，由杜邦将军指挥，杜邦以前是一名很有能力的师长，1805年的乌尔姆之战和1807年的弗里德兰之战时，杜邦在内伊军里屡建战功。随后，杜邦军谎称因支援朱诺的葡萄牙军团而越过了比利牛斯山脉，其实它的使命是纵向穿越西班牙内陆，直抵大西洋海岸，占领西班牙的重要海军基地加的斯港。杜邦的军队不过是即将组建的西班牙占领军的先头部队而已，后续法军接踵而至。在杜邦军之后，蒙塞元帅的军队跟着进入西班牙。此前，蒙塞的部队负责监视英吉利海峡和大西洋沿岸。到1808年1月底，杜邦军已抵达巴利亚多利德，蒙塞军则逼近布尔加斯。2月，由迪埃斯梅将军指挥的另一个军从比利牛斯山脉靠地中海的一端进入西班牙，并占领了加泰罗尼亚，在西班牙北部的潘普洛纳要塞，还有一个师。缪拉元帅受命作为拿破仑的代理人指挥驻西班牙的全部法军。拿破仑得意地向其兄长那不勒斯国王约瑟夫吹嘘说：

> 我在马德里方圆75英里的范围内有8万兵力，朱诺在葡萄牙还有3万人……尽管如此，我却未从大军团抽调一兵一卒，在波兰和奥得河上我仍握有30万大军。

拿破仑得寸进尺，又指示外交大臣香巴尼告知西班牙王国政府，5万法军将进入首都马德里，并谎称法军此举是为了取道加的斯去进攻英国在伊比利亚半岛南端的直布罗陀要塞。这种解释不过是自欺欺人，法国露骨的侵略行径引起了西班牙人的极大愤慨。1808年3月18日在马德里以南25英里的阿兰胡埃斯爆发了民众暴动，事态很快影响到首都，戈多伊被作为卖国贼而逮捕，还挨了一顿痛打。卡洛斯四世在民众的压力下被迫让位于其子阿斯图里亚斯亲王，后者即位后称为费尔南多七世。拿破仑一看西班牙形势不稳，更加快了侵略步伐。缪拉率领杜邦军和蒙塞军强行进驻马德里，贝西埃尔元帅指挥的近卫军精锐也进入西班牙境内作为后援。

1808年4月，拿破仑亲临巴约纳，在那里继续指挥侵占西班牙的军事行动。此时，在西班牙境内的法军已有11万之众，这些部队分为三路集团：贝西埃尔的近卫军为右路，在布尔戈斯有3万人；缪拉所部为中路，在马德里及周围地区有5万人；迪埃斯梅军为左路，在加泰罗尼亚有3万人。拿破仑以为有这样一支大军作为后盾，足以抵御西班牙人任何可能的认真抵抗，他对西班牙人民炽热的爱国主义情绪和顽强的抗争精神始终估计不足。他虽预计法军会遭到反抗，曾指示他的元帅将军们要注意集中兵力，避免部队分散和孤立，并要保持补给线的畅通，但事实上由于法军深入西班牙领土数百英里，它的战线已经拉得过长，而且还在继续延伸，因此法军的补给线变得越发脆弱，部队也处于更加孤立的状态，拿破仑的告诫并不起作用。归根结底，这都是他执意要入侵西班牙所造成的后果。

费尔南多七世的即位并不合拿破仑的心意，他觉得儿子不如父亲那样对法国驯顺，因此拒不承认新国王，还把全体西班牙王室成员召集到巴约纳听训。他竟然强迫费尔南多七世把王位交还给他的父亲，进而又威逼卡洛斯四世再次退位，以便把王位移交给自己的哥哥——时任那不勒斯国王的约瑟夫。这种骇人听闻的行为更加激怒了西班牙人，5月2日马德里的民众率先反抗，爆发了著名的五月事变。3.5万人涌上街头向法国人示威，有人甚至从窗户里向法军士兵开枪，但是法军动用武力将事变镇压下去，造成2000名西班牙平民丧生，命令开枪的缪拉因此得到了拿破仑的赞许。约瑟夫被封为西班牙国王，于7月迁入他的新首都马德里。被逮捕的西班牙王室成员在法国警察的监视下前往指定的流放地——枫丹白露和瓦朗斯。

血腥的镇压并未使西班牙人就此屈服，五月事变揭开了西班牙人民反法运动的序幕，虽然没有了自己的国王和政府，也缺乏统一的领导，但是这个具有强烈民族自豪感的国家还是敢于向当时的欧洲最强者发起挑战。在西班牙各省，抵抗运动以省政务会（*西班牙语称为"洪达"*）为核心。虽然在名义上西班牙仍与法国结盟，与英国处于交战状态，但是不少"洪达"已经吁请英国给予援助。散布于各地的装备粗劣的西班牙军队也在各自为战。反抗法国占领军的武装斗争如燎原之火迅速蔓延，法军所到之处，都遭到西班牙人的顽强抵抗。法军从进入西班牙的最初一刻起，就遇到无数的几乎每天都要发生的反抗事件。有一次法军进入一个乡村，乡村里空无一人，居民都藏到森林里去了，只有一个年轻的母亲带着一个孩子，还发现一些存粮。法军军官怀疑是否有人捣鬼，在让饥肠辘辘的士兵吃这些食物之前，先问这个女人，里面是否下了毒药。军官得到的回答是没有，但他还不放心，命令她自己先吃一些，这位农妇毫不犹豫地吃了。军官还不放心，命令农妇拿这些粮食喂她的孩子，这位年轻的母亲马上执行了这一要求。于是一些法军士兵放心地吃了，可只过了短短几分钟，进过食的母亲、孩子和士兵都痛苦地死去了。这是对侵略者最强烈仇恨和最极端反抗的表现。起初遇到这样的事情还使法军吃惊，但后来这就变成了司空见惯的现象，只要到过西班牙战场，谁也不会感到惊奇，除了拿破仑。他对这场战争的性质根本不理解，西班牙人民的强烈反抗完全出乎拿破仑的意料。

法国对昔日的盟国毫不留情地发动了战争。最初，法军依靠优势兵力和装备，镇压了一些小规模的起义，并在北部的桑坦德逐退了一支登陆的英国海军陆战队。但很快拿破仑就发现事情变得越来越棘手，西班牙人依靠天时、地利、人和的优势来对抗装备精良的法军。左路的1.4万法军在萨拉戈萨受阻，右路贝西埃尔的1.5万近卫军在加利西亚地区也遇到了大股敌人。在南部，为数2万人的杜邦军队正在进军加的斯的途中，已经越过希拉莫雷纳山脉并洗劫了古城科尔多瓦。拿破仑错误地估计了形势，以为贝西埃尔的处境较为担忧，于是给他增派了援军，而对于孤军深入的杜邦军团，他却认为即使受挫也无关紧要，只需后撤即可。

可是战事的发展出乎拿破仑的意料，7月14日，贝西埃尔的近卫军在梅迪纳向拥有3.5万人和40门大炮的西班牙加利西亚军团发起进攻，结果西班牙军队不堪一击，损失了数千人和全部火炮，而法军仅伤亡300人，但是在南方，西班牙的卡斯塔尼奥斯将军率领3.5万人夺取了希拉莫雷纳山脉的隘口，切断了杜邦与马德里之间的联系。梅迪纳之战后过了一周，拿破仑才想起要增援杜邦，此时他发觉敌人如果占领希拉莫雷纳山脉，南面的法军就将陷入绝境。这一考虑已为时过晚，拿破仑本不该让杜邦推进到离马德里如此遥远的一个南方贫瘠地区，且又没有采取什么措施保护其供应线，致使杜邦的军队前后受困，弹尽粮绝。就在拿破仑下令增援的前一天，即7月20日，杜邦率领1.9万法军在马德里以南160英里的拜兰被迫向西班牙人投降，这是迄今为止拿破仑的军队在欧洲受到的最严重的挫败，说明拿破仑的文韬武略出现了问题。但是拿破仑一贯自我感觉良好，当然不愿意为这次惨败承担责任，相反，他却指责杜邦愚蠢、无能和懦弱。不幸的杜邦被释放回国后，立即受到军事法庭的审判，结果被定为懦弱和背叛罪，遭到当众贬黜和褫夺军衔，并被判处两年徒刑。

拜兰大捷极大地鼓舞了西班牙人民反抗法国侵略者的斗志和信心，而庸碌无能的新国王约瑟夫本来就不情愿从安逸的那不勒斯来到马德里受煎熬，他抵达首都的那天正好是法军惨败的次日，闻此噩耗，他又赶紧打点行装向北逃去，把马德里重新交还给了西班牙人。拿破仑只好准备从东欧抽调大批部队开赴西班牙，他开始意识到，此时一旦奥地利对法宣战，法国就将不得不面临两线作战的问题。

法军吃了败仗之后，开始变得小心谨慎，拿破仑决定援兵未到之前，在西班牙的法军暂时采取防御战略，如果有可能，第一个目标是收复马德里，其次是要保持连接葡萄牙的交通线畅通，另外要守住靠近法国的西班牙边境地区，以确保退往法国的主要后路，等待大军抵达后再伺机反攻。拿破仑命令在德意志的第一、第五、第六3个军以及3个骑兵师火速向西班牙转移，同时还准备了一支配有各种火炮的攻城部队。

但是，英国的干涉使得拿破仑期望轻而易举地征服西班牙和葡萄牙的计划被彻底打乱，半岛战争的形势已经不以拿破仑的意志为转移了。6月，英国政府决定以伊比利亚半岛为突破口，派遣一支远征部队去阻止拿破仑的进一步扩张，一位重要人物就此登场。8月1日，陆军中将阿瑟·韦尔斯利爵士率领一支1.23万人的英国远征军在葡萄牙海岸登陆，并向首都里斯本进军。韦尔斯利1769年5月1日生于爱尔兰首府都柏林，比拿破仑年长三个月，其兄是印度总督，他毕业于英国著名的伊顿公学，并曾在法国的昂热军事学院就读，1787年起加入英军，是拿破仑后半生最可匹敌的战场对手。拿破仑后来承认他的治军之才与自己不相上下，而且具有更为小心谨慎的长处。韦尔斯利未来将被封为威灵顿公爵，并将两度出任英国首相，此是后语。

　　在葡萄牙登陆的英军在罗里萨和维米耶罗先后两次大败朱诺的葡萄牙军团，而且由于英国掌握着海上控制权，地面部队可以不断得到增援；相反，法军的陆上交通线并不畅通，友军相距遥远，使得朱诺的军团处境相当孤立。在这种情况下，为免遭杜邦军的覆灭厄运，朱诺只好同英国协商停战，主动放弃葡萄牙。根据8月31日达成的辛特拉协议，朱诺的部队全部经由海路撤出葡萄牙，回到法国的大西洋港口城市拉罗谢尔。英军遂控制了整个葡萄牙，兵力也增至3.5万人，并改由陆军中将约翰·摩尔爵士指挥。摩尔接到英国政府的命令，要与西班牙军队协同作战，以把法军彻底赶出西班牙。英国同时还从海上向西班牙和葡萄牙的抵抗力量提供武器援助。随着时间的推移，法军面临的对手越来越强大，轻率入侵的后果已经显现出来了。

貌合神离：埃尔富特会晤

　　拿破仑意识到伊比利亚半岛的事态变得日趋严重，他只能暂时采取缓兵之计，等待他的精锐部队从遥远的德意志赶来，再希图一劳永逸地解决西班牙的残局。此时，他感到有点左右为难，身边缺少能够独当一面的得力助手，如果他本人不能亲临战场，就没人可以代行指挥之权。帝国大军是拿破仑亲手缔造的，也只有拿破仑本人才能驾驭自如，他虽然培养提拔了大批将领，其中已有19人晋升为元帅，但除了屈指可数的几个人，如马塞纳、达武和苏尔特以外，就再没有什么人有能力指挥一支独立作战的军团了。绝大多数高级将领不过是一介武夫，徒有匹夫之勇，他们对拿破仑俯首帖耳，唯命是从，根本不会独立思考，拿破仑也从不鼓励他们自我决断，他只要求他们盲目听从他的指挥，而他们也仅服从他一个人的领导。所以说，拿破仑的军事帝国貌似强大，其根基实际上很脆弱，法国的命运全部寄托在一个人的身上，这是极其危险的，只要拿破仑有什么三长两短，整个帝国恐怕顷刻之间就会瓦解。

现在拿破仑已身处困境，西班牙新国王约瑟夫是个无能之辈，他的副手儒尔当元帅也不甚高明，缪拉正好在养病，马塞纳则刚刚在枫丹白露举行的一次射击比赛中被拿破仑误伤，一只眼睛失明，而达武这位很有才干的元帅，又必须在东欧指挥留守的法军。所以要想在西班牙扭转战局，还得靠拿破仑亲自出马。可是近来，拿破仑又不断收到报告说奥地利正在秘密扩军备战，在难以兼顾的情况下，他想到了他的新盟友俄国。

拿破仑特地约请沙皇亚历山大一世到德意志境内的埃尔富特来会晤，协商今后两国的共同行动。在埃尔富特，法俄两个同盟国家都希望更清楚地看看对方有什么好牌，以便借此来玩弄外交上的把戏。双方互相欺骗，彼此都知道这一点，虽然暂时还不是完全知道。两国在任何事情上都是互不信任的，而同时又互相需要。1808年9月27日，拿破仑一见到亚历山大就热烈拥抱亲吻，并且此后的两周里不断重复这些亲昵动作。两位君主每天一起去检阅部队，出席舞会、宴会、看戏、打猎、骑马、散步。他们如此亲密，最主要的是要让别人知道他们在拥抱亲吻；对于拿破仑来说，如果奥地利人不知道的话，这些拥吻就会失去全部愉快的感觉；对于亚历山大来说，如果土耳其人不知道的话，这些拥吻同样也会失去其全部愉快的感觉。对于拿破仑来说，此次埃尔富特会晤，最重要的事情就是，当他还没有结束在西班牙的战争以前，应使奥地利不进攻法国。而要做到这一点，沙皇就必须在奥地利决定进攻的时候积极反对奥地利。但亚历山大既不想承担，也不想履行这一直接的义务。他甚至拒绝了拿破仑为引诱俄国提供军事援助而提供的土地报酬。在埃尔富特，塔列朗第一次出卖拿破仑，他与沙皇秘密勾结，劝告亚历山大抗拒拿破仑的霸权。亚历山大从中了解到拿破仑帝国并不像外表显示出来的那样牢不可破，但是亚历山大还是害怕拿破仑，无论如何现在不愿与他决裂。所以法俄同盟在形式上仍然有效，但是今后拿破仑不可能再指望它了。

　　拿破仑还与沙皇联名写信给英国国王乔治三世，要求他考虑全面的和平，但毫无回音。法俄两国最后签署了一个秘密协定，该协定进一步确定了双方通过《提尔西特和约》建立起来的同盟关系，俄国同意和法国一起对付英国。但是尽管拿破仑一再鼓动劝说，沙皇也没有答应一旦法国同奥地利再次爆发战争，俄国就加入法国一方对奥宣战，亚历山大只是谨慎地表示将保持中立，绝不帮助奥地利。拿破仑对这个协议并不大满意，但好歹得到了俄国的承诺，消除了最大的隐患。于是拿破仑下令削减驻守在东欧的大军团，仍旧留在德意志的部队有7.5万人，改称莱茵军团，由达武指挥，贝尔纳多特军留守汉堡，苏尔特和拉纳的军队则奉命开往西班牙。在对付奥地利之前，拿破仑决定先要解决西班牙问题。

拿破仑亲征西班牙

在大幅度削减了东线的兵力后，拿破仑把主要精力转向西线。10月30日，他在近卫军的簇拥下，离开巴黎，11月5日抵达西班牙北部城市维多利亚，开始直接指挥西班牙境内的法军。法军现有5个军以及近卫军、骑兵，人数已近20万，其中维克多元帅的第一军有2.9万人，苏尔特元帅的第二军有2万人，蒙塞元帅的第三军有2.4万人，勒费弗尔元帅的第四军有2.3万人，内伊元帅的第六军有3万人，圣西尔将军的第七军有3万人，贝西埃尔元帅的近卫军加上骑兵有3.5万人。此外，莫蒂埃元帅的第五军和朱诺将军的第八军也正在法国本土集结，必要时可再增加4.3万人。这是一支令人生畏的庞大兵力，粉碎散布在各地的11.5万西班牙正规军和民兵似乎绰绰有余。相比之下，西班牙军队装备较差，训练和纪律都很糟糕，没有统一的指挥，各部队之间也缺少协同配合，给法军创造了各个击破的机会。

拿破仑决定首先收复马德里，与此同时，还要确保从维多利亚至法国的交通线。他将维克多的第一军、苏尔特的第二军以及勒费弗尔的第四军编为右路集团，向维多利亚以西扫荡，中路的内伊军南下，左路的法军2个军统归拉纳元帅指挥。当拉纳的部队与拜兰的胜利者卡斯塔尼奥斯将军指挥的西班牙军队遭遇时，内伊军立即赶来协助拉纳，对卡斯塔尼奥斯所部合围夹击。11月23日，西班牙军队在埃布罗河谷的图德拉遭到惨败，3000人被俘，损失26门大炮。法军乘胜南下，势不可当，一直推进到瓜达拉马山前。这条山脉高达6000英尺，是马德里的北部屏障，西班牙军队有1.2万人在此据守，但还是被维克多的第一军强攻突破，西班牙人又损失了十多门火炮，许多人当了俘虏。拿破仑不停顿地向马德里进军，在法军炮火的威胁之下，无险可守的西班牙首都终于在12月4日投降。接着，拿破仑命令北面的苏尔特军继续西进，将另一支西班牙军队逐退至西班牙西北部的加利西亚，维克多军据守中部，拿破仑本人则打算率领4.2万军队沿着塔古斯河谷顺流而下，以重新征服葡萄牙。并消灭盘踞在那里的英军。

这时，在葡萄牙的3万英军奉英国政府之命，也已进入了西班牙境内。约翰·摩尔爵士的部队10月底从里斯本出发，11月中旬集结在马德里以西120英里的萨拉曼卡一带，但是西班牙当地武装并未给予英军什么支持，他们既不提供给养也不配合行动，英军只好单独行

马德里投降

动。12月，摩尔决定进攻北面孤军突进的苏尔特军，英军此时有2.8万人和66门火炮，而苏尔特军只有1.8万人，形势似乎对英军有利。但摩尔起初并不知道拿破仑的动向，在北进途中抓获了一些法军俘虏后，才获悉拿破仑的主力正向他开来，并企图切断他与葡萄牙基地的联系。吃惊之余，摩尔火速命令部队向西北方向撤退，开往加利西亚的海港城市拉科鲁尼亚，以便在万不得已时撤出西班牙。

得知英军的动向时，拿破仑正在马德里忙于改组西班牙政府，并为进军葡萄牙做准备，英军占领萨拉曼卡并和苏尔特军遭遇的消息打乱了他原先的部署，他立即决定向马德里西北的巴利亚多利德进发，力争将英国人赶下大海。12月下旬，他留下约瑟夫国王和第一、第四两军把守马德里，自率4.2万人前去支援苏尔特。拿破仑一路强行军以图赶上退却的英军，但到了1809年1月，由于奥地利的动向令他时刻不安，他感到必须立即退回巴黎，准备应付东线日趋紧张的局势，便把继续追击的任务交给苏尔特和内伊，自己则匆匆地离开西班牙退回巴黎。

由于西班牙的战事未能结束，1809年的新兵又已被用于补充在西班牙的法军，拿破仑只好再征召1810年的新兵8万人。西班牙的战局现交由他的参谋长贝尔蒂埃元帅负责，如果英军登船退走，则由约瑟夫国王接管在西班牙的全部法军的指挥权。皇帝写信告诉约瑟夫说："欧洲的局势迫使我返回巴黎3周。如无意外，我大约在2月底即可回来。由波尔图和加利西亚同时攻入葡萄牙的计划，贝尔蒂埃将会告诉你。我预计1月21日可到达巴黎，大部分路程都要骑马。关于我离开这里的事务必保密14天，就说我去萨拉戈萨了。"

1月中旬，紧追不舍的法军终于在拉科鲁尼亚赶上了英军，双方进行了一场激战，结果摩尔在战斗中阵亡，英军损失6000人，但余部得以登船撤离。拿破仑以为半岛战争大局已定，虽然葡萄牙尚有待征服，但此事可以放在彻底打败奥地利以后再说。可他错了，英国并不打算就此放弃争夺伊比利亚半岛，1809年年初它与西班牙、奥地利先后签订了同盟条约，组成第五次反法同盟。随着法国与奥地利之间再次爆发战争，拿破仑已经不可避免地犯下了两线作战的兵家大忌。

两线作战：第三次法奥战争的爆发

由于奥地利一直在整军备战，拿破仑觉得应该对奥地利进行一场决定性的战争，以彻底打垮这个顽固的死敌。1809年1月下旬，拿破仑置西班牙的战事于不顾，从巴利亚多利德秘密回到巴黎，立即着手组建对奥作战的部队。他先是命令贝西埃尔将镇守西班牙北部各地的近卫军调回巴黎，然后又请来伤愈复出的马塞纳指挥一个新组建的军，该军由4个步兵师和1个骑兵师组成，预定3月上旬在莱茵河畔的斯特拉斯堡集合完毕。这时，有关奥地利的最新军事情报源源不断地送到了拿破仑手中，使拿破仑感到了局势的严重性。据估计，奥地利军队主力拥有9个军，统由查理大公指挥：主力分为两路，右路奥军4个军位于波希米亚境内，约有16.5万人，左路奥军3个军位于施蒂里亚和卡林西亚地区，也有9.5万之众。这26万军队负责进攻法军。另有两个军作为预备队，共10万人，一个在临近波兰的加利西亚地区，面对法国的盟友华沙大公国，由斐迪南大公指挥，另一个由路易大公指挥，负责保卫首都维也纳。奥地利军队合计拥有36万人，这是一支令人生畏的庞大军事力量，看起来奥地利是倾尽全力准备一搏了。

相比之下，在德意志境内的法军兵力要薄弱得多，达武、乌迪诺和贝尔纳多特的部队加在一起也不过9万人，因此在援兵到来之前，拿破仑根本不可能像1805年时那样进行主动出击，他决定先采取防御态势，聚集兵力，后发制人，待奥地利军队暴露意图之后再予以打击。当务之急是立即增兵德意志，但是由于西班牙的局势不稳，他无法从那里抽调太多的部队，只好向他的盟友讨救兵。为此，拿破仑向莱茵邦联诸国警告说，他们将要面临奥地利入侵的威胁，因此必须在国内进行动员，并把军队交给他调遣。这些仆从国的君主不敢不从，于是拿破仑又获得了大约10万人的援兵，但这些军队的战斗力不强，仅有巴伐利亚军队稍有实力。巴伐利亚国王马克西米利安·约瑟夫恳求让他的王储指挥本国军队，却被拿破仑一口拒绝，他把指挥权授予了但泽公爵勒费弗尔元帅，此人因能力不强，刚被拿破仑从西班牙战场上撤换下来。贝尔纳多特则奉命从汉堡调往德累斯顿，负责指挥萨克森国王所提供的军队。

拿破仑的这种做法，极大地刺伤了盟友的自尊心，但他根本不在乎。在他眼里，这些貌似尊贵的君主其实一文不值，只要他看不顺眼，他们随时可能沦为乞丐。他也看不起他们提供的军队，只让他们做点看家护院的杂活。拿破仑还是将战胜奥地利军队的重任交给了他所信赖的法国军队，他命令用马车将近卫军火速从西班牙接回巴黎，以便能早日听从他的调遣。由于缪拉已被晋封为那不勒斯国王，拿破仑改由贝西埃尔指挥在德意志境内的骑兵部队，贝西埃尔原先的职务则由克勒曼元帅接替，此人曾在马伦哥战役中表现突出，并与朱诺一起在葡萄牙打过仗。拉纳元帅也奉命离开西班牙，前往德意志。

拿破仑估计奥地利最早将于4月中旬发起进攻，他还有一些时间加紧组建在德意志的大军。到目前为止，他已拥有14个步兵师，14.5万人，257门火炮，9.5个骑兵师，2.7万人，分属第二、第三、第四、第七（巴伐利亚军）4个军和1个骑兵军，由拉纳、达武、马塞纳、勒费弗尔和贝西埃尔分别指挥。近期内还有望得到近卫军的增援，这支精锐部队拥有1.8万步兵和4000名骑兵，60门火炮。为了保护后方，还正组建第八军（奥热罗元帅指挥）、第九军（萨克森军队，由贝尔纳多特指挥）和第十军（由威斯特伐利亚国王热罗姆·波拿巴指挥）。拿破仑打算在法军完成集结之后，将大本营设在多瑙河上的小城多瑙沃尔特，斯特拉斯堡将作为主要的补给基地，法军正在大量制作面包干粮，并准备在多瑙河上组织船运，输送弹药给养。

可是，没等他准备停当，奥地利却已抢先一步发起进攻。4月9日，查理大公未经宣战就率领4个军14万大军越过边境侵入巴伐利亚，其左翼直逼首都慕尼黑。科洛雷特伯爵的第五军作为右路，在多瑙河以北配合行动。约翰大公的军队则侵入意大利。由于消息不及时，拿破仑在奥军越境的第二天才惊悉奥地利的进攻已迫在眉睫，措手不及的他当时还逗留在巴黎，代行指挥之权的参谋长贝尔蒂埃元帅也在后方的斯特拉斯堡。此人虽具有一名好参谋长的素质，但缺乏决断力，根本不适合指挥全军，在拿破仑不在场的情况下显得手足无措。法军各军团尚在集结运动中，分布得也很散，如果奥军行动迅捷的话，本来是有可能将法军各个击破的，但是查理大公由于吃过拿破仑的亏，因而变得小心翼翼，奥军行动十分迟缓，使法军得以避免一场惨败。

反客为主：累根斯堡 – 埃克缪尔战役

　　拿破仑4月13日离开巴黎，两天后抵达斯特拉斯堡，并于4月17日前出至多瑙沃尔特设立了大本营。此前一天，拿破仑继子欧仁亲王指挥的驻意大利法军进攻南下的约翰大公军队，但被击败，欧仁被迫退至皮亚维河对岸。与此同时，在蒂罗尔地区也爆发了反抗巴伐利亚统治的大规模暴动。另外，查理大公率领的主力部队正缓慢地向多瑙河上的重镇累根斯堡挺进，该城由达武的第三军把守，由于位置突出，达武的军队还受到了多瑙河北岸的奥军科洛雷特的威胁，面临两面突击的第三军随时有被粉碎的危险。拿破仑所处的军事形势十分险恶，原先在德意志的大批军队已被调往西班牙，而赶来增援的近卫军正在途中，骑兵军团也尚未完成集结，达武和勒费弗尔的军团正受到奥军猛烈的进攻。他目前可以动用的预备队只有位于因戈尔施塔特的一个重骑兵师（5100人）以及刚刚抵达奥格斯堡的乌迪诺的第二军（2.13万人）和马塞纳的第四军（3.76万人），而这两个军由于长途行军已经疲惫不堪。全部法军加起来有14.8万余人，当面奥军却有18万多人。

　　尽管局面不利，拿破仑还是险中求胜，天才地制订了一个扭转战局的计划。他命令达武军团撤出累根斯堡，在多瑙河以南的丘陵地带同勒费弗尔的巴伐利亚军（2.7万人）会合，并肩作战，坚守阵地，顶住奥军主力的正面进攻。与此同时，乌迪诺军和马塞纳军要克服体力不支的困难，从奥格斯堡东进至伊萨尔河畔的兰茨胡特，包抄正在进攻累根斯堡的奥军主力部队的左翼，切断其交通线。这是拿破仑在千钧一发之际采取的应急措施，该计划的关键在于法军能否胜任不间断的行军和战斗。开战之前，他再次向法军官兵发表文告，宣布第三次对奥地利的战争开始：

> 士兵们！（莱茵）邦联的领土业已遭到侵犯。奥地利的将军希望我们看到他们的部队就逃跑，把我们的盟国丢弃给他们，可我却像闪电般地到来了。
>
> 士兵们！当奥地利君主上次来到摩拉维亚营地的时候，我就在你们的环绕之下；你们都曾听到这位君主哀求我宽大为怀，并且向我发誓要同我建立永恒的友谊。作为三次战争的胜利者，奥地利都曾得到我们的宽大之恩，可它三次违背了誓约！我们过去的成就是我们现在所期待的胜利的可靠保证。
>
> 因此，让我们勇往直前，让敌人一看到我们就承认我们是他们的胜利者！

达武于4月18日接到拿破仑的命令，但他的军队次日才开始向多瑙河以南退却，因此在行动过程中与奥军三个军的前卫部队先后发生激战，幸亏奥军主力动作太慢，才使得达武的第三军侥幸逃脱了被歼的危险，但奥格斯堡于20日被奥军占领。勒费弗尔的第七军奉命向达武靠拢，但他派给达武的联络军官被奥军俘虏，因此未能很好地配合第三军的退却行动。查理大公在达武和勒费弗尔军队的防守正面部署了四个军的兵力，准备发动大规模的正面攻势，而他的左翼只有席勒男爵一个军掩护伊萨尔河谷。拿破仑命令马塞纳和乌迪诺的军队全部出动，进攻奥军的左翼，他要求法军"积极、主动、迅速"，这是胜利的关键所在。

4月20日，拿破仑将自己的大本营迁到了离前线不足10英里的地方，拉纳和贝西埃尔也从西班牙赶到了德意志，拉纳奉命临时指挥达武的两个师，贝西埃尔则指挥马塞纳军团的骑兵。在阿本斯贝格，行进中的法军与左翼奥军打了一场遭遇战，奥军被击退，损失了1.3万人。第二天，奥军主力对在累根斯堡和埃克缪尔（*在累根斯堡以南16英里*）之间的达武军团和勒费弗尔军团发起进攻，但是由于该地区河谷、丘陵纵横交错，丛林密布，十分有利于防守，奥军虽然人数众多，但只是零星地逐次投入兵力，结果被数量上处于劣势的法军连续击退，毫无进展。

拿破仑认为伊萨尔河谷是扭转战局的要害所在，所以他加强了法军的右翼兵力，拉纳军和勒费弗尔军的一部分被南调兰茨胡特，加上马塞纳军团分兵合击，将席勒军赶出了兰茨胡特，贝西埃尔的骑兵师乘胜追击，将这部分奥军驱逐出战场老远。拿破仑亲自抵达兰茨胡特视察战局，他突然意识到法军没有抓住在累根斯堡地区消灭奥军主力的大好机会，查理大公的军队才是主要威胁，席勒军不过是次要目标而已。这时达武报告说他的部队在6.6万奥军的重压下弹药将要告罄，于是拿破仑赶紧命令马塞纳和乌迪诺北进驰援达武，他也一同前往。4月22日下午，在兰茨胡特以北25英里的埃克缪尔村，法国援军向盘踞此地的奥军发起进攻，同时达武和勒费弗尔的军队也一起发起反击，查理大公的奥军全线受到攻击，到了夜幕降临时，奥军抵挡不住，向累根斯堡退却。法军的步兵由于连续行军作战，体力消耗殆尽，所以未能协同骑兵一起追击。在战斗中，法军虽然人数略少，但仅伤亡5200人，却使奥军损失了1万多人。次日，无心恋战的查理大公将主力撤到了多瑙河北岸，除了留下一支强大的后卫部队据守累根斯堡外，余部继续向东北的波希米亚地区撤退，席勒军在兰茨胡特吃了败仗后也已退往维也纳。同一天，法军向累根斯堡守军发起了围攻，勇猛的拉纳元帅身先士卒，爬云梯登上累根斯堡的城墙，一举占领该城。拿破仑在前线一个观察哨所观察战斗时，不巧被一颗流弹击中了脚部，这是他自土伦战役中被一名英国士兵刺伤大腿以来第二次在战场上挂彩。

尽管由于查理大公退却及时，拿破仑最终未能消灭奥军主力，但经过四天的艰苦行军和四场激烈的战斗之后，他还是反败为胜。仰赖于训练有素的法军，他的反击计划获得了最后成功，在阿本斯贝格、兰茨胡特、埃克缪尔和累根斯堡等地取得的胜利，后来都被记录在巴黎的凯旋门上。奥军前后共损失了5万余人，并被法军劈了两半，奥地利首都维也纳的奥军只剩席勒的一支败军了。拿破仑在不利的局面下，能取得这样的结果，的确显示了他杰出的军事才能。

阿斯佩恩战役（1809）

拿破仑竭尽全力要夺取维也纳，他迅速组织兵力向维也纳进军，力争在查理大公之前赶到那里。从阿本斯贝格到维也纳仅有110英里之遥，也没有什么天然障碍物要跨越。马塞纳指挥法军先头部队追击席勒的军队，勒费弗尔率兵去蒂罗尔镇压那里可能出现的反抗，拿破仑的继子欧仁亲王正在威尼斯同约翰大公指挥的一支奥军交战，其他法军部队跟随马塞纳的部队前进。拿破仑命令马塞纳不惜一切代价克服奥军的阻击，马塞纳的军队于5月2日强攻席勒的防御阵地，导致一场血战，法军损失5000人，奥军也伤亡6000人以上，并被迫放弃了阵地。席勒随后渡过了多瑙河，向维也纳以北的查理大公军队靠拢。法军遂长驱直入，沿途未遇什么抵抗，5月11日打到了维也纳近郊。次日，拿破仑在郊外的肖恩布鲁恩宫设立了大本营，并下令炮轰维也纳城，奥军守卫部队在马克西米利安大公的指挥下只象征性地抵抗了4小时便放下了武器。维也纳在4年之内第二次被法军占领，而且正好是在奥军入侵巴伐利亚的一个月之后。

　　首都虽然陷落，但奥地利并未停止战争，奥皇已逃往波希米亚，查理大公的主力还有10万之众，就在离维也纳不远的多瑙河对岸。拿破仑现在想进行第二次奥斯特里茨会战，以求一劳永逸地粉碎奥地利的军事力量。他急不可待地要法军渡过多瑙河，以寻找查理大公的军

阿斯佩恩战役

队决战，但奥军已将多瑙河上的所有桥梁破坏。于是他命令法军炮兵和工兵部队连夜架桥。此时正值多瑙河河水泛滥期，试图将全军在短时期内送过河去追歼10万行踪不明的敌军，这真是一个疯狂的带有赌博性质的军事行动。拿破仑一向就是个大胆的赌徒，在迄今为止孤注一掷的战争赌博中，他还一直是个赢家。而现在他又只带10万人过河，这就更加危险。

拿破仑选择在维也纳和普雷斯堡之间的多瑙河上架桥，这段河道蜿蜒曲折，河中还有一个江心岛，名叫洛鲍岛。法军炮兵和工兵争分夺秒地进行架桥作业，由于缺乏必要的工具，他们花了10天才架起南北两座浮桥，以洛鲍岛为连接点。5月20日马塞纳军通过浮桥渡过了多瑙河，占领了北岸的两个村庄阿斯佩恩和艾斯林，作为桥头堡，仅遭到奥军警戒部队的轻微抵抗。21日拂晓，拿破仑本人也过了河。其实，这是查理大公精心设计的一个圈套。他的军队已经集中在多瑙河北岸的平原上，就等法军前来渡河，然后乘其半渡之际，先将上岸的部队赶下河去，然后再像打水鸭子一样把他们逐个消灭。拿破仑急切求战的心情正好把法军送到奥军的枪口上。

渡过多瑙河的法军有4个步兵师和2个骑兵师，在5月21日下午遭到了奥地利军队的大举进攻，双方为争夺上述两个村庄展开了激烈的战斗。不巧，上游洪水这时突然汹涌而来，多瑙河水位猛涨，导致从洛鲍岛到南岸的法军主浮桥被冲垮，拿破仑和他的3万法军顿时陷入危急境地。既得不到后备部队的增援，又没有弹药给养补充，而奥军乘机不停地发动猛烈攻击。法军经过拼死努力直到午夜才把浮桥修复。

可拿破仑并未就此变得谨慎一些，他命令把拉纳军、近卫军以及全部骑兵都调来支援北岸的桥头阵地，准备第二天继续战斗，他还派人去征召河上游的达武军。可是没等达武部队前来，麻烦又接踵而至，奥军从上游放下满载石头和熊熊燃烧的木材的火船，火船直冲主浮桥，将它再次毁坏，而北岸的法军此时已打得筋疲力尽，弹药也将要耗尽。到了22日下午，为避免全军覆没，拿破仑只好命令北岸桥头堡的法军全部撤到洛鲍岛上，直到夜幕降临，法军都还没撤完。就在这次撤退行动中，拿破仑的一员猛将——屡建战功的拉纳元帅，受了致命伤。

至此，交战双方都蒙受了惨重的人员伤亡，法军损失更大，大部分伤员都被迫丢弃给敌军，死伤人数超过了4.4万人，奥军仅伤亡2.3万人。阿斯佩恩-艾斯林战役是不可一世的拿破仑在其军事生涯中遭受的第一次真正的失败，他的不败神话终于破灭了。此外，他还失去了一个最英勇善战的元帅。

反败为胜：瓦格拉姆决战

尽管受到了严重挫折，但拿破仑并不气馁，他还占据着江心的洛鲍岛，他称之为"拿破仑岛"，随时可以作为第二次进攻的跳板。5月22日晚，拿破仑和他的元帅们举行了一次军事会议，参谋长贝尔蒂埃主张放弃进攻，但拿破仑向来寻求积极主动，他决定先在拿破仑岛上固守，等待洪水消退之后，用后援部队再作一次进攻尝试。

为了避免重蹈前一战的覆辙，拿破仑花了一个多月的时间进行战前准备。在马塞纳的陪同下，他打扮成低级军官模样，对多瑙河水道亲自作了一次地形侦察。通过这次秘密侦察，他决定在上次渡河的地点实施佯渡，而实际渡河地点则选在拿破仑岛以东多瑙河下游的另一个小岛上，该岛他称之为"亚历山大岛"。在为渡河做周密准备的同时，拿破仑也在着手整编军队，在阿斯佩恩战役中受到重创的各军都获得了来自法国本土的增援，逐渐恢复了元气。欧仁亲王的意大利军团在把约翰大公的奥军逐入匈牙利之后，也奉召赶到了维也纳。驻守在达尔马提亚的马尔蒙军也正奉命前来。5月31日拉纳因伤重不幸身亡，第二军指挥权由乌迪诺将军接掌。

经过一段时间的休养补充后，到6月底，拿破仑的军队重整旗鼓，集结起一支拥有25个步兵师、10个骑兵师和544门火炮的打击力量。大军编成如下：

瓦尔特的近卫军	1.1万人
乌迪诺的第二军	2.4万人
达武的第三军	3.5万人
马塞纳的第四军	3万人
贝尔纳多特的第九军	1.8万人
欧仁亲王的意大利军	3.1万人
马尔蒙的军	1万人
贝西埃尔的骑兵军	9000人
巴伐利亚的一个师	7000人

共计17.5万人。

另外，拿破仑还有勒费弗尔的第七军和旺达姆的第八军作为后备部队，驻守维也纳和保卫交通线。

6月30日傍晚，拿破仑用马塞纳的一个师在原先的浮桥位置发起佯攻，但奥军并未作抵抗，结果马塞纳军团架起了一座桥梁，并重新占据了阿斯佩恩村，这个收获令拿破仑感到十分诧异。实际上，这还是查理大公诱敌深入之计，他已将13万奥军和400门火炮部署在一个半圆形的阵地上，分为左右两翼，各有三个军，专等法军来攻。此外，他的弟弟约翰大公奉他之命率1.4万人正从普雷斯堡赶来，准备对法军形成合围之势。这次查理大公不打算再乘法军半渡之际发起攻击，而是准备打一场阵地战，在阿斯佩恩战役中打败了拿破仑，现在他对自己的计划又充满了信心。

拿破仑对查理大公的作战计划和兵力部署一无所知，但他自恃兵力强大，决意按自己的意愿行事，首先是要重新渡过多瑙河。7月4日晚上风雨交加，法军乘机从亚历山大岛架桥渡河，由马塞纳军在左

拿破仑在瓦格拉姆

翼的阿斯佩恩村作掩护，渡河的法军未遇任何抵抗，轻松上岸。在法军工程部队的努力下，一夜之间，15万大军连同战马、火炮和弹药一起渡过了欧洲最大的一条河流。上岸的法军击退奥军前卫部队的阻击后，开始按预定计划向左实施大规模迂回运动，迅速接近严阵以待的奥军。两军在维也纳和普雷斯堡之间的一块小平原上形成对峙，大战一触即发。

查理大公的军队左翼有罗森贝格、霍亨索伦和贝勒加德的三个军，沿着一条名叫鲁斯巴赫的多瑙河支流的北岸掘壕固守，他的右翼阵地先向西再折向西南，直至阿斯佩恩村，部署了克雷瑙、科洛雷特和列支敦士登亲王的三个军，克雷瑙刚刚接替席勒担任军指挥官。奥军的两翼以鲁斯巴赫河边的瓦格拉姆村为连接点，形成一条长8英里的弧形防线，路易大公的部队作为预备队。查理大公已经赢得了对拿破仑的第一次胜利，差一点将拿破仑连同他的军队赶下多瑙河去，这使他有些忘乎所以，现在他打算通过阵地战来歼灭法军，可这个宏伟目标并不是他的军队所能胜任的。

7月5日拂晓时分，大雨突然停了，天气开始转晴并变得炎热。呈扇形前进的法军在下午3时左右完成了集结运动，并向奥军的弧形阵地靠近。查理大公却并不急于交战，因为各个军团尚未完全展开，而且他还要等待约翰大公的部队到来，但是消灭法军的最好时机已经被他丧失掉了。

拿破仑是绝不愿意放弃战场上的主动权的，一旦法军完成战前准备，他迅即命令发起攻击。左翼的马塞纳军队四个师与敌克雷瑙军已经在阿斯佩恩发生激战。右翼达武军和乌迪诺军也向鲁斯巴赫河对岸的奥军左翼阵地发动了正面进攻，但是没有得手，反而遭到奥军的猛烈反击，伤亡很大。中路贝尔纳多特指挥的萨克森军队非但没能攻下敌人的任何阵地，反倒被对方赶出了自己的出发阵地，结果狼狈而回。到夜幕降临之时，拿破仑只好下令停止进攻，准备次日再战。第一天战斗结果，法军一无所获。7月6日凌晨，奥军竟然首先发起进攻，这不禁令拿破仑大吃一惊。马塞纳的军队受到克雷瑙军和科洛雷特军的联合冲击，被逐出了阿斯佩恩，中路的萨克森军队再次被击溃。如果奥地利军队沿着多瑙河推进，法军就会被切断退路，形势看起来十分危急。

面对这种危险，拿破仑只有两种选择，一是命令在维也纳的后备部队赶来支援受威胁的左翼，但这样做的困难在于路途太远，且难以保证取得决定性的战果；另一种方案是对奥军的中路和左翼实施反攻。拿破仑发现瓦格拉姆是奥军左、右两翼的接合部和中心要点，于是决定拿下瓦格拉姆以期扭转战局，此外，他还可以动用右翼部队攻击奥军的左翼阵地。

危急时刻，拿破仑无与伦比的智慧再一次显现光芒。他要马塞纳不惜一切代价守住左翼阵地，然后命令将近卫军的60门火炮投入战斗，集中猛轰奥军在瓦格拉姆的中央阵地。在长时间大规模的炮击之后，贝西埃尔率领近卫军重骑兵向业已动摇的奥军步兵发起冲击，接着，麦克唐纳将军率领的意大利军步兵以及随后跟进的马尔蒙军和巴伐利亚部队相继突破了奥军的中央防线。同时，右翼达武也渡过鲁斯巴赫河向奥军左翼迂回，准备合围瓦格拉姆。战斗异常激烈，奥军在不利的形势下进行了顽强的抵抗，两军一直酣战到下午4时。当查理大公获悉约翰大公的军队不能及时赶到战场时，他这才意识到其围歼法军的计划已告破产，继续把这场战斗打下去也于事无补，不得不下令全军脱离战斗，向北撤入库拉维亚山区。

奥军的撤退井然有序，只丢弃了一些重伤员和毁坏的火炮，法军也筋疲力尽无力再追，拿破仑已经把所有的预备队都用上了。瓦格拉姆一战，法奥两军都动用了400门以上的火炮展开近距离炮战，结果都蒙受了惨重的人员伤亡，法军损失高达3万余人，奥军死伤和被俘者也有3.6万人。拿破仑虽未能获得什么重大战果，但瓦格拉姆战役决定了法奥战争的结局。在以后的追击战中，法军再次获胜，奥皇觉得自己的军队不能再受到更大的损失了，遂决定向拿破仑求和，拿破仑欣然同意。他不想过度削弱奥地利，从西班牙传来的消息也不容乐观，所以是尽快结束战争的时候了。军事行动结束后，法奥两国经过3个月的讨价还价，才于10月14日在维也纳的肖恩布鲁恩宫最后签订了和平条约。根据此条约，奥地利被迫割让多达3.2万平方英里的领土给法国、巴伐利亚、萨克森和俄国，并同意参加针对英国的大陆体系，其陆军兵力被限制在15万人，还要赔偿7500万法郎的战争费用。第五次反法同盟也以失败告终。

瓦格拉姆战役之后，拿破仑对指挥萨克森军队不力的贝尔纳多特深为不满，对他已经失去了信任，决定今后不再委以重任。在战争中建立功勋的麦克唐纳、马尔蒙和乌迪诺则被授予元帅头衔，达武被晋封为埃克缪尔亲王，马塞纳被晋封为艾斯林亲王。

在与奥地利进行战争的同时，好斗的拿破仑还在和罗马教皇闹摩擦。他一直想削弱宗教对世俗的影响力和号召力，遏制罗马天主教会的政治经济利益，并控制教会为其所用，偏偏教皇庇护七世不听他的号令，暗中与英国交好，还鼓动天主教会与他作对，于是忍无可忍的拿破仑采取了极端行动。先是在1807年出兵占领了教皇国，继而在

1809年将教皇国并入法兰西帝国，宣布罗马成为帝国的自由城，在教皇宣布将拿破仑革除教门之后又公然把教皇囚禁起来，关押在离热那亚不远的萨沃纳，后又转到枫丹白露继续幽禁，置于他的直接控制之下。这一大逆不道之举，立即激起各地天主教会的强烈愤慨，他们纷纷起而反对拿破仑，并转向支持波旁王室。即使是自己的亲朋好友，只要不合其心意，拿破仑也是同样的毫不留情。1810年，拿破仑将执行大陆封锁政策三心二意的路易·波拿巴赶下了荷兰国王的宝座，进而把荷兰强行并入法国，并严厉实行大陆封锁政策，这又使得依赖海外贸易的荷兰人大为不满。对于拿破仑的横行霸道，欧洲可以说是已到了人神共愤的地步。

泥足巨人：西班牙的僵局

正当拿破仑率领他的大军团同奥地利军队激战之时，伊比利亚半岛的战事却正向着不利于法国的方向发展。拿破仑在1809年1月离开西班牙之前曾指示苏尔特元帅，一旦英军从西班牙地区撤走，他的军队就应从加利西亚入侵葡萄牙，重新占领波尔图和里斯本。维克多元帅的军队则应从西班牙西部临近葡萄牙的巴达霍斯西进，直趋里斯本，支援苏尔特。另一个师则应从萨拉曼卡向葡萄牙进发以配合这两支军队的行动。但实际执行的情况却并非如此，苏尔特的行动没有得到友军的支援和呼应，不过他最终克服了葡萄牙民兵的抵抗，于3月29日攻占了葡萄牙第二大海港城市波尔图。

拿破仑在东部战场取得埃克缪尔战役胜利的第三天，也就是1809

年4月25日，阿瑟·韦尔斯利爵士率领一支英国生力军重新在里斯本登陆，从而扭转了半岛战争的形势，3个星期以后他就把苏尔特指挥的法军彻底赶出了葡萄牙，进而在西班牙军队的策应下打进西班牙境内。内伊军团也在加利西亚地区被西班牙将军拉罗曼纳的军队所牵制，无法动弹。拿破仑在维也纳得知这一不利消息后，要求内伊、莫蒂埃和苏尔特的部队合并成一个五六万人的军团，统归资历较深的苏尔特指挥，对英军穷追猛打，将其赶下大海。拿破仑确信只要打垮英军，就可结束西班牙的战事，同时他还告诫他们必须协同作战，不得分散兵力。但是，没等这个命令送到他们手中，7月28日，韦尔斯利的英军就在马德里西南不远的塔拉韦拉击败了维克多元帅和塞巴斯蒂亚尼将军的部队。此战的胜利使韦尔斯利得以晋封为威灵顿子爵。现在英军已深入西班牙腹地，对首都马德里造成了直接威胁，拿破仑在获悉第二个不利消息后，一气之下罢免了儒尔当，由苏尔特取代他的位置。可是内伊不服，拒绝听从苏尔特的调遣，结果被调回巴黎。新来的圣西尔也未能实现拿破仑的期望，又被奥热罗替代，而后者同样毫无作为。儒尔当后来又被恢复了参谋长职务，苏尔特则被调去指挥在南面的安达卢西亚的法军。西班牙战场成了拿破仑的元帅葬送英名的坟墓，战事久拖未决，25万法军因此陷入了持久消耗战的泥潭。

拿破仑对西班牙的形势极为不满，曾数次写信给约瑟夫和儒尔当，严厉斥责他们把西班牙搞得一团糟。拿破仑一贯对他的将领控制太严，总是大权独揽，现在他尝到了自己酿成的苦酒，如果他不亲自出马，形势就很难乐观。在那么多元帅中间，能独当一面的实在是屈指可数，马塞纳曾经在1799年拯救过法国，达武也曾靠自己赢得了奥尔施塔特战役，但其他人就不行了，离开了拿破仑的指挥，他们就表现不出任何的军事才能。

在西班牙的那些元帅对他们名义上的总司令约瑟夫国王极为蔑视，他的参谋长儒尔当元帅也是无能之辈，而且地位比不上拉纳、内伊、苏尔特、莫蒂埃和维克多等人，连公爵也不是，因此根本指挥不动他们。西班牙是个多山地的国家，连绵起伏的山峦丘陵把这个国家分成了若干较为隔绝的地区，在这些地区驻防的几个元帅对马德里发来的命令置若罔闻。更糟的是，他们还彼此嫉妒倾轧，缺乏相互合作，致使战局每况愈下。拿破仑自离开后再也没有回西班牙，他的遥控指挥也难以奏效，于是这种混乱的局面便一直延续下去，导致拿破仑始终未能完全征服伊比利亚半岛。

在签订《肖恩布鲁恩和约》结束对奥战争之后，拿破仑回到了巴黎。既然已从东部战场脱身，他现在就可以亲临西班牙坐镇指挥了，局势的恶化也使他感到必须尽快结束令人厌倦的半岛战争。如果他能早日将东线的大军主力调到西班牙并亲自指挥的话，他的目的恐怕早就实现了。1809年秋，由于西班牙军队抵挡不住法军的猛烈攻势而退却，孤立无援的威灵顿无法继续推进，被迫撤回葡萄牙。在拿破仑看来，威灵顿的3万英军加上数量相当的葡萄牙军队，怎么能抵挡得住他亲自统率的20万大军呢？至于西班牙军队，不过是群乌合之众而已。拿破仑调兵遣将，准备在1810年1月向西班牙进军，发起新一轮攻势，贝尔蒂埃元帅已改任驻西班牙法军的参谋长，西班牙的命运似乎已经注定。

但是一桩重要事件的发生改变了历史的进程。在拿破仑居住于维也纳的肖恩布鲁恩宫期间，有一名年轻的萨克森极端主义分子曾企图行刺他。虽然刺杀未遂，但这使拿破仑突然想起自己还没有一个亲生子女作为他的合法继承人，在他身后无人能接管这份庞大的帝国遗产。拿破仑不想让他的帝国像亚历山大大帝的马其顿帝国以及查理大帝的法兰克帝国那样，在缔造者去世之后就分崩瓦解，但是由于约瑟芬皇后不能生育，他没有后嗣可以继承帝位，而他那些不争气的兄弟们又没有一个适宜做他的继承人。于是拿破仑决定同约瑟芬离婚——虽然他依然很爱她，另娶一位年轻的新娘以便给他生儿育女。约瑟芬虽然对此感到悲伤，但为了帝国的未来，还是同意了拿破仑的离婚要求。唯一的障碍去除了，12月15日，帝国大宰相康巴塞雷斯宣布了经法国立法院批准的离婚判决书，并由国家发给约瑟芬一笔200万法郎的赡养金，算是拿破仑看在多年的情分上所给的待遇补偿。

休妻容易娶妻难，要找一个门当户对的新娘可不是一件简单易行的事情。为维持其帝国的尊严现在只有具有高贵皇族血统的大国公主才配得上拿破仑。在当时的欧洲，除了敌对国家之外，只有俄国的罗曼诺夫王室和奥地利的哈布斯堡王室的成员才具备这一资格，新娘就从这两家中选择。沙皇亚历山大一世有两个妹妹，卡捷琳娜女大公和安娜女大公，后者年方14岁，拿破仑先向沙皇提亲，想娶他妹妹中的任何一个，但是被怀有敌意的亚历山大拒绝了。于是拿破仑转向刚刚被他征服的维也纳，经过奥地利亲王施瓦岑贝格和外交大臣梅特涅的斡旋，奥皇弗朗茨一世终于答应将他的大女儿——19岁的玛丽·路易丝女大公，嫁给拿破仑。1810年4月2日，拿破仑和玛丽·路易丝在巴黎宏伟壮丽的卢浮宫举行了隆重盛大的结婚典礼。与古老显赫的哈布斯堡皇族联姻，无疑给出身卑微的拿破仑家族增添了荣耀，拿破仑不仅给自己的脸上贴了金，也使他的帝国多了几分腐臭的封建气息。次年3月，新皇后果然争气，给拿破仑生了一个儿子，大喜过望的拿破仑给这孩子取名弗朗索瓦·约瑟夫·夏尔·波拿巴，并授予"罗马王"的称号，狂妄之心，溢于言表。

新婚宴尔，加上喜得贵子，使得征服西班牙的计划在拿破仑的心目中一下子降到了次要地位，他也打消了御驾亲征的念头，改由他的代理人去完成使命。婚后两周，拿破仑组建了一支新的军团，用于重新征服葡萄牙，军团司令由他所器重的马塞纳元帅担任，下辖雷尼耶将军的第二军、内伊元帅的第六军和朱诺将军的第八军。马塞纳此时已是年老体衰，健康状况不佳，他很勉强地接受了拿破仑的任命。但是拿破仑又没有严令在西班牙掌握兵权的贝西埃尔、苏尔特、莫蒂埃等诸位元帅与他密切协同配合，结果马塞纳的使命又以失败告终。9月27日，进入葡萄牙境内的马塞纳先在布萨库山岭吃了一次败仗，损失了近5000人，而威灵顿的军队损失仅为1200人。此后马塞纳继续向里斯本进军，却又在离里斯本不远的托里什·韦德拉什被威灵顿精心部署的防线挡住去路。拿破仑忽视了对马塞纳军队的后方提供安全保障，结果久攻不下且补给不足的马塞纳军团被迫于1811年春撤出葡萄牙。英葡联军乘胜追入西班牙境内，马塞纳于1811年5月5日在富恩特斯·德奥尼奥罗再次被威灵顿击败。同年5月16日，苏尔特的2.4万法军也在阿尔布埃拉战役中被贝尔斯福德将军指挥的为数3.5万人的英西葡联军打败。法军一再受挫，在人力物力上蒙受了巨大损失，结果却是一无所获。半岛战争的形势由此急转直下，拿破仑亲手挑起的这场战争已经很难收场了。可悲的是，他并未因此吸取教训，相反却在酝酿发动一场更为可怕的战争灾难，而这一次他要拿他的伟大帝国和他的一世英名作赌注。

第九章
风雪莫斯科（1812）

与俄国决裂

沙皇俄国本是拿破仑的重要盟友，而且是其大陆体系中的一个主要环节。拿破仑和沙皇亚历山大一世的最终决裂，有着多方面的复杂原因。首先，拿破仑不能容忍在其帝国的边界上有一个对他不是十分恭敬从命的国家存在。由于拿破仑无情地实施对英国的大陆封锁政策，严厉禁止所有欧洲国家与英国通商，从而使包括俄国在内的许多沿海国家的海外贸易受到惨重的损失，俄国一直深为不满，对这项政策也是阳奉阴违。1810年，亚历山大一世对英国的态度转趋缓和，开始接受英国人的货物，他允许多达600艘的英国商船将货物运往俄国，并暗中鼓励英国货物走私，同时却对不少法国商品课以重税。这极大地挽救了英国紧张的经济形势，却引起了法国的强烈不满。此前，法英两国之间的经济战争，一直是拿破仑占有优势，1810年荷兰被拿破仑吞并之后，英国的贸易遭受了更为严重的损失，加上1809年和1810年英国农业的连续歉收，令英国政府的财政危机雪上加霜。为此，英国竭力想打破拿破仑的大陆封锁体系，如果不能引诱俄国脱离这一体系，那么英国最终恐怕只有破产和屈服了。沙皇的举动使得其他国家纷纷效仿俄国，可以说正是俄国与英国的暗中来往，才使得拿破仑的对英封锁难以为继。再者，拿破仑在从普鲁士手中夺来的波兰土地上建立起华沙大公国，也招致俄国的不满，而且他还想重建更为强大的波兰国家，作为法国在东欧的缓冲国和卫星国，借以遏制俄国的向西扩张，这更加令俄国恐惧不安。在拿破仑的婚事上，俄国也得罪了法国，拿破仑迎娶奥地利的公主为妻，可以解释为法奥联盟代替了法俄联盟。1811年1月，拿破仑又违反《提尔西特和约》，吞并了与俄国沙皇有姻亲关系的德意志诸侯奥尔登堡大公国，造成了法俄之间进一步的不和。

在1811年，拿破仑的个人生活和事业都已达到前所未有的顶峰：有了儿子，帝国皇位后继有人；庞大的帝国更加庞大了，他把荷兰并入法国，汉堡、不来梅、吕贝克以及奥尔登堡大公国等城市也遭吞并；教皇的领地被剥夺，庇护七世本人也险些身陷囹圄；奥地利再次受到严重削弱；普鲁士也未恢复元气；西班牙大部分地区至少名义上在法军的控制之下，加泰罗尼亚被划入法国版图；葡萄牙也岌岌可危；丹麦、瑞典先后加入大陆体系；英国则被大陆制度封锁得几乎透不过气来。除了遥远的土耳其和偏安一隅的英国，欧洲没有一个国家敢和法国正面较量。现在拿破仑将俄国看作是英国在欧洲大陆上的最后一个依靠，法兰西帝国在欧洲大陆上的最后一个障碍，要最后打败英国，必须先击败俄国。他曾在战场上屡次战胜俄国人，因此对该国的领导人十分轻视，他迫不及待地想征服这个幅员辽阔的国家，以致还未成功地征服西班牙，就准备对俄国动手了。

1811年年底，拿破仑着手准备远征俄国，他命令贝西埃尔将驻守在西班牙的近卫军悉数带回。这支法军精锐部队将辖3个步兵师，配有128门重炮，2个骑兵师，配有48门轻炮。他还密令在德意志、奥地利和波兰大量购置马匹，在东欧地区设置兵站基地，储备粮食、弹药等军需物资，在附属国大肆征集粮饷。他还要求他的图书管理员把能够收集到的所有有关俄国的地理书籍和战史记录通通给他送来，供他研究，并派人调查俄国的兵要地志、气象资料，编译复制俄国地图。拿破仑打算倾其全力进行一场孤注一掷的战争赌博。

他的政治顾问们，譬如担任过驻俄大使的科兰古，强烈反对入侵俄国，但他置若罔闻，他的军事顾问指出了战略上的困难，他一概置之不理。拿破仑的专制独断、一意孤行在这时也达到了顶峰，他像着了魔似的急于同俄国开战。法国势力范围内的其他欧洲国家也被动员起来。1812年2月，法国与普鲁士签订了同盟条约，3月又与奥地利签订了同盟条约，根据这两项条约，普奥两国答应出兵协助法军对俄作战，这样就对俄国的西部边境造成了极大的威胁。

意识到法国的入侵迫在眉睫，惊慌不已的沙皇做出了强烈反应。为了对抗法国，俄国在外交上注意同英国、瑞典、土耳其等国改善关系。1812年年初，俄国在战胜奥斯曼土耳其帝国并夺得比萨拉比亚地区后主动与之媾和。1月12日，俄国同英国秘密缔结了一项条约，4月5日又同瑞典签订同盟条约。这时的瑞典王储就是拿破仑的旧将贝尔纳多特元帅，此人是借助拿破仑的力量才得以被瑞典国王立为王储的，可是业已失去拿破仑恩宠的他竟然很快忘恩负义，不但疏远法国，还与英、俄交好。4月底，沙皇又最后通牒式地要求法国撤走在普鲁士境内的驻军，拿破仑一口拒绝，进而开始在东部边境集结入侵部队。5月，拿破仑与皇后路易丝一起离开巴黎，在德累斯顿设立了

275

大本营，他在出征前举行了各种庆祝活动并会见各国使臣。奥地利皇帝和普鲁士国王也赶来为他送行，对他阿谀奉承。与此同时，他的大军已源源不断地部署到了维斯杜拉河一线。在众多人的祝愿声中，巴伐利亚将军弗雷德曾胆怯地向拿破仑指出，最好还是放弃对俄国的战争。"再过三年，我就要成为全世界的主人。"拿破仑回答道。

大举入侵俄罗斯

拿破仑为了进行一场毕生以来最大规模的战役，纠集起了一支空前庞大的军队，这是欧洲历史上从未有过的大兵团。这支数量惊人的多国部队编成如下：

近卫军有4万人，近卫军步兵包括勒费弗尔元帅的老年近卫军和莫蒂埃元帅的青年近卫军，近卫军骑兵则由贝西埃尔元帅指挥；

达武元帅的第一军，有7万人；

乌迪诺元帅的第二军，有4.2万人；

内伊元帅的第三军，有4万人；

欧仁亲王指挥的意大利军队编为第四军，有4.5万人；

波兰亲王波尼亚托夫斯基指挥的波兰军队，编为第五军，有3.5万人；

圣西尔将军指挥的巴伐利亚军队，编为第六军，有2.2万人；

雷尼耶将军指挥的萨克森军队，编为第七军，有1.6万人；

朱诺将军指挥的威斯特伐利亚军队，编为第八军，有1.6万人；

维克多元帅指挥的德意志军队，编为第九军，有3.2万人；

麦克唐纳元帅指挥的普鲁士军队，编为第十军，有3.2万人；

奥热罗元帅的第十一军，作为预备队，有5万人；

盟国奥地利的军队由施瓦岑贝格亲王指挥，有3.2万人；

缪拉元帅的骑兵部队，分为4个军，有3.8万人。

整支大军总数达51万人之多，共拥有40个步兵师、25个骑兵师，但其中法国人不到一半，因此战斗力参差不齐。不过，大多数外籍军团中都有一个法国师作为骨干，一方面是为了加强战斗力和凝聚力，另一方面也是起监视和督促作用。拿破仑还准备了数万辆运输车，动用15万匹马拉运，而专门用来驮运1300门火炮的马匹也有1.8万匹之多。

俄国虽然幅员辽阔，可供驱使的人力资源却不多，加上此时俄国刚刚结束同土耳其的战争，因此沙皇能用来对付拿破仑大军的兵力就没有那么吓人了。对法作战的俄军约有二十万人，主力部队15万人，由一个有着苏格兰血统但出生在俄属拉脱维亚地区的将军率领，他的名字叫作巴克莱·德·托利，这支军队部署在西部边境的涅曼河附近。另一支5万人的部队由巴格拉季昂亲王指挥，部署在涅曼河与布格河之间的地区。在这两支军队之间，有普拉托夫将军的8000名哥萨克骑兵。巴格拉季昂军团以南，还有托姆索夫将军的部队，约有3万人，防卫西南边境，正好面对着施瓦岑贝格的奥地利军队。

5月底，拿破仑从德累斯顿启程，向俄普边境进发。6月22日，他抵达立陶宛边境的维尔科伊斯基，在此地，他发布进军俄国的通告，号召法国雄鹰奋勇前进：

士兵们！

第二次波兰战争开始了。第一次战争是在弗里德兰和提尔西特结束的：俄国在提尔西特曾发誓和法国结成永久联盟并对英国作战。今天，它违反它的誓约！如果法兰西的鹰徽不再越过莱茵河而任凭我们的盟国受它的支配，它是不愿对其乖谬的行为作出任何解释的。

俄国已经受到天命的摆布！它的厄运行将临头。它不就认为我们已经衰退了吗？不就以为我们不再是奥斯特里茨时期的军人了吗？它把我们置于要么遭受屈辱，要么进行战争之间。选择不可能是迟疑不决的。我们现在就前进，就越过涅曼河，把战争带到它的领土上去。对法国来说，第二次波兰战争将和第一次波兰战争同样的光辉，而我们往后同它缔结的和约将赢得它的保证，将结束50年来俄国对欧洲事务施加妄自尊大的影响。

6月23日晚10时，法军开始越过科夫诺（即今立陶宛的考纳斯）附近的涅曼河上的浮桥侵入俄国境内，走上了茫茫征途。首先渡河到达对岸的是300名波兰军人。先头部队一踏上立陶宛的土地，立即响起了一片胜利的欢呼声，向他们的统帅致敬。大军渡河花了3天，涅曼河的这一边广阔无垠，直到地平线的尽头，法国人连一个人影也见不到，只有大片黄褐色的土地和枯萎的植物，这幅画面真像一个不祥之兆。拿破仑预料到自己的大军在广阔但又荒凉的俄罗斯大平原上将要遭遇到很大的补给困难，所以法军官兵不得不把所有的军需用品都带上，即便如此，仍有很大的补给缺口。但是拿破仑并没有预见到将要同俄军打一场艰苦卓绝的冬季战争，他乐观地以为入侵很快就可完成，只要在附近开阔地带同俄军主力进行一次决战，将其一举消灭，就可迫使沙皇接受他的条件，尽早结束战争，从而一跃成为欧洲大陆无可争议的至高无上的独裁者。深入俄国腹地直捣莫斯科并不是他的本意。

由于俄军部署得很分散，防线拉得很长，拿破仑决定自率主力二十余万人从涅曼河畔的科夫诺直取立陶宛首府维尔诺（今名维尔纽斯），以突破俄军的防线。另外，他分出一些兵力组成两支辅助部队，各有8万人，分别由继子欧仁和弟弟热罗姆指挥，在他的右侧方行动，保护交通线，配合主力作战，奥地利军队在最南边，最北边则是麦克唐纳元帅指挥的普鲁士军队，他们负责保护大军的两翼。

法军在渡过涅曼河时没有遇到什么抵抗，6月28日，拿破仑顺利进入维尔诺，而沙皇亚历山大一世几天前刚刚从那里撤走。拿破仑原本打算用他的右翼兵力包围歼灭巴格拉季昂亲王的军团，而以其主力同巴克莱的军团决战，借此一举击溃俄军，但由于热罗姆犹豫不决行动迟缓，这一计划未能实现，俄军面对优势敌人，避而不战，向东退却。巴克莱北撤到德维纳河上的德里萨营地，以掩护通往首都圣彼得堡的道路，但是他同巴格拉季昂的联系因此被法军切断。

为了等待他的补给纵队和后援部队，拿破仑在维尔诺停留了18天之久。在贫瘠的俄国，对于习惯就地取食的法军来说，后勤供应是一个致命的缺陷，随军携带的粮草有近三分之一都被运输队的牲口所消耗，要再长久地维持一支远离补给基地人数又是空前庞大的前线部队，实在是难以为继。而且，1812年的情况与先前不同了，法军以往打一场胜仗后，常常都能就地得到粮草补充，而现在当他们四处掠夺时才发现一个个村庄早已坚壁清野，俄国人将能带的东西全带走，带不走的就付之一炬。补给不足不但迟滞了法军的行动，还影响了士兵的战斗力。不仅如此，俄国的酷暑和大雨也令法军官兵很不适应，道路泥泞不堪，加之痢疾折磨着他们的健康，从皇帝到士兵都苦不堪言。法军由于携带的燕麦不足，只好给牲口喂其他杂食，结果导致成百上千头骡马倒毙，造成拖曳火炮的马匹严重缺乏，因此被迫丢弃了100门火炮和500辆弹药车，这又使得法军的火力有所削弱，真可谓屋漏偏逢连夜雨。

斯摩棱斯克之战

7月8日，达武的第一军占领了白俄罗斯首府明斯克，准备配合热罗姆夹击南面的巴格拉季昂军队，但后者又一次成功地逃脱了。拿破仑对他弟弟的行动迟缓甚为不满，遂命令达武指挥热罗姆的军队，连热罗姆本人也要听从达武的调遣。热罗姆听说要受制于达武，一气之下便退出远征军，回威斯特伐利亚当他的国王去了。达武接管右路法军后，向着第聂伯河上的重镇莫吉廖夫推进，20日拿下该城，切断了巴格拉季昂部队的北进路线，使其无法向俄军主力靠拢。雷尼耶的第七军则奉拿破仑之命向奥地利军队靠近，以协同对付战线最南端的托姆索夫军团。

此时，由于巴克莱和巴格拉季昂之间缺乏协同配合，两军相距200公里之遥，因此在他们之间就出现了一个大缺口。拿破仑正好利用了这个缺口，向东面的维捷布斯克挺进。沙皇亚历山大一世以为拿破仑的目的是想拿下俄罗斯帝国的故都莫斯科，于是赶紧命令巴克莱军团离开德里萨，向莫斯科的西南门户斯摩棱斯克前进，同时命令巴格拉季昂也去那里与巴克莱会合，并接受巴克莱的指挥，虽然巴格拉季昂的资历要比巴克莱深。另外，俄军为掩护退往圣彼得堡的道路，由维特根斯坦将军率领的2.5万兵马留守在德里萨附近。尽管达武军紧追不舍，巴格拉季昂还是成功地退到斯摩棱斯克，并在8月初同巴克莱会合。摆脱了被分割、迂回和包围的困境后，他们决心就地设防，阻止拿破仑向莫斯科进军。

拿破仑于7月28日占领维捷布斯克城，在此地又逗留了14天，以收容掉队人员和建立补给基地。现在他发现自己进退两难，由于补给跟不上，天气炎热，连日大雨造成道路状况极差，以及对俄军动向不明等诸多不利因素，远征大军推进速度非常缓慢。部队进行了一连串的小规模战斗后，已遭受一些伤亡，在恶劣环境和严重疾病的双重打击下，又有大量的非战斗减员，结果战争才打了6个星期，法军就损失了13万人和8万匹马，再加上要分兵驻守后方和掩护侧翼，使得拿破仑直接指挥的军队只剩下23万人，却仍未能迫使俄军与他决战。但当他获悉俄军两个军团已经会合，并且就在前面不远的斯摩棱斯克城时，他又振作精神，决定继续东进，准备在斯摩棱斯克打一场期盼已久的大决战。

斯摩棱斯克城位于第聂伯河河畔，是通往莫斯科的必经之地，当时的人口约为2万。8月16日，法军前锋内伊军和达武军进抵斯摩棱斯克城对面的第聂伯河岸，俄军早已严阵以待。拿破仑赶到后，立即下令攻城，斯摩棱斯克的城墙是用大块砖石砌成的，其坚固程度可想而知，结果法军被守军击退，伤亡惨重。但拿破仑不依不饶，次日，法军以14万之众继续发动猛攻，斯摩棱斯克城内的建筑多系木质结构，在法军大炮的轰击下很快便起火燃烧，战斗异常激烈，双方均受到了严重的人员损失。鉴于法军人多势众，俄军不愿硬拼到底，当天晚上便趁着茫茫夜色撤离了斯摩棱斯克，临走前将武器弹药库付之一炬。经过这一场大战，法俄两军各伤亡2万人，拿破仑的军队尽管损失不少，却依然没有取得决定性的战果。

法军在没有歼灭俄军主力的情况下，深入俄国腹地，战争进程并不如预计的那样顺利，俄军作战十分勇猛，而且抗击侵略的决心非常坚定，法军则出现了诸多严重的问题，官兵们身体虚弱，不少人死于伤寒和肠胃病，给养不足造成军纪败坏，抢劫成风，开小差的也越来越多，而且还经常受到俄国军民的袭扰。面对如此尴尬的处境，拿破仑不得不做出一次困难的抉择，要么继续追击不断后撤的俄军，要么留驻斯摩棱斯克过冬，收兵回国是他绝对不会考虑的。如果选择前者，就意味着法军脆弱的补给线还要危险地向前延伸。从柯尼斯堡的前进基地算起，拿破仑的大军已经推进了480英里，若是再进军莫斯科，则还要向东前进240英里。但是选择后者，也并不一定就能改善法军现在的处境，而且仗打得时间长了，还会有新的难题出现，胜负更加不可预测。一些将帅认为继续东进不利，连原先最积极的东进派缪拉元帅，此时的劲头也不那么足了，但是拿破仑下不了决心进行旷日持久的战争，他想尽快地获取胜利以摆脱困境，赌徒心理使他决定孤注一掷，将这场凶多吉少的远征进行到底，他希望占领莫斯科能迫使沙皇屈服就范，从而结束这场痛苦的战争。

血战博罗季诺

斯摩棱斯克之战的结果，也令沙皇亚历山大一世不满，他不愿看到自己的军队一个劲儿地后撤，他要的是把法国人尽早赶出他的国土。另外，巴克莱和巴格拉季昂之间的貌合神离争斗倾轧也使他感到不安，于是巴克莱的总司令之职被撤，但保留军团司令之职。由于没有堪当重任的合适人选，亚历山大勉强决定重新起用老将库图佐夫。米哈伊尔·伊拉里奥诺维奇·库图佐夫1745年9月16日生于圣彼得堡，他出身于炮兵，与波兰人、土耳其人打过仗，本来已经退休，1805年又被召回，担任反法联军总司令，但在奥斯特里茨战役中被击败，后来又在俄土战争中指挥俄军获胜。库图佐夫当时年已67岁，此人看起来老迈迟钝，连马都不能骑了，实际上却是老而弥坚，眼光敏锐，很有策略。他知道拿破仑渴望尽快决战，便继续坚持战略退却保存实力的方针。俄军一直撤到了离莫斯科只有120公里的博罗季诺村，这个村子坐落在从斯摩棱斯克通往莫斯科的大道上，是首都的咽喉所在，莫斯科河的一条支流科洛恰河从它的南面流过。

库图佐夫决定在此地先打一场防御战再考虑下一步行动，俄军在科洛恰河东岸的山丘上建起阵地，右翼有河流作为屏障，左翼有难以通行的森林掩护，阵地中央是一道低矮的山冈，俄军筑起一些多面棱堡作为防御支撑点，虽不能说固若金汤，但也易守难攻。库图佐夫将他的两支主力部队部署在这里，分别由巴克莱和巴格拉季昂指挥，加上哥萨克骑兵，俄军总数约为13万人，有大炮640门。巴克莱的部队构成俄军的右翼，库图佐夫认为法军会沿着新斯摩棱斯克大道前来，因而在这里部署了重兵，但中央和左翼阵地兵力相对薄弱，巴格拉季昂的部队战线过长，易受攻击。

斯摩棱斯克的伤亡和连续不断的撤退并未挫败俄军的士气，俄军步兵英勇善战，但是训练不足，装备较差，在火力上处于劣势。不过他们坚信伟大的统帅苏沃洛夫的一句名言：刺刀比子弹更有用。俄军骑兵训练有素，分为轻骑兵、重骑兵和龙骑兵，其装备比法军骑兵还要精良。俄国人还拥有数千名优秀的哥萨克骑兵，他们都是天生的勇士，虽然不善于正规战，但善于追击、警戒和伏击。俄军炮兵新近作了整编，配备了一批新武器，拥有44个重炮连和58个野炮连。但是俄军的医疗救护手段和法军一样的落后，很难应付巨大的伤亡。

法军16万人沿着通往莫斯科的大道挺进，9月5日，缪拉的骑兵抵达博罗季诺，随后赶来的达武军立刻展开强攻，拿下了俄军左翼主阵地前的一个重要棱堡，迫使巴格拉季昂的部队退回到主阵地上，其他各部法军也在当晚先后抵达战场。第二天，拿破仑对俄军阵地进行了一次仔细的战前侦察，他本想采取惯用的大迂回战术，推进到俄军的背后，但苦于兵力不足，而且受到不利地形的制约。不过他看出俄军中路和左翼较为薄弱的缺点，遂命令达武和内伊指挥的第一、第三两军次日上午向敌人中央阵地发起正面进攻，波兰亲王波尼亚托夫斯基的第五军受命沿老斯摩棱斯克大道迂回包抄敌军的最左翼，另由欧仁率领一支部队对俄军右翼发动佯攻，近卫军和第八军团在中央留作战略预备队。法军人数稍占优势，但在其他方面并不比俄军好多少，两个多月的连续行军战斗已令军队疲惫不堪，严重的人员损失和补给短缺影响了士气，骑兵的处境尤为艰难，丧失了大量马匹，剩下的也是羸弱不堪，相反，俄军骑兵却是兵强马壮。俄军在火炮的数量和质量上也占有一定优势。

9月7日，拿破仑起得很早，并把指挥所移到那个被占领的棱堡里。由于感冒发烧，拿破仑在下令开战后，就很少直接参与指挥战斗。早晨6时，法军在炮兵集中火力猛轰俄军的棱堡之后，发起大规模进攻，俄军也毫不退让地予以猛烈还击，炮战一连进行了数小时，使整个战场变得硝烟弥漫，能见度下降，给两国军队的近战增加了困难。双方在博罗季诺以南爆发了全线激战，在俄军左翼和中央防线的战斗最为激烈，棱堡争夺战成了各兵种参加的大混战，俄军阵地几次易手，双方的炮兵令对方成千上万的人员丧生，骑兵互相冲杀，步兵刺刀相向，直杀得人仰马翻。

波尼亚托夫斯基试图迂回俄军左翼巴格拉季昂的部队，虽遭俄军阻击而未能成功，却把敌军指挥官图奇科夫打死，巴格拉季昂也被击成重伤。法军第一次正面进攻被俄军击退，伤亡巨大，但法军很快又发动了第二次大规模进攻，法国第八军也早早地被投入了战场。战至正午，俄军左翼阵地上的棱堡终被锲而不舍的法军攻占。同时，欧仁的部队在俄军右翼也取得了进展，夺取了博罗季诺村，将巴克莱的部队赶过了科洛恰河，法军进而渡河协助主力攻击俄军中央防线。俄军骑兵对法军左翼实施的反攻未能得手。下午，经过长时间的炮击，法军又对在中央阵地顽强抵抗的俄军发起一波接一波惊涛骇浪式的正面进攻，这一次内伊和达武的军团实施联合行动。同先前的战斗一样，法俄双方的炮兵、骑兵和步兵都参加了战斗。进攻开始时，法军炮兵照例先对俄军实施猛轰，然后身穿艳丽服装的法国骑兵并肩排成一列列横队，步伐整齐地向俄军开来，随即便转入与俄军骑兵刀光剑影的拼杀中。俄军炮兵亦不甘示弱，迅即开炮还击，实心弹、葡萄弹和榴霰弹如雨点般射向排成一道红蓝长墙的法国步兵纵队。战马在滑膛枪弹的呼啸声中纷纷倒毙，轰鸣的炮声也宣告了大批生命的终止，这是一天中的最后一场恶仗，其宏伟而血腥的场面简直就是一部壮丽的史诗。经过刺刀见红的白刃战，到了下午6时许，法军依靠数量上的优势，终于攻克了俄军中央阵地上的主要支撑点——谢苗诺夫斯卡娅以及拉耶夫斯基棱堡。俄军虽然在激战中表现出极大的勇气，但在骑兵、步兵和炮兵的殊死对决中，最终都被击退，失败已成定局。

俄军退出主阵地后又准备重新部署，而法军第一线部队由于伤亡很大，无力乘胜追击将其全歼。这时，拿破仑的元帅们要求他将作为预备队的近卫军投入最后的战斗，以彻底粉碎俄军的抵抗，但被拿破仑拒绝，他要保存最后这支精锐部队，准备在夺取莫斯科时使用，所以不敢拿去冒险。据说拿破仑对他的部下这样讲道："我不会让我的近卫军蒙受损失。当你在远离法国800里格（*法国旧长度单位，1里格相当于4.5公里*）之外时，你是不会拿你最后的预备队冒险的。"于是，跃跃欲试的法国近卫军只好一直按兵不动，结果俄军在入夜后得以安然撤退，前线法军也筋疲力尽，无法再追。博罗季诺一战，双方的伤亡异常惨重，俄军损失4万余人，法军也有3万多人的伤亡，却只缴获40门火炮，俘获千余人。双方都有不少高级将领英勇阵亡或负伤，俄军有22名，其中包括伤重不治的巴格拉季昂，他于两周后死去，法军则多达38人。拿破仑最终迫使俄军放弃了防御阵地，但消灭敌人有生力量的目标还是未能实现。

后来他在回忆这场战役时曾说，莫斯科城下一战（*即指博罗季诺之战*），法军表现了最大的勇气，却只获得了最小的胜利。有意思的是，法、俄双方都宣称自己获得了博罗季诺会战的胜利，但是他们又不敢说这所谓的胜利是出自他们杰出的指挥艺术。尽管在博罗季诺会战中法、俄两军将士都打得勇猛无比，但是这场血腥的大厮杀充其量是一次互相猛攻的游戏，他们的统帅无论是拿破仑还是库图佐夫（*博罗季诺血战之后他被晋升为俄国元帅*），都没有表现出应有的才干，后者多半是出于年老体衰的缘故，可是拿破仑的优柔寡断却反映出他的指挥能力已经开始走下坡路了。

得而复失的莫斯科

为了避免遭受更大的人员损失，博罗季诺之战后俄军决定放弃莫斯科，莫斯科市民也争先恐后地逃跑，30万人的城市一下子跑得只剩1万人。为了不把有用的东西留给侵略者，俄军将库存物资搬运一空，并把城内的消防设备破坏殆尽。9月14日下午，缪拉的骑兵耀武扬威地开进了这座古都，拿破仑也于次日得意扬扬地进驻克里姆林宫，但他发现他所占据的几乎是一座空城，既没有市长来献上城门钥匙，更没有民众欢迎的鲜花，俄国人并没有屈膝求和的意思，俄军主力也跑得不知去向。拿破仑再一次打错如意算盘，虽然拿下了莫斯科，但是一切问题仍未解决，俄国并未因古都被占而求和，他的战略企图完全落空了。

弃城而走的俄国军民并不打算将这座令他们自豪的城市就此拱手让给侵略者，他们准备放火焚城，用这种极端的方式来表示他们不甘屈服抗击到底的决心，再加上疯狂的占领者到处抢劫破坏，因此15日入夜之后，莫斯科城里就四处起火。除了克里姆林宫外，城区的大部分房屋都是木质结构，等到法军想扑救时为时已晚，而且由于缺少救火器材，面对凶猛的烈焰无能为力，火势如脱缰之马，一直蔓延到克里姆林宫，使得拿破仑被迫从那里迁往彼得罗夫宫。肆虐的大火一连烧了五六天，直到9月20日才自然停熄，致使莫斯科城四分之三的地

拿破仑夺取莫斯科后的毁灭大火

区被毁，六千余幢房屋化为灰烬。至此，昔日辉煌的莫斯科已是一座废城，没有什么战略价值可言，反倒成了法国人弃之可惜留之无用的沉重包袱。

库图佐夫撤出莫斯科后，并没有走远，而是将他的部队放在莫斯科西南100英里的卡卢加城，以保护重镇图拉，那儿有俄国最重要的兵工厂，而且俄军离法军补给线上的要冲维亚季马不到90英里。库图佐夫在卡卢加整编军队，兵力扩充到了10万余人。他还专门派出一些小分队，前往斯摩棱斯克等地，袭扰敌军。维特根斯坦的部队自8月中旬以来，未受多少损失，现已增加到了5万人，威胁着法军的左翼，牵制了乌迪诺的第二军和圣西尔的第六军，使之无法驰援拿破仑。海军上将奇恰戈夫的部队原先在西南边境防御土耳其军队，现已北上勤王，9月20日与托姆索夫的军团会合，约有7万兵力，该军在法军的右侧翼将施瓦岑贝格的奥地利军队以及雷尼耶的第七军击退，并转向明斯克和别列津纳河地区前进，意在切断拿破仑主力的退路。连普通俄国民众也同法国人过不去，他们坚壁清野，拒绝供给粮草。在俄罗斯、白俄罗斯和立陶宛的广袤地区，当地居民自发组成游击队，有的多达几千人，他们烧毁法军的辎重，袭击小部队法军，给法军的后方造成了极大的麻烦。俄国人正在布下一张天罗地网，不可一世的拿破仑和他的军队已陷入人民战争的汪洋大海之中。

拿破仑对俄军动向一无所知，但他却得知了来自西班牙的不幸消息：马尔蒙元帅在萨拉曼卡被威灵顿的英军击败，后者已乘胜进入马德里。此时的拿破仑在莫斯科的处境也是每况愈下，朝不保夕。由于俄军对法国人展开了行之有效的游击战，为了保护补给线的畅通，他不得不向南、北两个方向派出大量兵力，以至于在莫斯科及其周围地区，他所掌握的军队不足10万，缪拉的骑兵在莫斯科以南负责掩护，并监视俄军的动向。但是法国人的安全依然没有保障，来往于斯摩棱斯克和莫斯科的运输车队经常遭到神出鬼没的哥萨克骑兵的突袭。拿破仑只得告诫在斯摩棱斯克的朱诺将军，如果没有1500人的军队护送，任何军队不准启程。

占领了俄罗斯人的古都，却并未能就此结束战争，困守孤城则更将陷入被动，为此有人甚至异想天开地主张法军向圣彼得堡进军，利用俄国人的恐慌心理争取媾和，可是此时的法军已成强弩之末，根本无力进行另一次劳师远征。为了早日结束战争，拿破仑几次三番地对沙皇进行和平试探，但都没有反应，他向库图佐夫提议停战，也是毫无结果。尽管拿破仑主动提议媾和，甚至声称愿意缔结"最宽大的、最轻松的、最光荣的、最不侮辱人的和约"，但是俄国人自沙皇以下，都想以战争的胜利来消除所蒙受的耻辱，所以对拿破仑伸出的橄榄枝无动于衷。亚历山大坚持只要俄国领土上还有一个法国士兵，他就决不坐到谈判桌前。拿破仑求战不得，求和不能，他也不敢废除俄国黑暗的农奴制度，去争取更多当地人的支持，因为他害怕在俄国可能造成的无法控制的局面将断绝他与沙皇政权谈判的渠道。拿破仑早已不是革命时代的将军了。面对内外交困的局面，深陷俄罗斯泥沼之中的他终于意识到此地不可久留，后路一旦被切断，法军就有可能崩溃。

10月13日开始降霜，俄国恐怖的严冬转眼就要来到。事不宜迟，拿破仑决定放弃莫斯科，10月19日，撤离莫斯科的行动开始，法军此时尚有第一、第三、第四、第五、第八各军，加上近卫军和骑兵共约10万人、500多门火炮，他们以八路纵队在宽敞的卡卢加大道上行军，直到夜幕降临之时还未全部走出莫斯科城门。法军光是装载劫掠物资的运输车就有万辆之多，浩浩荡荡的队伍竟长达三十多公里，所以行军速度之慢如同老牛散步。走在最后的是莫蒂埃的近卫军，在撤出莫斯科之前，拿破仑曾嘱咐要炸毁克里姆林宫，但他们并未认真执行此项命令，从而使这座古老而伟大的建筑得以免遭毁灭。

就在这一天，库图佐夫在塔鲁金诺突然袭击了缪拉的部队，缪拉措手不及，在损失了一些人员和火炮后被迫后撤，拿破仑的大军为便于补给，先是向未受战争破坏的莫斯科西南地区撤退，但在马洛雅罗斯拉维茨遭到了俄军的拦截，10月24日一场厮杀过后，法军虽然占领该地，但却损失了5000人，大部分出自欧仁亲王的意大利部队。库图佐夫随后向西撤去，但对法军的退路仍是极大的威胁。拿破仑在遭到迎头痛击之后转而折向西北，以便经由维亚季马和斯摩棱斯克走近路撤往波兰。

为了避免落入俄军之手，拿破仑从一名医生那里要来了一瓶毒性强烈的鸦片溶液，以防万一。既为了不给追击的俄军留下任何可用之物，也为了报复俄国人先前的坚壁清野行动，按照拿破仑的命令，撤退的法军将沿途一切能烧的东西都烧个精光，乡村、庄园，统统付之一炬，但很快就没有什么东西可烧了，因为接下来所经过的地方，此前已被战火严重地破坏了。当法军走过博罗季诺战场时，成千上万具俄国人和法国人的尸体还原封未动地留在那里，没有人去掩埋和触动，全都腐烂了。这种凄惨景象对士兵产生了非常大的消极影响，尤其是现在正在退却之中，他们觉得战争已经打败了，整支军队弥漫着一股失败主义情绪，拿破仑赶紧下令尽快离开这个可怕的地方。

惨败别列津纳河

西撤的法军每天都要遭到哥萨克骑兵的袭扰，前锋、后卫、侧翼乃至主力纵队，一概不能幸免，凶猛的哥萨克人对掉队的法国人毫不留情。近十万法军将士饿得半死，再加上极度的疲劳和对死亡的恐惧，他们已经失去了往日的斗志。几支俄军都在向撤退中的拿破仑军队逼近。北侧翼圣西尔的第六军已被掩护圣彼得堡的维特斯坦逐出了德维纳河上的要塞博洛茨克，驻守斯摩棱斯克的维克多第九军奉命立即西进救援，但也被击退。在南翼，心怀异志的奥地利军队作战不力，10月中旬已向华沙方向撤退。入侵部队之间位置隔绝，只好各自为战，拿破仑已无法实行集中统一的有效指挥。

11月3日，法军和紧追不舍的俄军在维亚季马又恶战了一场，法军损失了5000人。到了5日，冬季的首场大雪从天而降，气温跌至-12℃。人与人之间的战斗，比起人与自然的斗争，实在是显得渺小可怜。似乎是存心与侵略者作对，1812年的冬天来得特别早，也特别寒冷，早到的严寒更增添了撤退者的痛苦，法军的纪律和士气急剧衰退。除了近卫军，全军秩序大乱，士兵都是三五成群，疯狂地四处劫掠，寻找食物果腹，寻找燃料暖身。很多人为了一块面包或是一个土豆而争斗，自相残杀。在当时的那种情况下，一个人的行为很快也很容易就变得与野兽没有什么两样。为了逃命，狼狈后退的法军沿途遗弃了大量的伤病员，听任他们无助地迎接死神的召唤，连满载着战利品的运输车辆也被丢在路旁无人过问，更有不计其数的士兵在途中开了小差。拿破仑根本就没有做好冬季作战的准备，离开莫斯科的时候法军没有携带足够的保暖过冬用品，俄国严酷的气候比哥萨克骑兵更可怕，积雪茫茫，大地原有的面貌顷刻之间变得难以辨认，行军队伍常常迷路，一旦找不到归途，等待他们的只有死亡。每天都有很多人被冻死，幸存者则继续在死亡线上挣扎。拿破仑车队的骑兵损失了大量坐骑，他们的马匹并非完全死于严寒，而是因为法国人没有像俄国人那样在马蹄上加装防滑钉，导致战马在跨越冰冻的江河湖沼时，常常摔断马腿。

这时从巴黎又传来了有人谋反的惊人消息：一个名叫马莱的将军曾因反对拿破仑而被监禁了4年，10月23日，他在医院治疗时逃跑，联合了一部分共和派和王党分子，散布拿破仑已死于俄国的谣言，准备聚众推翻拿破仑政权，并一度逮捕了拿破仑的警察总监萨瓦里将军，但是叛乱很快就被平息下去，马莱及其同谋者被抓获，经军事法庭审判后处决。不过，此事令拿破仑震动不小，国内政局的不稳使他更加归心似箭。

11月9日，拿破仑退到了斯摩棱斯克，他的大军残部陆陆续续会集起来，也不过5万人，骑兵只有5000人，战马更是寥寥无几，此外由于牲口大量被冻死，法军还被迫扔掉了300门大炮和许多弹药车。骑兵和炮兵的损失严重地削弱了部队的战斗力。斯摩棱斯克本是法军的主要补给基地，但维克多军曾在此地驻守长达两个月，结果将这里的粮食消耗殆尽，现在拿破仑的大军几乎找不到什么东西可吃，此地也没法久留。11月14日，拿破仑撤离斯摩棱斯克。肆虐的风雪变本加厉地侵袭法军，在撤出斯摩棱斯克时，官兵们已经十分虚弱，经常有人在跌倒之后就再也不能站起来，因而被冻死。整条道路上都布满了死尸，活着的也像一具具行尸走肉。欧仁亲王的前卫部队在克拉斯诺被俄军挡住了去路，拿破仑迅疾把达武军和近卫军调上去，才将俄军击退。内伊指挥的后卫部队一度被俄军截断退路，经过一场苦战，内伊才杀出重围与主力会合，但在抢渡第聂伯河时不少人因冰裂而落水淹死或冻死，结果6000人的部队只剩下了800人。

拿破仑本想退往明斯克，但不久他便获悉此城已被奇恰戈夫的部队所占领，这支生力军是俄国在签订对土耳其的和约之后迅疾从南方抽调来的，雪上加霜的是储存在明斯克的大批粮食也落入俄军之手。因此他只好选择更北面的一条路线以退往维尔诺，在这条路线上横卧着第聂伯河的一条支流——别列津纳河，跨越该河的唯一桥梁位于鲍里索夫城。此处原来有一个波兰师据守，但在11月21日，奇恰戈夫的军队突袭了鲍里索夫，将这座桥梁焚毁。虽然该城又被赶来救援的乌迪诺军夺回，但俄军仍停留在河对岸，使得法军无法重建该桥。而且更要命的是，由于天气骤然回暖，冰河融化，别列津纳河水泛滥，大块浮冰顺流而下，使得法军要想跋涉过河也不可能了。法军残部在此地面临着全军覆没的危险。

拿破仑临危不乱，他故意装出一副仍然要在鲍里索夫架桥渡河的样子以迷惑俄军，暗中却委派一名曾在瓦格拉姆战役中成功架桥的炮兵将军去北边更远一点的上游河段寻找架桥位置，结果他找到了一个合适的地点，法军将少量哥萨克巡逻队驱散，夺取了该渡河点。尽管寒风凛冽，冰水刺骨，法军炮兵和工兵还是克服重重困难，在11月25日建起了两座救命之桥，一座供步兵通行，另一座让火炮和运输车辆通过。

为了渡河活命，法军人人争先恐后，这两座桥上的拥挤状况简直是不堪入目。拿破仑为此还下过命令，要求必须减少辎重，所有将领和参谋军官凡有辎重车的应烧掉一半，并将马匹交由炮兵使用。但是实际情况依然糟糕，许多人抗命不遵，结果大批官兵与骡马车辆挤作一团，不少人被推入河里淹死。而俄军正从三面杀来，奇恰戈夫在南，维特根斯坦在北，库图佐夫在东，令法军上下陷入极度恐慌之中。从附近的山上还不时飞来俄军的炮弹，更加剧了桥上的混乱。11月29日晨，维克多的后卫部队过桥之后，立即将桥焚毁，这才逃脱了俄军的追杀，但仍有1万多掉队人员未能及时渡河，结果大多数人被俘、被杀或溺死。

抢渡别列津纳河使法军损失了2.5万人之多，虽然遭到了前所未有的惨败，但是能从四面楚歌的险境之中逃脱，仍可算得上是拿破仑的一项杰出成就。12月5日在斯莫尔冈，拿破仑将其残部交给缪拉指挥，自己则由科兰古等几名近臣陪同，乘坐雪橇经华沙赶回巴黎。12

月18日，他终于回到了阔别已久的杜伊勒里官，但再也不是以胜利者的身份凯旋了。

崩溃的开始

12月13日，浩浩荡荡的侵俄大军，最终仅剩约2万残兵败将幸运地逃过涅曼河，紧追不舍的俄军也终于停止了追击。至此，远征俄国之战以法国的彻底失败告终，拿破仑大军团曾经不可一世地横扫欧洲各地，现在却已完全丧失了战斗力，从军事意义上讲，它已经灰飞烟灭，不复存在了。虽然后来陆陆续续又从前线逃回一些散兵游勇，但征俄大军受到毁灭性的打击是确定无疑的。拿破仑在俄国战场先后投入了60万大军，经过6个月的征战，其损失也是大得惊人，死亡及被俘者多达50万以上，其中大多数丧命者并非阵亡于血战之中，而是死于寒冷、饥饿、疲劳和疾病，被俘者也有近10万人，另外损失大炮千余门，马匹十多万匹。俄军的损失难以统计，库图佐夫的军队虽然过冬装备要比法军的好得多，但是面对-20℃的严寒侵袭，同样损失惨重。他的10万军队追至维尔诺时，也只剩3万人不到。拿破仑蒙受的空前惨败，使得他苦心建立的脆弱联盟顷刻瓦解，昨天的友邦，转眼就成了明天的敌人。

在里加方向作战的麦克唐纳第十军于12月18日退至提尔西特，普鲁士将军约克见形势对法国不利，一回到普鲁士便见风使舵，宣布局外中立。第十军中有一半是普鲁士人，约有3万人，麦克唐纳根本调遣不动，只得带领其余人马去柯尼斯堡，与其他法军残部会合后，再退往但泽。麦克唐纳离去之后，12月30日，约克奉普鲁士国王之命与俄军握手言和，签订了《陶罗根停战协定》，并默许俄军通过普鲁士领土，而俄军也容许普鲁士军队撤退。指挥奥地利军队的施瓦岑贝格亲王见法军败退，也单独同奇恰戈夫将军达成了停战协定，退往华沙，法国将军雷尼耶指挥的第七军是萨克森部队，也跟着撤退。以上几支怀有异心的军队，在对俄作战中几乎未受到什么损失，他们安然返回，保存了实力。

1813年1月，缪拉率法军残部抵达波森城，他也急于摆脱这支晦气的军队，想回那不勒斯继续当他的国王，于是便把残兵败将扔给欧仁亲王，自己到南方享福去了。在西班牙，当地法军早已交给庸碌无能的约瑟夫国王，听任其瞎指挥。由于威灵顿连续打败法军，威名远播整个伊比利亚半岛，葡萄牙和西班牙两国的军队遂加入英军，听从其统一指挥。半岛战争开始了不利于法国的战略转折。1812年1月威灵顿开始采取攻势，连续夺取了不少西班牙城池，其中包括西部重镇巴达霍斯。7月22日，英西葡联军又在萨拉曼卡战役中大败马尔蒙的军队，后者损失多达1.4万人，并迫使约瑟夫仓皇逃离首都，8月12日威灵顿乘胜进入马德里，不过他未能一举攻克北部要塞布尔戈斯。马德里光复这一喜讯极大地激励了英勇不屈的西班牙军民。紧接着传来了拿破仑在俄国一败涂地的消息，进一步增添了他们夺回国家主权的勇气和信心，拿破仑在西班牙的军队眼看着也要完蛋了。拿破仑远征俄国的失败表明，他的军事才能已经开始衰竭，不过尚未走到尽头。

冒失地远征俄国，是拿破仑在其军事生涯中犯下的最致命的战略错误。他尚未解决西班牙的战事，就贸然地踏上了俄国的征途；他错误地低估了沙皇亚历山大和不屈不挠的俄国军民，他们在保卫自己的土地时是异常的英勇顽强；他想尽早地歼灭俄军主力，却始终未能如愿；在博罗季诺会战的关键时刻，他不肯投入他的近卫军以作决定性的一击；他对尽快结束俄国远征如此充满信心，以至于他的军队完全没有做好冬季作战的准备；他惯于采用的那套就地取材的补给方法，在荒凉的俄国根本行不通；俄国冬季的风雪更是将法军折磨得痛苦不堪。这一连串的不幸和错误，注定了拿破仑冒险远征的失败命运。这一挫折不仅无可挽回，而且是决定性的战略转折，拿破仑苦心经营的法兰西帝国从此由盛转衰，走上了覆亡的不归路。

第十章
光荣不复存在——走向覆亡

巴黎：重整旗鼓

拿破仑的俄国远征遭到了惨败，他不可战胜的神话彻底破灭了。从莫斯科的撤退使得战争的性质发生了转变，在此之前，除了在西班牙之外，对抗拿破仑的都是一些欧洲旧有的封建王朝和贵族，从那以后，对抗他的人却是普通民众。正如拿破仑的青年时期一样，法国大革命唤醒了法兰西的民族精神，使法国人民获得了自强和自信，凭借着这种精神，法国人民将外国干涉军驱逐出了法兰西领土。而到了1813年，法国在欧洲处于征服者的地位，被它所奴役的地区开始迸发出民族独立的火花，俄罗斯人民的抗法斗争更是在精神上点燃了整个欧洲大陆反抗法兰西统治的火种。

拿破仑并没有认识到这一点，他的大军虽然在俄国损失殆尽，但事态好像还没有恶化到不可收拾的地步，在入侵俄国的60万大军中，只有20万是法国人，损失并不如想象中那么严重，他们的伤亡数字只有一半，另一半伤亡属于那些被强迫征入大军的异国人，如巴伐利亚人、符腾堡人、萨克森人、普鲁士人、波兰人和意大利人等。这些国家还要继续为拿破仑的穷兵黩武提供人力物力上的无偿援助。皇帝不肯就此罢休，一回到巴黎，便立即着手重建一支大军，以迎击敌人的反攻。他知道这一反攻很快就会到来，所以关键在于抢在对手前面做好应战准备。

为了补充法军的力量，拿破仑提前征召了1814年度和1815年度的新兵入伍，这样他的军队便又增添了30万生力军。他又从西班牙抽调了不少老兵和4个团的精锐近卫军，从海军中抽出了4万名有经验的炮手。驻意大利的法军也提供了一个军。他先前还在法国本土组建了一支"国民自卫军"，作为正规军的后备力量，本来按照法令这支部队只能在法国国内服役，但现在危险迫在眉睫，拿破仑也顾不得那么多了，大批"国民自卫军"士兵被转入正规军，但是他们的战斗力很成问题，而且由于俄国远征造成的巨大伤亡，法军的下级军官极度缺乏，因此200名军校在校学员被提前派到部队里任职，100名服役10年以上的士官被提升为少尉。在对俄战役中损失最严重的是骑兵，为了在1813年进行新的战争，拿破仑不得不重建法军骑兵，从宪兵里抽调了3000名骑兵军官和军士。

在拿破仑加紧备战的同时，他的敌人也没有闲着。去年年底约克指挥的普鲁士军队哗变只是普鲁士背叛法国的一个前兆。1813年2月27日，普鲁士国王腓特烈·威廉三世同俄国签订了一个攻守同盟条约，依照这项条约，俄国出兵15万人，普鲁士出兵8万人，共同对法作战。3月17日，该条约正式公布，在俄国的大力支持下，有恃无恐的普鲁士同时对法宣战，布吕歇尔将军出任普军总司令。在英国和瑞典的参与下，第六次反法同盟建立起来，随之普鲁士境内立即掀起了一股反法爱国热潮，王国政府宣布采取全民皆兵的办法，要求凡是不加入正规军和民兵的普鲁士人，都应通过袭击敌人后方和交通线的方式，支援军队的行动。它号召普鲁士民众殊死抗击法国占领者，使用一切可以找到的工具，对其展开游击战，对敌军实行坚壁清野政策。这简直就是1792年法兰西革命时期情形的重演。经历耶拿-奥尔施塔特战役的惨败之后，普鲁士人忍辱负重，经过6年的卧薪尝胆，逐渐恢复了国力，现在他们报仇雪恨的机会终于来临了。

与此同时，在波兰前线，拿破仑的继子欧仁亲王接管的那支残兵败将，被俄军打得步步后退，拿破仑曾要求他坚守维斯杜拉河一线，可等到命令送达时，欧仁的军队早已被撵到了奥得河。俄军于1月18日渡过维斯杜拉河，并于2月7日进入了华沙。由于兵力不足加上对普鲁士人的恐惧，欧仁亲王只留下少量军队固守几个要塞，放弃了波兰和普鲁士的大片土地。到了1813年3月初，欧仁更是退到易北河一线，眼睁睁地看着俄国人进入柏林。

在隆冬季节，东欧大地为冰雪所覆盖，哥萨克骑兵可以自由驰骋，法军坚守的阵地和城池不断受到敌军骑兵的迂回包抄，凭借士气低落的法军残部的实力，要想抵挡住新锐俄军的冲击，也是不可能的。可是拿破仑不管这些，他对欧仁的溃退非常恼火，法军的备战计划因前线的失利而受到了严重干扰，他对欧仁一再严厉斥责，命令他要尽可能地坚守，不准再从易北河后撤，在普鲁士地区，如有反叛迹象，就残酷地镇压。拿破仑竭力争取时间以便在5月份完成大军的重建计划，他相信届时将有足够的力量同俄军重新较量一番。

拿破仑对前线的形势极为忧虑，但最令他怒火中烧的是由于战局混乱，前方消息不灵，使得习于发号施令的他不能遥控指挥。为此，3月7日他给欧仁写了一封怒气冲冲的信：

我无法给你下达任何命令或指示，因为你根本就没有履行任何职责。你从不向我呈送详细战报和兵力报告，你没有告诉我只言片语。不仅仅是你，连你的参谋人员也都对我装聋作哑。甚至连指挥各军的将军到底是谁，他们现在何处，我都一无所知。对你们目前的军事态势我如在云里雾中，也不明了你的炮兵状况如何。我得不到丝毫情报，完全置身于黑暗之中。你叫我如何对部队发号施令？

　　另外令拿破仑烦恼的是，留下辅佐欧仁的参谋长贝尔蒂埃元帅由于在俄国劳累过度，此刻心力交瘁而病倒了。他身边没有一个合适的参谋长，只好由宫廷大臣迪罗克将军暂时顶替一下。拿破仑为1813年的战争所拟定的战略计划是：以其左翼即欧仁亲王的军队，被称为"易北河军团"，负责迟滞俄军主力的行动；与此同时，在德意志西南的法兰克尼亚地区重新组建一支他称之为"美因河军团"的法军主力，作为主要打击力量，这个军团将穿过德意志中部的图林根森林，在萨勒河一线展开，并同"易北河军团"会合，然后向东横扫，把俄军一举驱逐出萨克森和普鲁士，进而解救波兰。

　　根据拿破仑的指令，欧仁把手下的军队南移。北方的重要港口城市汉堡因兵力空虚，在3月12日遭到了200名哥萨克骑兵突然袭击，而当地的法军指挥官洛里斯顿将军和圣西尔元帅畏敌如虎，竟然仓皇撤退，将汉堡拱手让出。拿破仑对此事怒不可遏，洛里斯顿和圣西尔两人都是新近被任命为军司令的，但他俩的表现令拿破仑大为失望，洛里斯顿曾在瓦格拉姆战役中指挥近卫军炮兵立过大功，所以被允许继续留任，圣西尔则被解职，他的指挥权由麦克唐纳元帅接替。拿破仑命令欧仁亲王派达武去那里收复该城。达武此时正在萨克森首都德累斯顿与普鲁士军队对峙，接到命令后便炸毁易北河上的桥梁，撤出了德累斯顿。但这又一次激怒了拿破仑，因为保留桥梁可以诱敌深入，达武没有理解主帅的良苦用心。为此拿破仑又写信给欧仁，责骂达武在德累斯顿撤退期间的所作所为荒谬、愚蠢。

就在汉堡失陷的当口，拿破仑发布命令，确定了东征大军的编成，其序列如下：

达武元帅指挥第一军，1.5万人；

维克多元帅指挥第二军，正在组建中；

内伊元帅指挥第三军，4万人，他因在博罗季诺战役和莫斯科撤退期间表现英勇而被封为莫斯科亲王；

贝特朗将军指挥第四军，2万人，该军来自意大利；

洛里斯顿将军指挥第五军，1.5万人；

马尔蒙元帅指挥第六军，2.5万人；

雷尼耶将军指挥第七军，1.4万人；

波兰亲王波尼亚托夫斯基将军指挥第八军，在西里西亚；

奥热罗元帅指挥第九军，该军由巴伐利亚军队组成；

拉普将军指挥第十军，3万人，驻守在但泽；

麦克唐纳元帅指挥第十一军，1.5万人。

以上各军共编有41个步兵师和11个骑兵师，兵力可达22.6万人，拥有火炮457门。此外，在撤离俄国时损失最轻的近卫军精锐被改编为两个师，分别由莫蒂埃元帅和贝西埃尔元帅指挥，拥有1.2万名步兵、3000名骑兵和60门火炮。重建的法军骑兵共编为172个中队，分属3个骑兵军团。

经过拿破仑三个月的不懈努力，一支新的大军初具规模，但它尚未成为真正可怕的武装力量。由于时间紧迫，士兵普遍没有受到良好训练，下级军官更是缺乏实战经验。这支部队的整体素质已远不如先前那支打遍欧洲无敌手的常胜之师，尽管他们的士气依然很高。再者，由于军马不够，骑兵缺编严重，在数量和素质上都无法满足实战要求，这对探察敌情是一个极为不利的因素。骑兵的不足，给拿破仑今后的作战带来了相当大的影响。

吕岑：再展雄风

3月底，贝尔蒂埃病愈回到了拿破仑的身边，这时，拿破仑已在法兰克尼亚集结起一支8.5万人的主力部队，也就是"美因河军团"，由第三、第四、第六3个军以及近卫军、骑兵军组成。到了4月中旬，这支打击力量开始穿过图林根森林，沿着1806年耶拿战役中法国大军团所走过的一条道路向东北方向前进，同时这支新军还要走过昔日赢得辉煌胜利的旧战场，但现在已经物是人非了。在4月底，拿破仑从贝特朗的第四军中抽调了两个师，组建了第十二军，由乌迪诺元帅指挥，他还得到了两个巴伐利亚师的支援。贝特朗的军则补充了1个意大利师和1个符腾堡师。4月30日，欧仁亲王指挥的易北河军团6万人同美因河军团会师，拿破仑直接控制的法军现有近15万人，372门火炮，但只有7500人的骑兵。

由于缺少骑兵，拿破仑难以确切地了解敌军的兵力及部署。反法联军的分布相当分散，俄军和普鲁士军遍布于普鲁士和萨克森各地。抗法英雄库图佐夫元帅不久前还因战功而被加封为斯摩棱斯克亲王，不料却因感染伤寒于4月28日去世，已前进至德累斯顿的沙皇亚历山大一世遂命令维特根斯坦继任反法联军总司令。维特根斯坦将其军团主力集中于莱比锡南不远处，他意识到莱比锡城将是拿破仑的第一个攻击目标，想趁着法军渡过萨勒河后攻击其右翼。他眼下可动用的联军兵力有自己麾下的俄军3.5万人和布吕歇尔指挥的普鲁士军3.3万人，另有一部分兵力在克莱斯特将军的率领下据守莱比锡。在数量上，拿破仑的法军拥有多一倍的兵力优势。他十分需要获得一次迅速而具有决定性的胜利，不仅是为了使他这支年轻的部队得到一次宝贵的经验以激励其精神，而且也是为了能够重振他百战不殆的威望。

5月1日，法军渡过萨勒河，分成三路纵队继续向东挺进，内伊、贝西埃尔和马尔蒙的军团在右，麦克唐纳、洛里斯顿两军在左，贝特朗和乌迪诺两军殿后。近卫骑兵渡河不久即遭遇敌军前哨，俄军的第一次炮火齐射就集中目标，贝西埃尔当即被一颗炮弹炸死，他是继拉纳之后第二个在战场上身亡的法国元帅。出师未捷身先死，这对拿破仑来说真是一个凶兆。

夜幕降临时，拿破仑随内伊军前卫抵达吕岑，这是在莱比锡西南12英里的一个小镇。在昔日的三十年战争中，吕岑就是赫赫有名的古战场，1632年11月16日，瑞典国王古斯塔夫·阿道夫在吕岑战役中战死。内伊奉命守住吕岑，掩护左翼，立刻骑马飞驰而来，亲自指挥作战。其他开往莱比锡的后续部队也都转向吕岑。内伊的第三军奉命不惜一切代价守住阵地，牵制敌人主力；随后而来的马尔蒙第六军奉命向内伊靠拢，在内伊的右侧投入战斗；在更南面的贝特朗第四军受命攻击敌军的左翼；近卫军也奉命向炮声最集中的方向前进。整个下午，战斗异常激烈，两军杀得难解难分。内伊军承受的压力最大，因此伤亡惨重，呈现出渐渐不支的迹象。就在这时，拿破仑亲临前线督战，极大地激励了官兵的斗志，他的出现对于其部下，依然具有一种魔力般的效应。所到之处，"皇帝万岁"的呼声不绝于耳，所有的伤员走过皇帝面前，也都一律向他敬礼欢呼。

拿破仑命令炮兵集中使用，重演瓦格拉姆战役故技，猛轰联军的中央阵地，经过多达3.9万颗炮弹的连续轰击，终于打开了一个缺口，随即拿破仑便将16个营的新老近卫军连同近卫骑兵一起投入缺口，以作最后一击。法军一口气夺回了几个村庄，但俄普联军并未因此被击溃。待到夜幕低垂时分，交战双方都已筋疲力尽，各自在阵地上暂且宿营歇息。吕岑一战，两军的伤亡都不小，拿破仑承认法军方面死伤万人之多，其中大部分都是属于内伊军的，反法联军的损失也不少于这个数目，而且布吕歇尔的参谋长沙恩霍斯特将军伤重致死。

就在双方僵持于吕岑时，北面洛里斯顿的第五军已将克莱斯特逐出了莱比锡，害怕后路被断的维特根斯坦不得不率军向东撤往德累斯顿，联军撤退时秩序井然，携带着他们的伤员，并由骑兵担当掩护，法军也未穷追，因为他们的骑兵不是俄军的对手。吕岑战役遂以法军小胜告终。拿破仑在这次会战中身先士卒，表现卓越，在战斗最激烈的关头，他亲临前线指挥，显现了极大的勇气。这支法军拥有这么多的入伍新兵和毫无作战经验的军官，初战便能将气势汹汹的敌军击退，无疑应归功于拿破仑的杰出领导。

吕岑会战的第二天，拿破仑用非同寻常的言辞向部下发布了嘉奖令：

将士们：

对你们的表现我表示由衷的喜悦！你们没有辜负我的期望！由于你们自觉服从命令，英勇作战，完成了所赋予的一切作战任务。在举世闻名的5月2日，你们打垮了俄皇亚历山大和普鲁士国王指挥的俄普联军。你们给法国光荣的鹰旗增添了新的光彩。吕岑会战将高踞于奥斯特里茨、耶拿、弗里德兰和莫斯科诸战役之列……

我们要把那些鞑靼人毫不留情地撵回他们也许永远走不出来的严寒地带。让他们永远待在他们坚冰覆盖的不毛之地，过着奴隶般野蛮的、腐臭的生活，在那里人类堪与野兽同伍。

拿破仑在遭受到前所未有的惨败之后，又重新获得了胜利，其喜悦和欣慰之情溢于言表，同时也可感觉得到，他对曾令他一败涂地的对手是多么地痛恨与憎恶。

包岑：虎头蛇尾的胜利

吕岑会战之后，反法联军退守德累斯顿。5月3日，内伊的部队在休息了24小时后继续追击。面对法军的进逼，俄普联军经过激烈争吵，决定放弃德累斯顿，继续向东退往西里西亚的布雷斯劳（今波兰的弗罗茨瓦夫），以获取巴克莱将军1.3万人的增援，比洛将军率领3万多普军留守北面的柏林。拿破仑于5月8日进入萨克森首都，恢复了其盟友腓特烈·奥古斯都的王位，并在此地建立他的主要前进基地。指挥左翼法军的欧仁亲王始终无所作为，未能实施追击以扩大战果，拿破仑对他忍无可忍，便解散了"易北河军团"，把他的继子打发到相对平静的意大利去指挥部队。赶走欧仁后，拿破仑对他的军队进行了改编，组建了一个新的左翼军团，改由内伊元帅指挥，下辖他自己的第三军、维克多的第二军、洛里斯顿的第五军、雷尼耶的第七军和塞巴斯蒂安将军的一个骑兵军，共有步兵7.95万人、骑兵4800人。拿破仑自率的主力包括贝特朗的第四军、马尔蒙的第六军、麦克唐纳的第十一军、奥热罗的第十二军、莫蒂埃的近卫军以及另一个骑兵军，拥有步兵10.7万人、骑兵1.2万人。

俄普联军且战且走，退至德累斯顿以东35英里处的包岑，在附近的施普雷河东岸筑起了阵地，准备在此坚守。这道防线由俄军6.4万人、普军3.2万人据守，从战术上看相当坚强，易守难攻，但是在战略上却颇为不利，因为包岑以南再过20英里就是奥地利帝国的领土波希米亚。奥地利此时尚保持中立，如果俄普联军被迫退入波希米亚境内，就有被扣留的危险。奥地利本来已经在与俄普两国进行着结盟谈判，但因为俄普联军新近在吕岑战败，奥地利的态度又变得暧昧起来。

5月19日，法军推进至包岑。拿破仑在侦察了敌人的防御阵地后，决定以麦克唐纳的第十一军、乌迪诺的第十二军和马尔蒙的第六军发起正面进攻，牵制联军左翼，同时命令由内伊指挥的4个军在包岑以北渡过施普雷河，迂回联军的右翼，把他们赶到波希米亚山地上一举消灭。这是拿破仑惯用的包抄迂回战法。但不幸的是，先前他已命令内伊的第二、第七两个军向柏林进发，虽然不久以后他便取消了这个命令，改令内伊的全部兵力都向包岑进发，但这两个军还是赶不上参加新的战斗。这是拿破仑的重大失误，他太沉迷于拿下柏林，实际上柏林不过是一个次要的政治目标，假使包岑的联军遭到毁灭性的失败，那么占领柏林只不过是个时间问题。如果他事先就能意识到这一点，那么包岑战役就不会变成第二个吕岑了。

5月20日上午，法军右翼向前推进，逐退据守河岸的敌军前哨，在炮火的掩护下架起桥梁跨越施普雷河，并在对岸获得了一个立足点。这时，拿破仑命令正面进攻的法军暂停前进，等待左翼内伊的军队赶上来。他用铅笔匆匆拟了一份命令让贝尔蒂埃派人送给内伊，要他向东南方向前进，切断敌人的退路。但是内伊似乎没有理解这一命令，他在包抄敌人右翼成功后，不是继续推进而是停下来坐等法军的总攻命令，但总攻一直迟至下午3时才发动，结果内伊的军队刚参战就被敌军的右翼纠缠住了，未能截断其退路。这是个致命的失误，到底是拿破仑的参谋长贝尔蒂埃的过错，还是内伊参谋长若米尼的过错，抑或是拿破仑字迹太过潦草难以辨认的缘故，一直没有弄明白。贝尔蒂埃与若米尼长期不和却是不争的事实，而正是在这次战役之后，若米尼投奔到反法联军的阵营里去了，后来他成为一名卓越的军事理论家。

由于右翼被法军迂回，害怕退路受到威胁的俄普联军放弃了继续作战的努力，于下午4时撤离了阵地，向东退却。整个撤退行动得到骑兵和炮兵的掩护，井然有序。法军既没有抓到一名俘虏，也没有缴获一门大炮，而且由于骑兵不足，无法坚决实施追击，只好听任敌军安然走远。维克多军和雷尼耶军在会战结束时才刚刚赶到，来不及参加战斗。拿破仑费了九牛二虎之力，损失了1.35万人，除了令对方损失2万人外，一无所获。包岑战役的胜利对拿破仑来说意义不大，他在战斗中也不像以往那样实行坚决有力的领导，一些命令含混不清，而内伊虽被赋予大权，却庸碌无为，缺乏战术眼光，要让他指挥一个军以上的兵力实在是勉为其难，歼灭敌军的大好时机就这样丢掉了。包岑战役和吕岑战役一样，成为拿破仑又一个虎头蛇尾的胜利，本来他是准备不顾一切地追击退却的敌军的，但是他的心腹迪罗克将军在战役中突然被一颗炮弹击中身亡，这令他大为震惊，于是他下令停火。

不过俄普联军的连续失利也使他们处于不太有利的境地，在吕岑和包岑连续损失了很多兵力，导致俄国和普鲁士之间出现了激烈纷争，几乎丧失了获胜的信心。沙皇只好用巴克莱取代维特根斯坦出任联军总司令，但巴克莱认为，法军气势很猛，联军目前很难取得军事胜利，坚持要从西里西亚撤往波兰。拿破仑顺势于6月1日不战拿下西里西亚首府布雷斯劳，此前达武和旺达姆的部队已收复汉堡。但是拿破仑的日子并未因此好过一些，他的战略形势不容乐观，法军正置身于一个充满敌意的国度里，后勤补给线延伸得太长，而且由于连续作战，弹药供应开始出现问题，伤病员也急剧增加，日甚一日。再者，西里西亚离奥地利边境只有咫尺之遥，而近来奥地利对法国的态度日趋强硬，倘若它此时加入俄普阵营，拿破仑的处境就会变得更加险恶。可是法军也无力立即将联军一举全歼，先前的战斗使它损失的兵力比敌军多，所以没有足够的实力进行另一次会战。法军炮兵火力依然强大，但是骑兵太少，面对敌方的优势骑兵，法军步兵难以发起有效的攻击，也抓不住逃跑的敌人，所以很难取得决定性的战果。骑兵的不足正成为拿破仑军队的致命缺陷。

由于交战双方都急欲争取一段喘息之机，6月4日对阵两军达成休战协议，休战期限为7个星期，至6月底，后又延长至8月17日。拿破仑向他的陆军大臣克拉克这样解释他的意向：

> 这次休战进程干扰了我的胜利进程。我之所以作出这一决定是基于以下两个理由：一是我缺少骑兵，使我难以实施强有力的打击；二是奥地利的敌对态度……
>
> 我认为，休战将持续到整个6月份和7月份……假如可能，等到9月份我将实施一次决定性的打击。我希望到那时我将处于一种足以摧垮敌人的有利形势。

拿破仑做出休战的决定确实有他的战略考虑，但他显然对停战之后的形势发展过于乐观了。许多军事评论家，包括若米尼在内，都认为签订休战协议是拿破仑一生中犯下的最大的错误之一。事后表明，这段喘息时机，实际上更有利于反法联军，而不是法军。法军的处境并没有通过这段休战得到有效的改善，相反，反法联军却得以重整旗鼓，卷土重来。更重要的是，随着时间的推移，反法阵营的力量又得到了新的加强。

德累斯顿：得小失大的会战

6月10日，拿破仑在德累斯顿设立了大本营，将该城作为下一步作战的基地。然后，他着手改编军队，增强各军团实力。他又在汉堡组建了第十三军，由达武指挥，该军在驻地修筑了强大的设防工事，使汉堡成为拿破仑帝国北部边境上的重镇，也是防卫北德意志和法军左翼的支撑点。7月1日，拿破仑获悉驻西班牙的法军在维多利亚遭到了威灵顿的毁灭性打击，他立即把苏尔特元帅派往西班牙去收拾残局，统一指挥驻在那里的法军，坚守防线顶住威灵顿的持续进攻。

7月底，拿破仑又重新调整了军队的部署，以应付奥地利一旦加入反法同盟可能带来的危险，这一可能性正一天天成为现实。他的主力部队人数现已超过20万，集中在德累斯顿和包岑一带，面对着波希米亚。另有一个独立军团，由第四军、第七军、第十二军和第三骑兵军组成，共计7.2万人，统归乌迪诺元帅指挥，部署在稍北一些的地区，准备对柏林再次发起冲击。

与此同时，反法同盟一边也没闲着。6月14日至27日，英、俄、普、奥四国在莱兴巴赫开会，决定由奥地利出面向法国提出和平条件，如果调停失败，则奥地利参加反法同盟。英国按照同盟协议，给俄、普两国提供了200万英镑的补助费，并宣称若是奥地利也加入反法阵营，也可得到50万英镑。反法同盟各国并且商定，今后无论在任何环境下，都再不冒单独与拿破仑交战的风险，但可以进攻拿破仑手下那些平庸的将帅，如果在战场上单独遇到他，就应立即退却，等到联军集中兵力之后，再来对付他。这是阴险但却高明的一招，说明反法同盟各国在吃够拿破仑各个击破的苦头后，终于变得聪明起来。消除杂念并肩携手，使他们看到了胜利的曙光。7月7日，瑞典军队也正式加入反法联军。瑞典王储贝尔纳多特原是拿破仑手下的一名元帅，也是他的姻亲，曾经为拿破仑立下不少战功，但后来因作战不力而失宠，于是在驻守北德意志时开始与反法同盟勾勾搭搭，后因瑞典国王没有子女而被选为王储，现在公然走到了拿破仑的对立面，翻脸成为死敌。

看到反法同盟的实力强大无比，奥地利的胆子也壮了，不久以后，它向法国提出和平条件：取消华沙大公国和莱茵邦联，将伊利里亚地区归还奥地利，普鲁士恢复在1805年时的地位。这是拿破仑绝对不会接受的条件，奥地利名为调停，实际上是在寻找参战借口。由于法国拒绝这些条件，俄、普两国遂于8月10日宣布废止休战协议，紧接着两天之后的8月12日，奥地利也向法国宣战。谈判桌上得不到的东西，只好在战场上获取了。

奥地利参战之后，反法联军就在人数上取得了对法军的明显优势，其中俄军18.4万人，普鲁士军16.2万人，奥地利军12.7万人，瑞典军3.9万人，盎格鲁日耳曼联军9000人，内有英军的一个火箭炮连。这几支军队是联军的主力，共拥有556个步兵营，572个骑兵中队，68个全团哥萨克骑兵，火炮1380门。在他们的后面还有预备队和攻城部队14.3万人，驻守普鲁士和波希米亚境内要塞的兵力11.2万人，反法联军总兵力达到了70万以上，的确是十分强大，但他们也存在着战略意见不一的弱点。为此，俄国沙皇、奥地利皇帝和普鲁士国王专门成立了一个联军司令部，以协调战略战术，互相配合行动。战场上的最高指挥权交给了奥地利的施瓦岑贝格亲王，因为他们预计奥地利的参战会使拿破仑先对波希米亚采取军事行动。施瓦岑贝格亲王当年42岁，此人虽没有什么军事才干，但为人较随和，易于相处，他的参谋长拉德茨基将军则是一个很精明的军官。

奥地利的参战使得拿破仑面前的战略态势愈加恶化，奥军现可以通过波希米亚与萨克森边界上的山地，从南面进攻易北河地区，并从法军的侧翼威胁德累斯顿和莱比锡。事实上，反法联军也正是将这里作为了主攻方向。根据这一方针，联军主力组成了三个军团：西里西亚军团，9.5万人，归普鲁士的布吕歇尔将军指挥，从先前被拿破仑放弃的布雷斯劳向西前进，牵制法军主力；波希米亚军团，23万人，由联军总司令施瓦岑贝格亲王直接指挥，从波希米亚首府布拉格向西北方向运动，越过北部山麓从南面进攻德累斯顿；北方军团，11万人，由贝尔纳多特指挥，负责掩护柏林，并威胁易北河下游驻扎在维腾贝格、马格德堡和汉堡诸要塞的法国守军。完成战前准备的联军力争将拿破仑军队包围消灭在德累斯顿-莱比锡地区。到了8月14日，未俟停战期满，布吕歇尔便重启战端，开始向前推进。

拿破仑此时调集的一线兵力有44.2万人，其中4万余人为骑兵，共分为559个步兵营，395个骑兵中队，拥有1284门火炮。此外，法军还有2.6万人据守着易北河上的要塞，5.5万人据守着波兰和普鲁士境内的要塞，在国内还有4.3万人的二线部队。法军总计56万人左右。面对反法联军的分进合击战术，拿破仑还是想采取各个击破的战法，乘联军尚未合围之际，倾尽全力先打垮东面的布吕歇尔，然后挥兵南下，对付出现在波希米亚山地的施瓦岑贝格。如果是早年的拿破仑，他无疑会以闪电般的速度予以实施，然而1813年的拿破仑，其军事才能已经退化，他变得犹豫不决行动迟缓，眼看着套在脖子上的绞索越来越紧，最终导致不可避免的失败。由于消息不灵，拿破仑并不知道敌人有那么强大的兵力，他估计敌军的主力不过20万人，位置在西里西亚，而奥地利军队在波希米亚集中的兵力则不会超过10万人。

他的应对之策是：先分出一支部队，由乌迪诺元帅率领，下辖第四军、第七军、第十二军和第三骑兵军，计有7.2万人，用于进攻柏林，在汉堡的达武元帅第十三军和在马格德堡的吉拉尔将军的一个师负责支援。圣西尔元帅的第十四军则以德累斯顿为基地，对南面的波希米亚方向取守势。他亲率主力从德累斯顿出发，前往包岑进攻布吕歇尔。可是拿破仑执行自己的战略意图并不坚决，他本想乘布吕歇尔部队中有相当数量的俄军调往波希米亚之机，一举击败兵力不足的布吕歇尔，但当他获得情报证实有4万俄军正从西里西亚开往波希米亚时，他又想从侧面袭击这支军队，过了几天，他又获悉布吕歇尔正在向内伊的部队推进，于是他又改变计划，转向进攻布吕歇尔。可是布吕歇尔知道他来到后，即根据先前制定的战术，不战而退，使得拿破仑求战不得，欲罢不能。此时圣西尔又向拿破仑告急说，波希米亚的敌军已经接近，德累斯顿正处在危险中。拿破仑担心主要补给基地失陷，于是又分出一支部队，由麦克唐纳元帅指挥，包括第三军、第五军、第十一军和第二骑兵军，共计10万余人，负责攻击布吕歇尔军团，自己率第一、第二、第六3个军以及近卫军和第一骑兵军火速回师救援圣西尔。8月26日上午，拿破仑在士兵们疯狂的欢呼声中，骑马进入了德累斯顿。

拿破仑虽然及时挽救了德累斯顿的危局，但是从8月15日出发到26日返回，在这10天里，他却是疲于奔命无所作为，白白地浪费了宝贵的时间，而且他不是集中兵力攻敌一部，而是分兵抗击，可指派的指挥官又是泛泛之辈，结果两支部队都受挫而回。乌迪诺虽然冲到了离柏林只有12英里的格鲁斯贝伦，但8月23日遭到了贝尔纳多特的猛烈反击，又被赶了回来，损失了3000人外加23门火炮。麦克唐纳的境遇更惨，8月26日在卡茨巴赫，他被布吕歇尔打得落花流水狼狈而逃，损失2万人之多，还丢了一百多门火炮。在面临战役胜败的紧要关头，拿破仑派遣这两路法军去独立地大范围地执行战斗任务，结果不仅一无所获，还白白消耗了6个步兵军和2个骑兵军，致使他的前线部队减少到20万人左右，而且进一步陷入被动境地，内线作战的主动权已丧失殆尽。

当拿破仑前去进攻布吕歇尔的时候，8月22日，施瓦岑贝格的23万大军已越过波希米亚山麓，开始向北推进，25日兵临德累斯顿城下。第二天上午，就在联军准备进攻之时，从薄雾中突然传来了法军官兵"皇帝万岁"的响亮呼声，这不禁使他们大吃一惊，可怕的拿破仑又来到了！事到如今箭在弦上不得不发，施瓦岑贝格只好硬着头皮对法军设在德累斯顿以南的坚固阵地发起进攻，俄军在右，奥军在左，普军居中，但是联军尚未完全展开，部队之间协同很差，而且还是逐次投入兵力。面对15万敌军，拿破仑手里虽只有7万人，但是圣西尔军和近卫军、骑兵展开了强大的反攻，所有攻击点上的敌军都被击退。维克多军和马尔蒙军于当晚赶到，27日，他们冒着滂沱大雨加入战斗。经过一场血战，联军始终未能突入法军的防御阵地，施瓦岑贝格只好下令向波希米亚方向撤退。此战联军付出重大代价，伤亡多达3.8万人，被俘万余人，法军只损失了1万人左右。拿破仑回到德累斯顿时，浑身已被淋透了。

次日，法军开始追击退却之敌，拿破仑确信敌军已被击溃，所以他让他的军指挥官自主行动。如果他能集中所有骑兵坚决猛追不放的话，本来可能获得更大的战果，但是两个骑兵军已经被早早地消耗掉了。结果，拿破仑又一次没有取得决定性的成果，德累斯顿战役的胜利成了他在外国土地上的最后一次胜利。

拿破仑自己留在德累斯顿，而让他的将领随意出击，使得本来唾手可得的大捷最终变成了一场灾难。旺达姆将军指挥的第一军3万人，奉命向波希米亚境内挺进，不料8月29日—30日在库尔姆突然遭到优势敌军围攻，几乎全军覆没，1.3万人被俘，不仅损失了所有的武器装备，旺达姆本人也不幸被俘。这个突如其来的惨败，将拿破仑好不容易取得的战果一下子就抵消掉了，而且令反法联军内部的失望情绪顿时一扫而空，重新恢复了士气。

祸不单行。拿破仑对乌迪诺在柏林附近的败北耿耿于怀，他派内伊再次进攻柏林。9月6日，内伊的部队在邓内维茨同贝尔纳多特的北方军团再次遭遇，结果法军又吃了一个大败仗，损失2.4万人和80门火炮，而北方军团只损失了6000人。这还不算完，拿破仑要为麦克唐纳败于布吕歇尔报仇雪恨，9月5日他亲率主力前往包岑，想再会一会布吕歇尔，但布吕歇尔不想冒险一战，他谨慎地退走了，气得拿破仑暴跳如雷却无可奈何。

在德累斯顿会战前两天还发生了一桩极具破坏性的意外事件，威斯特伐利亚国王热罗姆·波拿巴派往拿破仑军队的两个德意志轻骑兵团，在途中携带全部武器、马匹和运输工具，一起投向了反法联军。这虽不是什么根本性的军事灾难，但却动摇了德意志同盟军对拿破仑的忠诚，而且这起事件不祥地预示着今后可能还会发生更严重的倒戈叛变。法军一连串的惨败使蒂罗尔倒向了奥地利，连巴伐利亚也决定背弃拿破仑，整个德意志地区已在风雨飘摇之中。

莱比锡：决定性会战的决定性失败

由于未能在德累斯顿战役中一举打垮反法联军，拿破仑面前的战局依然严峻。夏季将要过去，时间的流逝，意味着敌军更多兵力的到来，而拿破仑手中的兵力却显得日益缺乏。他早已将1814年度的新兵征召入伍，好几个军因一系列的挫败而蒙受的人员与武器损失很难迅速弥补。在德累斯顿附近大大小小的战斗，已使法军损失了15万人和300门火炮，另外还有5万名伤病员，拿破仑手中的预备队只有奥热罗的第九军，正保护着通往巴伐利亚的交通线。下一步该如何行动，拿破仑举棋不定，他想攻打波希米亚，但旺达姆军已经遭到毁灭；他试图拿下普鲁士首都柏林，但乌迪诺和内伊都先后栽了跟头。除了他亲自指挥的军队在德累斯顿城下获胜外，拿破仑的元帅将军们吃了一连串的败仗，格鲁斯贝伦、卡茨巴赫、库尔姆、邓内维茨四战四败，不仅白白损耗了大量兵力，还证明他们根本就没有独立行动的能力。可是这么大的战场又不是拿破仑一人所能顾得了的。他开始意识到，尽管迄今为止在他的领导下，法军已取得吕岑、包岑和德累斯顿三场会战的胜利，但他将要失去整个战争，战争的主动权已经落到了反法联军的手里。敌方的人力、物力资源远比他丰富，而德累斯顿附近地区由于遭受了严重的战火摧残，使得法军补给日益短缺，部队口粮已减少到每人每天只有8盎司面包、8盎司肉和3盎司大米（1盎司相当于28.35克），士兵们处于半饥饿状态之中。9月23日拿破仑写信给他的后勤部长抱怨说："军中几无可食之物，要找点东西出来简直是幻想。"这些不利因素的存在和日益恶化，迫使拿破仑考虑从德累斯顿地区撤往供应状况稍好一些的莱比锡地区，这就意味着法军将不得不放弃血战得来的地盘。他还为自己后方的安全担心不已，为此特命奥热罗军向前推进至耶拿等地，以掩护萨勒河上的渡口。

正当拿破仑为下一步行动踌躇不定之时，反法联军却发起了新一轮攻势。普鲁士将军布吕歇尔和他的参谋长格奈森瑙好不容易才说服俄、奥、普三国君主，使他们克服对拿破仑的恐惧心理，确信发动强大的钳形攻势包围法军的时机业已成熟。布吕歇尔决定自率6.5万人渡过易北河，挥师直指莱比锡。在他的右翼，瑞典王储贝尔纳多特也渡河南下，左翼奥地利的施瓦岑贝格则再度从波希米亚山区杀出。部下惊惶不安，可是拿破仑却还自欺欺人地斥责参谋长贝尔蒂埃说："一个人决不应为一点鸡毛蒜皮的事大惊小怪，决不能让妖魔鬼怪吓得丧魂落魄。一个人必须意志坚定，明察秋毫。"

不过到了10月6日，拿破仑终于开始意识到事态的严重性，翌日，他偕同萨克森国王和王后，离开了德累斯顿，但他仍旧拒绝承认正在放弃萨克森首都，还特地留下圣西尔的第十四军和洛鲍的第一军5万人防守该城。随后，拿破仑将自己的大本营西撤40英里，他再也没能重返德累斯顿。过了几天，拿破仑又把大本营转移到莱比锡的北面。他主意多变，行踪不定，一会儿说要率主力北渡易北河，消灭布吕歇尔的西里西亚军团，一度甚至考虑放弃莱比锡，向北进军马格德堡和柏林，一会儿又改口说在打败布吕歇尔后要返回莱比锡。但是反法联军跟他玩起了猫捉老鼠的游戏，只要他出现，联军立刻撤退，避而不战，同时其他各部又乘机向前推进。忙乎了半天，法军还是在原地踏步，结果完全陷于被动。拿破仑总是自以为是，固执己见，总以为可以发动一系列攻势粉碎敌人，可到头来却是作茧自缚，进退失据，战机到来却又擦肩而过。

到了10月12日，走投无路的拿破仑断定他必须集中全部兵力于莱比锡进行一场决战，缪拉奉命在莱比锡东南的山丘上阻击施瓦岑贝格，而内伊则负责在东北方迎战布吕歇尔。到了这个时候，为了法军在德意志土地上的最后一战，拿破仑选择莱比锡作为战场是再糟不过的了。两个月前反法联军还处于极其分散的状态，如果那时拿破仑乘机发动一场坚决的进攻，可能还有获胜的机会，而现在已经太迟了。就在拿破仑不知所措的时候，反法联军继续从三个方向坚定地朝他逼近，围捕他的口袋开始扎紧。贝尔纳多特的北方军团已推进至易北河上的哈勒，切断了莱比锡和马格德堡的联系，但深知拿破仑厉害的他显得尤其小心，跟在布吕歇尔军队后面慢吞吞地前进。施瓦岑贝格对拿破仑也是非常忌惮，行军速度极慢，17天一共才走了70英里。他也不希望与拿破仑发生正面冲突，宁可绕圈子也不愿交战。只有布吕歇尔行动最积极，他知道现在联军三支主力已经非常接近，若是能够同时向法军集中的地区进攻，有可能将其一举击溃。在他的鼓动下，沙皇决心一战，派出大量骑兵搜索敌军，结果在10月14日同法军缪拉的骑兵发生了此次战役中规模最大的骑兵遭遇战，但是未分胜负。

此刻19万法军已被30万反法联军无情地围在了莱比锡周围一个狭小的圈子里动弹不得，昔日的雄狮现在成了一只困兽。当时的莱比锡有3万人口，是萨克森王国的一个繁华城市，位于几条河流交汇而成的一个低洼沼地的中央。从北、东、南三个方向会聚莱比锡的7条大道均已被反法联军封锁，法军只剩西南面的一条退路可走，路上还有一座石桥，越过艾尔斯特河的沼泽地，可以前往埃尔富特。

10月16日，反法联军对落入陷阱的猎物开始最后的围捕行动。攻击计划由施瓦岑贝格拟定，并经沙皇修正。根据该计划，布吕歇尔的西里西亚军团从西北面进攻，施瓦岑贝格的波希米亚军团从南面进攻，俄军维特根斯坦部作为他的左翼，符腾堡王子欧仁的军队在中路，俄军戈尔察科夫部在右。而贝尔纳多特此刻仍未赶到。这场大战因为敌我双方阵营里都有多个民族参战，故而又被称之为"民族会战"，它是拿破仑时代规模最大的一场战役。拿破仑的军队里除了法兰西人，还有波兰人、萨克森人、荷兰人、比利时人、意大利人和莱茵邦联各国的德意志人，反法联军阵营里则有俄国人、普鲁士人、奥地利人、瑞典人和盎格鲁撒克逊人。拿破仑的大本营设在莱比锡以东不到2英里的一个村庄罗伊德尼茨，面对联军的向心攻击，他将其大部分兵力，包括第二、第五、第八、第九、第十一和第十二各军，部署在莱比锡东南不远处的一座小山上，以正面抗击敌方兵力最强的施瓦岑贝格军队的进攻。在其身后是近卫军和缪拉的骑兵。法军防御圈的北面统由内伊指挥，布吕歇尔当面是马尔蒙的第六军，他的右边是雷尼耶的第七军和苏汉的第三军。西南方向的出口至关重要，由贝特朗的第四军把守，他的正面是奥地利军队的一个师。

莱比锡战场

10月中旬的莱比锡天气寒冷，薄雾蒙蒙，骤雨阵阵。上午9点，联军以三声炮响宣布攻击开始，接着敌我双方开始了猛烈的炮击，一连轰了5个小时都未停止。在炮火的掩护下，施瓦岑贝格军队在南面的进攻取得进展，法军被逐出了几个村庄。拿破仑闻讯急忙赶去，集中了大量炮火，粉碎了敌军的进攻。随后缪拉率1万骑兵发起了一次蔚为壮观的冲击，试图扩大战果，但法国骑兵已是今不如昔，反被联军炮兵骑兵的联合反击逐回，以致法军步兵也只好一同退回。在莱比锡北面也是一场激战，结果布吕歇尔将马尔蒙驱逐出阵地，缴获了53门火炮。鏖战一天，双方难分胜负，各伤亡了约2万人。

第二天，拿破仑得知巴伐利亚国王已见风使舵，背叛法国，而与奥地利结盟，法军在美因茨和法兰克福的交通线因此受到了严重威胁。他感到必须要退却了，为了争取时间，他要求休战，并以此作为和谈的先决条件。但已占据上风的联军不予理睬，他们对拿破仑这一套外交伎俩早已领教够了，不过他们也未急于重新开战，因为本尼格森将军的4万俄军即将到达，另一支奥军也在途中。对拿破仑怕得要死的贝尔纳多特见联军胜利在望，终于率领6万人姗姗而来，部署在莱比锡以北。与贝尔纳多特部队一块前来的还有英国皇家炮兵的一支火箭炮部队。1810年英国皇家炮兵部队曾在葡萄牙的塔古斯首次使用火箭炮对付马塞纳的法军，现在轮到拿破仑尝尝这种新式武器的厉害了。一俟援军到达，反法联军兵力便增至29.5万人，拥有1400门火炮。拿破仑虽有意退却，可是他还想用一次胜利来作为掩护，他手里尚有16万兵力，这是他的信心所在。但这实际上是拿破仑的又一个致命错误，若是当天立即退往莱茵河，虽然等于放弃了德意志，但是毕竟可以保全法军的大部分有生力量，有利于将来重整旗鼓。

莱比锡战役

　　10月18日战事再起，拂晓前拿破仑视察了整个战场，上午7时，联军以六路纵队发起攻击，法军虽然顽强抵抗，但寡不敌众，渐渐地被迫退守莱比锡郊区。下午，雷尼耶军里的萨克森部队和符腾堡部队先后叛变，使得法军形势更加险恶。起初法国骑兵还以为这些德意志人是向前进攻，所以当他们从身边走过时还不禁向他们欢呼，却没想到他们竟然投到了敌军阵营里。法军炮兵也几乎把所有的炮弹都打光了。这一天，两军损失都在2.5万人左右，但法军的失利已成定局。夜幕降临时分，拿破仑这才认清此地已不可再留，为避免全军覆没，被迫下令放弃继续作战，向西南方向撤退。守在德累斯顿的圣西尔也奉命自寻退路。命中注定，一年前的这一天恰好就是拿破仑自莫斯科撤退的日子，历史又一次惊人地重演了。

多亏贝特朗知道艾尔斯特河上的石桥对于全军的重要性，他的部队将1万多奥地利军队击退，才使得法军最后的退路没有断绝。19日午夜2时，法军开始撤退，上午7时，联军展开了新的一轮攻势，但不久以后就暂停下来，以便谈判莱比锡城的投降事宜，因为沙皇希望能兵不血刃地拿下该城。上午9时，拿破仑与他的盟友萨克森国王道别，两人各奔前程。由于形势危急、道路狭窄，法军有秩序的撤退最终变成了逃跑，为了争相逃命，官兵你推我搡，现场一片狼藉。车辆、火炮、牛羊、妇女和士兵，伤的、死的和幸存无恙的都挤在一起。在这种混乱情形下，连继续行军都已经不可能，当然谈不上自卫抵抗。而法国皇帝却还是保持着他常有的冷静神态，似乎对周围的凄惨景象毫不关心。他于上午11时在混乱中策马走过石桥，口头传达了一些命令之后，便开始熟睡了。或许他明白，这一切都已是无可挽回的了。此时谈判破裂，争夺莱比锡的战斗重新爆发，拒绝放下武器的守城法军和波兰人一起，仍然进行着不屈不挠的抵抗。

下午1点，一声巨响将拿破仑从熟睡中惊醒，在法军后卫部队通过之前石桥就被一个神经过敏的工兵班长过早地炸毁了，这酿成了致命的灾难。担任后卫的麦克唐纳、波尼亚托夫斯基以及许多官兵，慌不择路，纷纷跳入河中，结果两天前刚被封为法国元帅的波兰亲王波尼亚托夫斯基不幸淹死，一员勇将就这样丢掉了性命，麦克唐纳则侥幸逃到了对岸。被切断退路的另外两名军司令官洛里斯顿和雷尼耶，连同手下3.3万官兵和260门大炮全部被联军捕获。艾尔斯特河东岸的战斗遂以残余法军的全部投降告终。如果施瓦岑贝格事先派本尼格森的部队去封闭西南的唯一出口，而不是只用一个师的话，恐怕拿破仑和所有法军都要成为阶下囚了。

拿破仑率残部夺路而逃，联军出于对拿破仑的忌惮，没敢穷追。10月30日，败退的法军快接近法兰克福时，被弗雷德的4万巴伐利亚-奥地利联军拦住了去路，拿破仑一点都不在乎，率兵直趋弗雷德，将其打得大败而逃，使之损失9000人以上。11月2日，拿破仑抵达莱茵河畔的美因茨，留下马尔蒙指挥三个军团作为后卫，自己返回巴黎。11月11日，走投无路的圣西尔也在德累斯顿被迫投降。

莱比锡一战，反法联军的死伤总数约为5.4万人，法军为3.8万人，但如果把俘虏、医院里的伤病员和逃跑者都计算在内，则法军的损失还要翻一番。联军缴获的战利品十分可观，内有28面军旗、325门火炮、900辆弹药车、4万支步枪。法国高级将领有6人战死，12人负伤，36人被俘。在拿破仑的一生中，这还是第一次在众目睽睽之下被敌人打得大败。一个决定性会战的胜利离他而去，而这一次他是一点借口都找不到，既没有波兰的烂泥，也没有俄罗斯的严冬。他已经输掉了第二个特拉法尔加之战，这次是在陆上，战争主动权从此彻底丧失。虽然拿破仑忍受了耻辱，依然表现出其英雄本色，但莱比锡战役的惨败比之远征俄国失利而言更是一次致命的打击，他的元气从此再也无法恢复。

莱比锡之战的结果，令欧洲大陆迸发出一片欢呼声，受到胜利的激励，反对拿破仑的运动在法国占领地区到处蓬勃展开。拿破仑试图建立一个大帝国，沿着昔日那些伟大的征服者的足迹前进，可是时代已经改变了，他的思路已经不符合他这个时代的精神。莱比锡之战表明，受他征服的欧洲各国再也不是一盘散沙，而是开始团结起来共同斗争。

从莱茵河到塞纳河：螳臂当车

莱比锡大战的惨败，为拿破仑的帝国敲响了丧钟。回到巴黎的拿破仑知道大事不妙，只有争取获得一次重大的军事胜利，才能挽救自己和帝国的命运，可是这一任务太艰巨了。拿破仑从德意志勉强带回5.6万人的残兵败将，武器装备也丧失殆尽，他再一次面临1812年从莫斯科逃回来后的窘境，又得从头组建和装备一支新军，而且这一回他不得不在法国本土打仗了。在北线，敌人的入侵已迫在眉睫。在南线，半岛战争的烽火已经烧到了法兰西境内。在过去的一年里，英西葡联军在势不可当的威灵顿指挥下不断推进，而法军则节节败退。1813年6月21日，约瑟夫率领的6.6万法军在西班牙北部重镇维多利亚被为数7.9万人的联军打得大败，损失了五千余人，西班牙大部分国土已不在法国的控制下，拿破仑只得委派苏尔特来西班牙收拾残局，作最后的挣扎，但是连遭败绩的法军已是兵无斗志，根本抵挡不住威灵顿的凌厉攻势。7月底8月初，4万联军以少击众，在索劳伦战胜了苏尔特的5.3万法军，将其赶过了比利牛斯山脉。威灵顿顺势杀入法国境内，在尼维尔和尼夫两次战役中又连续挫败法军，打得苏尔特只有招架之功，毫无还手之力。

拿破仑在德意志和波兰还有10万兵力，那些孤立无援的守军被滞留在莱茵河、易北河和奥得河上的一些要塞里，被反法联军围得无处可逃，其中包括驻汉堡的达武军3万人，失败的命运早已注定。在最危险的莱茵河正面，拿破仑只有麦克唐纳和马尔蒙的5.3万人驻守在长达300英里的防线上。而反法联军的主力，即施瓦岑贝格、布吕歇尔（他因战功卓著而被封为普鲁士元帅）和贝尔纳多特指挥的三支大军，至少有35万人，拿破仑估计这些部队在法国边境全部展开还需要几个月的时间，所以这几个月是他挽回败局的最后时机。此外，两线作战的拿破仑还有10万军队由苏尔特、絮歇率领，在加斯科尼和加泰罗尼亚分别抵抗威灵顿指挥的8万英西葡联军。

通过搜罗留守国内的剩余部队和提前征召1815年度的新兵，拿破仑在1814年年初总算将他的野战部队人数增至10万，其中骑兵只有1.2万人，兵力严重不足。连年不断的战争，早已耗尽帝国国库里的金钱，而且他还发现立法院和元老院开始采取不合作的态度，不愿再给他更多的拨款。法国人民从拿破仑带来的虚幻繁荣里清醒过来，他们对无止境的战火已经感到厌倦。拿破仑想要挽救垂死的帝国，还必须努力提高国民的士气，激励他们继续为他和他的帝国而战，可是收效甚微。他的两个爱搞阴谋诡计的近臣塔列朗和富歇早已对他失去了信心，暗中策划着叛变活动。

拿破仑原先估计敌人在1814年春季以前是不会发动攻势的，但没想到1月1日反法联军前锋部队就渡过了莱茵河。拿破仑被迫收缩防线，只留下部分兵力驻守梅斯和默兹河上的几个要塞，将他的主力集中在夏龙附近的马恩河一线，维克多的部队负责守卫南锡。1月4日拿破仑下令在邻近东部边境的12个县实行全民动员，所有身强力壮的男子都被征召入伍，以开展游击战，袭扰入侵者。同时他还下令在首都巴黎修筑城防工事。虽然玛丽·路易丝皇后名义上是帝国摄政，但拿破仑还是指定他的哥哥约瑟夫作为他在巴黎的代表。

1月份，拿破仑的主力部队在马恩河畔的夏龙完成集结，他拥有4

个步兵军、4个骑兵军和近卫军，总数不过8.5万人。另外，他在西德意志还有迈森的第一军约1.6万人，徒劳地企图阻止贝尔纳多特向比利时进军。在他的右翼有奥热罗的2万人，组成徒有虚名的里昂军团。为了获得更多的兵力，拿破仑命令苏尔特从比利牛斯前线抽调2个师，絮歇从加泰罗尼亚抽调1万人，这样才拼凑起10万左右的军队，但其中不少人是毫无作战经验的新兵。而拿破仑估计到1月中旬反法联军可以动用来对付他的兵力，将有18万之多，分别来自比利时、洛林和瑞士三个方向。要想战胜绝对优势的敌军，拿破仑唯一可采用的方法，就是乘敌军得以联合起来对巴黎实施向心攻击之前，将敌军各个击破。

新年伊始，坏消息接二连三地传来，1月11日，拿破仑最亲近的心腹——那不勒斯国王缪拉和奥地利讲和，为的是能保住他的王位。三天之后，丹麦国王弗雷德里克六世也退出了战争。威斯特伐利亚国王热罗姆则被反法联军赶跑。更糟的是，联军进展很快，比洛的普鲁士军队已进入荷兰，施瓦岑贝格率领的联军主力15万人也从瑞士的巴塞尔进入了法国东部。1月17日，布吕歇尔的西里西亚军团进抵洛林首府南锡，在此据守的维克多见兵力不足，便擅自撤离该城。为此他受到拿破仑的严厉斥责，并被解职，但由于拿破仑当时手下合适的指挥官奇缺，所以不久他又恢复了维克多的职务。迈森要求从北面的安特卫普退到里尔，但也被拿破仑教训了一通。到了1月23日，施瓦岑贝格的军队已经进抵拿破仑右翼的塞纳河上游，布吕歇尔也在圣迪齐埃渡过了马恩河，法国的军事形势岌岌可危。

"我们去打外祖父弗朗茨。"3岁的"罗马王"带着小孩的严肃神情重复地说道。这句话是非常宠爱儿子的拿破仑教他说的，皇帝听到这句话以后哈哈大笑，可孩子只是鹦鹉似的学舌，并不懂这句话的意思。1月25日清晨拿破仑告别他的儿子从巴黎赶赴前线指挥他的军队发动反击，他此后再也没有见过自己的儿子。拿破仑想先打败对他威胁最大的布吕歇尔，但未能实现。谨慎的布吕歇尔向南边的施瓦岑贝格靠拢，因而避开了拿破仑的打击，2月1日，会合后的反法联军以优势兵力发起进攻，在拉罗提埃将拿破仑军队击退，俘虏了3000人，缴获73门火炮。拿破仑的战略从一开始就没有成功。

然而，也许是优势意识太浓，反法联军在法国本土初战告捷后却决定分兵前进。布吕歇尔从西北方向直趋巴黎，而施瓦岑贝格则向西南方向前进，准备沿着塞纳河谷经过著名的旅游胜地枫丹白露前往巴黎。这给了拿破仑各个击破的大好机会，他决定首先打击对巴黎构成直接威胁的布吕歇尔。

布吕歇尔的西里西亚军有7.5万人，以俄军为主，分成三个纵队，穿过盛产葡萄美酒的香槟地区，2月9日他的前锋——萨肯将军的俄军离巴黎只有60英里。此时，拿破仑的军队正好处于布吕歇尔和施瓦岑贝格之间，他命令维克多和乌迪诺顶住施瓦岑贝格，自己率领莫蒂埃、内伊两个军以及骑兵迅速北移，与马尔蒙的军会合后共有4.5万人。2月10日，拿破仑发起进攻，先歼灭了俄军一个师。翌日，拿破仑又进攻萨肯的部队，孤军冒进的萨肯此时距离巴黎仅有40英里，但他再也没能前进一步，他的军队被彻底击溃，残部北逃与约克将军的普鲁士军队会合。拿破仑乘胜追击，一举打垮约克的部队，将这两支败军一并赶过了马恩河。拿破仑打败了西里西亚军团的前卫和侧卫部队，但其主力还在。于是拿破仑留下莫蒂埃北跨马恩河追击逃跑的约克和萨肯，自己挥师东进，支援受到布吕歇尔重压的马尔蒙。2月14

日，拿破仑的军队大败布吕歇尔于沃尚，后者被迫退至马恩河以北，2万人的军队损失大半，而法军只损兵300人。从2月10日到14日短短几天的工夫，法军四战四捷，重创了布吕歇尔的西里西亚军团。拿破仑好像又恢复到当年的最佳状态，一改此前几仗中犹豫不决死气沉沉的精神状况，在这几场战斗中，他都是将命令直接下达给各师师长。

然而在南线，拿破仑没有亲自指挥的战场形势不妙，维克多被施瓦岑贝格击败，巴黎的大门向敌人敞开了。拿破仑不得不率军火速前来救急，2月18日法军将奥军赶过了塞纳河，俘敌三四千人，他还罢免了指挥不力的乌迪诺。施瓦岑贝格因为未能渡过塞纳河，只好撤退，并请求休战，但遭到了拿破仑的拒绝。拿破仑在写给约瑟夫的信中轻蔑地说："施瓦岑贝格刚才派来一名谈判代表要求暂时停止战争行动。简直是一个胆小鬼！……稍遇挫折这些可怜的家伙就跪下了双膝！在他们退出我的领土之前我是不会同意休战的。"

拿破仑对他的对手总是估计不足，他现在以为稳操胜券，于是对被他认为是怯懦的敌军穷追不舍。也许施瓦岑贝格真的害怕拿破仑的锋芒，尽管他的军队两倍于拿破仑，但他还是不战而退。不过，施瓦岑贝格的消极避战保全了反法联军的实力，也使时间更有利于联军，而对拿破仑不利。3月1日，反法同盟各国代表集会肖蒙，同意不单独与拿破仑议和，必须等到法国人接受1791年的国界时，才停止战争，英国人又向其盟友提供了500万英镑的补助费。联军重振士气，贝尔纳多特的三个军团向受重创的布吕歇尔靠拢，而布吕歇尔也乘拿破仑不在之机，重向巴黎推进。拿破仑意识到布吕歇尔才是他最危险的敌人，随即又率军北上，但布吕歇尔却又避而不战，退回马恩河以北，并炸毁了桥梁以阻止拿破仑，然后他又迫使苏瓦松的法国守军投降。布吕歇尔现在拥有的兵力多达10万人，但他仍旧继续向北撤退，引诱拿破仑对他紧追不放，拿破仑也果真前来。布吕歇尔将他的军队部署在拉昂附近，严阵以待。3月9日—10日，法军和西里西亚军团在拉昂进行了一场血战，结果法军战败，损失了2500人和5门火炮。由于连日征战导致的极度劳累和紧张，疲于奔命的法军再也支撑不住，开始崩溃。

首都的沦陷：第一次退位

拿破仑不仅被布吕歇尔的韧劲拖垮，而且南面的塞纳河前线也传来了令人沮丧的消息。拿破仑一走，施瓦岑贝格又活跃起来，乌迪诺和麦克唐纳的军队又被打败，巴黎再次告急。3月13日，拿破仑在兰斯击败了一支孤立的俄军，但日益危急的形势使他开始明白，光靠他一人是打不赢这场众寡悬殊的战争的。3月16日他从兰斯写信给约瑟夫说："如敌军以压倒之势进军巴黎，一切抵抗均告无望时，务必将摄政王（即玛丽·路易丝皇后）和我的儿子连同所有宫廷官员向卢瓦尔方向撤走。切勿离开我的儿子。记住，我宁可让他淹死在塞纳河中，也不愿听其落入敌手。"

拿破仑不顾大势已去，决心作最后一搏，他决定攻打施瓦岑贝格。他让莫蒂埃带1万人守兰斯，马尔蒙率7000人牵制布吕歇尔，自己率主力南下进攻奥地利军队，但是法军的进攻被兵力占优的奥军击退，损失了4000人。布吕歇尔和施瓦岑贝格发现拿破仑分散了他的兵力,遂决定无须理会他的行动,而是协力并进,直取巴黎。拿破仑的兵力不足以抵御优势敌军,但他却异想天开地想从敌人的两支大军之间穿过,直抵默兹河,援救被围困在东部要塞的法国守军,以获取新的力量来加强他日益衰弱的部队。他不但想以此改善自己的处境,还以为可以威胁奥军的交通线,迫使胆小的施瓦岑贝格撤退。根据这一狂妄的计划,莫蒂埃和马尔蒙将率1.7万人留守巴黎,抗击布吕歇尔的10万大军。这是个难有胜算的策略,但拿破仑已顾不了那么多了。

拿破仑于3月22日开始东进,但不幸的是他在写给玛丽·路易丝皇后的一封信中泄露了他的这一计划,而这封信正好被布吕歇尔的哥萨克骑兵截获,于是反法联军对拿破仑的全盘战略了如指掌。拿破仑的行动不但未能迫使奥军撤退,反而使巴黎的门户洞开。联军抓紧时机,继续采取联合行动,向巴黎进军。施瓦岑贝格留下一支8000人的骑兵牵制拿破仑4万人的东进部队,大军主力于3月25日西进,在香槟地区将莫蒂埃和马尔蒙一举击溃,法军损失了9000人和50门火炮。而布吕歇尔更是一路畅通无阻,未遇任何抵抗。由于敌军逼近巴黎,束手无策的约瑟夫只好遵照拿破仑的事先指示,嘱咐皇室和宫廷人员先逃往巴黎西南郊的朗布依埃。很快反法联军以压倒性优势兵临巴黎城下,莫蒂埃和马尔蒙的部队先前已经被打得七零八落,此刻更是难以招架。稍作抵抗之后,守城法军与联军达成休战协议,马尔蒙于3月30日签署了投降书,巴黎获得了荣誉投降的待遇。次日,反法联军进入巴黎,成立了以塔列朗为首的临时政府。4月2日—3日,巴黎的元老院和立法院先后抛弃拿破仑,宣布皇帝已退位。

正在东面进行军事冒险的拿破仑3月27日在圣迪齐埃取得了最后一次胜利,但他很快获悉马尔蒙和莫蒂埃在香槟地区战败,他这才认

1814年俄军进入巴黎

识到由于没有对巴黎采取严密的防护措施，已经铸成大错。拿破仑急速赶回巴黎，于30日晚抵达巴黎郊外的枫丹白露，但为时已晚，在那里他得知巴黎已于几小时前投降，反法联军比他抢先了一步。

可是拿破仑还不肯就此罢休，他的手中还有9000名忠心耿耿的近卫军，身后还有尽管经过长途跋涉已疲惫不堪的大军，他依然打算率兵夺回巴黎。但是他的元帅们（内伊、乌迪诺、麦克唐纳、贝尔蒂埃和勒费弗尔等人）拒绝再追随他，他们厌倦了战争，对胜利不抱希望，便向他指出这只不过是一种毫无意义的牺牲。无奈之下，拿破仑终于做出痛苦的让步，同意退位，但提出让他的儿子罗马王即位，并由皇后玛丽·路易丝摄政。反法联军拒绝了这一条件，令拿破仑的最后企图落空。

4月11日，拿破仑在枫丹白露发布了退位诏书：

　　同盟各强国既然声称皇帝拿破仑是确立欧洲和平的唯一障碍，忠诚于他的誓言的皇帝，为他本身，也为他的后裔，宣布放弃法国的帝位和意大利的王位，为了法国的利益，他准备作出任何牺牲，甚至是他的生命。

被颠覆的波旁王朝迅即复辟，已故国王路易十六的长兄普罗旺斯伯爵被宣布为法兰西新国王，号称路易十八。拿破仑的帝国走到了尽头。

在意大利，欧仁受到昔日的战友缪拉的反戈一击，被迫放弃罗马，并在4月退出了意大利。在法国南部战场，2月27日，威灵顿在奥尔泰战役中击败苏尔特，4月10日又在图卢兹再次获胜，当拿破仑退位的消息传来时，失去斗志的苏尔特只得向威灵顿投降，从而结束了旷日持久的半岛战争。1814年的战争遂以拿破仑的彻底失败告终。

拿破仑在明知敌我双方实力悬殊的情况下仍然坚持进行一场很难取胜的战争，其勇气和决心确实令人钦佩。反法联军的兵力比法军多出3倍有余，在如此不利的形势下，拿破仑就像一个孤注一掷的赌徒，他希望在战场上取得一场决定性的胜利，以迫使联军接受他的和谈条件。但拿破仑的对手太狡猾了，他始终未能如愿。拿破仑从来就不知道什么是适可而止，本来在2月份取得一连串的军事胜利后，他可以寻找一种较为现实的和平解决方法，而且有可能因此保住他的帝位。事实上2月5日法国已同反法同盟开始和谈，但是法方谈判代表科兰古取得的成果，未能令拿破仑满意。只要战场上获胜，拿破仑的态度就变得强硬，他始终坚持荷兰和意大利是法国不可分割的领土，这是反法同盟绝对不能接受的过分要求，致使谈判最终破裂。由此看来，拿破仑的失败完全是咎由自取的必然结果。

从军事角度来看，面对优势敌人，拿破仑在1814年战争中取得的成就确实令人惊异，可是他追击布吕歇尔直到拉昂却是一大战略错误。在众寡悬殊的情况之下，一点小失误就会酿成不可收拾的后患。由于人员和物力的紧张，拿破仑经不起任何重大损失，而反法联军却完全可以承受，面对一场持久消耗战，他是注定要失败的。不过拿破仑的表现还是可圈可点，他是法军方面唯一卓越的领导者，问题是他的对手也相当的难对付，尤其是普鲁士将军布吕歇尔、英国的威灵顿都是杰出的统帅，而拿破仑的元帅们却表现得太差劲，几乎不能独当一面。在1814年的战局中，拿破仑想要获得决定性胜利，实在是一项不可能的任务。

第十一章
东山再起

悄然蛰居厄尔巴

　　拿破仑的退位给长年战火纷飞的欧洲带来了不到一年的短暂和平。就在退位的第二天，意志消沉的拿破仑曾企图服毒自杀，所幸的是毒药没有产生致命作用。出于对拿破仑的敬畏，反法同盟诸国对他宽大处理，根据枫丹白露停战条约，拿破仑仍然被允许保留其皇帝头衔，但其住地和主权仅限于小小的厄尔巴岛，该岛位于意大利半岛与拿破仑的故乡科西嘉岛之间的地中海上，离意大利本土不过几海里之遥，面积仅为223平方公里，有三个小城镇，岛上居民当时只有几千人。

　　1814年4月20日，这位被废黜的皇帝对他忠诚的老近卫军官兵发表了一篇感人肺腑的告别词：

　　　　我的老近卫军的军官们、下级军官们和士兵们！我向你们告别了。20年来，我总是看到你们走在荣誉和光荣的道路上。在最近这些时期中，同在我顺利的时期中一样，你们一直是勇敢和忠诚的模范。有像你们这样的男子汉，我们的事业是不会被毁掉的。但是战争是长期的，这将会是内战，而法国会变得更加不幸。因此，我为了祖国的利益而牺牲了我们的一切利益。我离开了！你们，我的朋友们，你们应继续为法国服务。法国的幸福是我唯一的愿望：法国将始终是我祝愿的对象！你们不要惋惜我的遭遇。我如果愿意继续活下去，那仍然是要为你们的光荣效力。我要把我们共同做过的一些大事写出来……永别了，我的孩子们，我极想心贴心地拥抱你们全体人员，我至少得拥抱你们的将军。

……把鹰徽拿给我吧……啊！亲爱的鹰徽，愿我对你的这一吻在后世发生回响！永别了，我的孩子们，我的心将始终同你们在一起……但愿这最后的吻渗遍你们的心怀！

说到这里，拿破仑的声音哽咽了，他再也说不下去，拥抱和亲吻了近卫军旗手和军旗，与他们告别，便立刻走出去，坐上马车。马车在近卫军高呼"皇帝万岁"的口号声中离去，许多近卫军士兵像孩子一样哭了。英国的报纸曾这样描述这一天："世界历史上最庄严的英勇的史诗结束了——他告别了自己的近卫部队。"

他们的皇帝带着一小部分侍从，在贝特朗将军、德鲁奥将军和奥、英、普、俄特派专员的护送下坐车南下，这些特派专员负责他的人身安全。在法国中部各地，直到里昂，拿破仑经常听到熟悉的欢呼声，但再往南走，人们的情绪就不同了。在亲波旁王朝势力比较强大的普罗旺斯地区，他受到了敌视性的对待。在奥朗日，有人当面咒骂他，向他的马车扔石头，拿破仑只得躲在马车的角落里缩成一团，模样甚是狼狈。他甚至不得不乔装打扮，以免遭到人身伤害。4月28日，拿破仑在圣拉斐尔登上英国军舰"无畏"号，5月4日在他的流放地厄尔巴岛首府费拉约港上岸。《枫丹白露条约》只允许拿破仑携带400名武装警卫，但许多忠心耿耿的老近卫军官坚持随侍左右。3个星期后，有700名老近卫军士兵在康布罗纳将军的率领下，先陆路行军到意大利再渡海来到厄尔巴岛，伴随他一同生活。

他到厄尔巴岛的头几个月里，生活十分平静和单调，他没有在任何人面前在任何事情上流露出自己内心的感受。他常常是一连几个钟头沉浸在深思之中。在最初的日子里，拿破仑将其全部精力和热情倾注在治理他这个小小的王国上，他下令修筑道路，奖励农桑，改善环境卫生，振兴凋敝的铁矿业，自史前时代以来，铁矿业一直是厄尔巴岛的主要财政来源。拿破仑过问具体细节的能力是惊人的，他彻底复兴了该岛的经济。从所有的迹象来看，似乎拿破仑已经无意重返法国，再度震惊欧洲了。

然而，有几个不和谐因素搅乱了这一平静气象。起初，《枫丹白露条约》保证拿破仑每年可以得到200万法郎的年金，但对他恨之入骨的波旁王朝政府在没收了波拿巴家族在法国的财产后却分文未给，原先答应支付给波拿巴家庭的250万法郎年金也是不见踪影。所以拿破仑只好依靠前来探望他的母亲莱蒂齐亚和妹妹波利娜的接济，才得以勉强维持他在岛上的开支。其次，奥地利王室不准皇后玛丽·路易丝以及拿破仑3岁的儿子到岛上与他团聚，这使拿破仑分外气恼。而且事实上，对拿破仑并无感情的皇后不久以后就另寻新欢了。拿破仑曾经十分热爱过的后来又抛弃了的第一任妻子也没有到他那里去。约瑟芬在拿破仑到了厄尔巴岛几星期之后，于1814年5月29日在马尔梅松去世。拿破仑闻此噩耗，很是伤感，接连好几天都闷闷不乐，沉默无语。

1814年5月30日，波旁政府代表法国与反法同盟各国签订了一连串的条约，统称为第一次巴黎条约，法国的疆界重新回到了1792年时的状态，但受到的惩罚还算宽容，拿破仑夺来的各国艺术珍品仍由法国保存，英国也放弃了大部分占领的法国海外殖民地。9月，所有交战国代表聚会维也纳，准备签订一项全面的和约。可是为了瓜分拿破仑帝国的遗产，维也纳和会很快就变成了列强的又一次钩心斗角的竞技场，与会各国互相之间吵得不可开交。沙皇亚历山大要求兼并整个波兰，但遭到了英国的坚决反对，英国对俄国的领土野心特别担忧，唯恐其像拿破仑帝国一样再次打破欧洲的力量均衡，奥地利对俄国利用战争乘机扩张势力也早已不满，重新出任法国外交大臣的塔列朗审时度势，也加入了反对俄国的行列。于是对法和会成了反俄合唱，英、奥、法三国联合起来对付俄国，甚至准备签订一个密约，在必要时对俄国宣战。列强吵吵闹闹，争论不休，维也纳会议一直开到1815年都还未能解决各国之间的分歧。从1814年秋天开始，拿破仑就非常关心岛外世界的风吹草动，他注意听取一切有关法国国内以及维也纳会议的报告。给他提供消息的人不少，有的从对岸的意大利本土而来，有的直接来自法国。越来越多的消息表明复辟的波旁王朝在全国正日益丧失民心。暴君下台了，但新来者还要更坏。国王路易十八曾信誓旦旦地表示要实行民主立宪政制，但只是空有其言，不见行动，复辟者们知道要摧毁拿破仑时代设立的机构是绝对不可能的，触犯它们，就等于触犯众怒，他们只得接受这一事实。各省的地方长官，政府各部的组织，警察，财政税收制度，拿破仑法典，法院……一句话，拿破仑所创立的一切，甚至连荣誉勋章也都保留下来，拿破仑的国家机器几乎完整无损地保留了下来，只是由一位"立宪"的国王代替了专制的皇帝，但是这个宪法只给一小撮最有钱的人士选举权。忠于拿破仑的老近卫军被解散，重新建立起一支由旧贵族子弟组成的御林军。旧贵族和僧侣重又恢复大量的特权。法国宫廷里重又充斥着大革命以前那种穷奢极欲腐化堕落的风气。拿破仑时代风云一时的元帅将军及其夫人，虽然在新主子那里谋到了一官半职，但也难免受到冷遇。

比起那些令人作呕的王公贵族僧侣，拿破仑无疑更受普通民众的爱戴。中下层民众，无论是城镇居民还是广大乡村的农民，包括全体士兵和大多数军官，都把波旁王朝看作是外国势力强加到法国头上的祸害，把波旁王室的白色旗和百合花徽章看作是国耻的象征。随着时间的消逝，昔日连绵不断的战争，从俄国撤退的痛苦，连同遭受的可怕创伤，都已渐渐成为过去，所有这些惨痛的记忆都开始淡漠，开始被人们所遗忘。法国人民不免怀念起不久前给他们带来荣耀和希望的帝国，还有那位具有非同寻常的文韬武略的皇帝。对于广大民众来说，他不仅是一位光荣的英雄、伟大的统帅和半个世界的主宰，同时也是他们的兄弟朋友。他会记得他们的名字，亲切地扯他们的胡须，揪他们的耳朵，同他们拉拉家常。他们始终觉得，皇帝热爱他们，正如他们热爱皇帝一样。

拿破仑清楚地了解外面的一切，他不禁重新燃起恢复旧山河的希望，内心重又充满豪情壮志。12月的一天，拿破仑在费拉约港自己的宫殿附近散步，忽然他在一名站岗的掷弹兵面前停了下来。这是一个老近卫军士兵，得到反法同盟国允许到厄尔巴岛来跟随他的皇帝。

"喂，爱发牢骚的，你在这里不觉得无聊吗？"拿破仑问道。"不，皇帝，不过我也不觉得十分有趣。"士兵回答道。拿破仑把一个金币塞到他手中，在走开的时候低着嗓子说："不会永远这样继续下去的。"

山雨欲来风满楼，拿破仑重新崛起的时机就要来临了。

兵不血刃返巴黎

1815年2月13日，拿破仑会见了一名来访的青年军官，这个不速之客是法国国内的拿破仑支持者派来的密使，名叫弗勒里·德·夏布隆。他乔装成意大利水手，在费拉约港上岸，秘密前来谒见他们朝思暮想的皇帝陛下。他们想要告诉这位昔日的领袖，他重返法国的时机现已成熟，全国上下届时都将揭竿而起，推翻波旁王朝的统治。夏布隆向皇帝陛下详细地讲述法国国内有增无减的普遍不满情绪，从国外回到乡村的贵族们的无耻行为以及军队对波旁王朝的厌恶和对皇帝的崇敬。在这次谈话之后，拿破仑益加坚定了重整河山的决心。

恰好这时，岛上唯一一名负责监视拿破仑行动的反法同盟特派员——英国人尼尔·坎贝尔上校将要在3天后离开厄尔巴岛到佛罗伦萨休假两周。于是拿破仑决定抓住这一大好机会，乘机逃离该岛。正巧拿破仑的母亲莱蒂齐亚来看望他，在家庭成员中，拿破仑最尊敬他的母亲，于是他把自己的想法告诉母亲。他对她说："我不能死在这个小岛上，也不能把自己的事业结束在安宁中，这是我所不应该受到的。军队在期待着我。一切都促使我产生这样的希望：军队一看见我，就会立刻奔到我这里来。当然，我会碰见忠于波旁王朝的军官，他们会制止军队，那时我在几个钟头之内就会死去。这种结束比住在这个小岛上要好得多……我希望出发，并且再一次尝试得到幸福。妈妈，你的意见如何？"莱蒂齐亚被儿子突如其来的问题大为震惊，以致不能马上回答："让我暂时做一个母亲吧，我过一会儿再回答你。"经过长时间的沉默后她回答说："出发吧，我的儿子，遵循着你的使命。也许，你会遭到失败而马上丧失你的生命，但是你不能留在这里，我看到这种情况感到十分悲哀。我希望，在这么多次战斗中都保佑你的上帝再一次保佑你。"她说完之后就和自己雄心勃勃的儿子紧紧拥抱。

拿破仑又把他的想法告诉在厄尔巴岛上始终跟随他的三位将军贝特朗、德鲁奥和康布罗纳，他说他现在不是想打仗，也不是想实行专制统治，他希望使法国人民成为自由的人民，不是以武器去征服法国，而只是想在法国出现，在海岸上登陆，宣布自己的目的，要求恢复自己的皇位。他十分相信自己的号召力，认为整个国家不经过战争，不作抵抗，就会拜倒在他的脚下。将军们热烈地支持他。于是拿破仑决定准备若干艘船只，将所有忠于他的士兵都带走。一切准备工作都是秘密地进行的，2月26日天黑以后，拿破仑在贝特朗、德鲁奥和康布罗纳这三位忠心耿耿的将军以及1050名士兵的陪同下，神不知鬼不觉地登上了"无常"号军舰和几只小船。士兵们起初并不知晓他们为什么要上船，准备开到什么地方去，事先他们一无所知。不过在上船之前他们就已经猜到了，特别是当他们的皇帝在三位将军和近卫军军官的陪伴下出现在港口的时候，他们欣喜若狂地向皇帝致敬，欢呼万岁。母亲莱蒂齐亚与她的儿子告别时却大哭不已。

士兵、军官、将军和拿破仑本人在船上各就各位，这支小舰队趁着夜色，一路顺风地向北驶去，他们成功地躲过了英国和法国监视厄尔巴岛的几艘军舰。其中有一艘法国军舰曾危险地驶近，可是却毫无疑心，舰上的军官甚至同拿破仑所在军舰的船长通话。军官问道："皇帝的健康如何？"船长回答道："很好。"于是双方擦肩而过。拿破仑的船队于3月1日下午驶抵位于昂蒂布与戛纳之间的儒安湾。在这里，拿破仑宣读了在厄尔巴岛草拟并准备在登陆法国后颁发的告全体将士书：

士兵们：

我在流放中听到了你们的声音。现在我已经（在法国）登陆了……

你们的统帅——被人民的呼声拥立为君主并在你们的盾牌上被推登宝座的统帅，现在回来了，来同他联合在一起吧。抛开那面（波旁王室的）旗帜吧。那面旗帜已经为我们民族所废弃，而且是25年来一直起着纠集法国敌人的作用的。展开那面在我们伟大胜利的日子里你们举着的三色旗来取而代之吧。再次拿起你们在乌尔姆、奥斯特里茨、耶拿、埃劳、弗里德兰、莫斯科所举着的雄鹰军旗吧。……

我们必须忘掉我们曾是欧洲大陆的主人，但是，我们也不允许任何人来干涉我们的事情。……你们以及你们的子孙的地位、财产和光荣，不会有比那些由外国人强加给我们的（波旁）王爷们更大的敌人了。

士兵们，团结在你们统帅的旗帜周围吧。他的利益，他的荣誉，他的光荣和你们的相同，完全相同。胜利将快步前进。有着我们民族颜色（蓝、白、红）的鹰徽，将从一个尖塔飞向另一个尖塔，一直飞到（巴黎）圣母院的塔顶之上。随后你们就可以光荣地展示你们的伤痕，于是可以再一次夸耀你们的成就。你们将成为国家的救星……在你们的晚年……你们将可以豪迈地说："……我把叛逆和敌人在巴黎的出现而使那里沾染上的污垢给洗净了。"

"我不放一枪就能到达巴黎。"这是拿破仑在接近普罗旺斯海岸时对部下所作的预言，可是听起来似乎是痴人说梦，所有的人都是将信将疑。贝特朗和德鲁奥建议在土伦上岸，但这是一个军港，布防严密，拿破仑对能否成功登陆表示怀疑。周围可作登陆点的最近海港是昂蒂布的卡雷港，离这儿只有3英里之遥。拿破仑派一名军官带一个排的士兵上岸诱降，结果全部被俘。拿破仑的旧臣马塞纳元帅正在马赛担任第八军区的司令，相距约100英里，但对拿破仑的出现他究竟会作何反应，谁也没有把握。毕竟拿破仑和他过去并没有十分亲密的君臣关系。因此，拿破仑决定就从儒安港登陆，取道格拉斯，穿越下阿尔卑斯地区，前往法国东南部的格勒诺布尔，那里亲波旁王朝的势力要比南方薄弱。这是高明的一招。

拿破仑在儒安港上岸，当地的海关官员脱帽向皇帝致敬，戛纳和格拉斯也不战而降。在戛纳，拿破仑的士兵取到了军火，在格拉斯，拿破仑下令印刷自己的告法国军民的宣言。随后拿破仑带领800名卫兵马不停蹄、翻山越岭向北进发，一路无事。3月7日，他们进抵马尔尚将军指挥的第七军区驻地格勒诺布尔。马尔尚闻讯后派出步兵第五团一个营前去阻止拿破仑，该团正是当年跟随拿破仑转战意大利的部队之一。当拿破仑的队伍走近时，一名王党军官对士兵大声喊道："他来了，向他开枪！"在这千钧一发之际，拿破仑却翻身下马，自信地迎着瞄准的枪口走上前去，他命令自己的卫兵把枪持在左手中，枪口朝下，然后自己解开上衣，露出胸膛，朝对方高声喊道："第五团的弟兄们，你们不认识我了吗？这是你们的皇帝。你们开枪吧！"士兵们一看是他，立即放下武器，报之以热烈的欢呼："皇帝万岁！"他们蜂拥而上，奔向拿破仑，把他紧紧包围，亲吻他的手，喜极而泣。

就这样，局势发生了戏剧性的转折，拿破仑的进军自此成了一次凯旋。所有在格勒诺布尔的军队都跑到拿破仑那里去了。格勒诺布尔驻军指挥官拉贝杜瓦耶上校也将要塞拱手交给拿破仑。在格勒诺布尔，拿破仑宣称：他决定给予法国人民自由和和平，他以前爱好战功，现在则将实行另一种政策；他要拯救农民摆脱波旁王朝恢复封建制度的威胁，保证农民的土地不被回国的贵族所侵占。他表示将重新审查自己所规定的国家体制，使帝国成为立宪君主国，并答应宽宥所有站到他一边的人。拿破仑在格勒诺布尔散发了很多命令和指示，现在他又觉得自己是法国真正的主宰了，他仍然坚信他不必费一枪一弹，这支军队将效忠于他。

拿破仑继续向巴黎前进，他现在的队伍已扩大到7000人，拥有30门火炮。所到之处，各地守军纷纷丢弃波旁军队的制服，加入他的队伍中来。沿途还有大群农民跟在拿破仑和他的军队身后，陪伴他从一个村庄到下一个村庄。3月10日，拿破仑抵达里昂，驻守此地的麦克唐纳元帅和阿图瓦伯爵早已闻风而逃，里昂不战而下，通往巴黎的道路畅行无阻。在里昂，拿破仑重复了他在格勒诺布尔说过的话，他要给法国带来自由与和平。拿破仑正式恢复自己的统治，取消了波旁王朝制定的宪法，并签署一项法令，宣布解散贵族院和众议院，废除波旁王朝对司法机关人员的任命，代之以新的法官，他让大多数地方长官留任，这些人原本就是他自己任命的。

接着，拿破仑继续向前推进，走上了通向巴黎的道路，他的队伍现已增加到了 1.5 万人。3 月 18 日，拿破仑昔日的老部下、指挥贝桑松第六军区的内伊元帅也在欧塞尔投入拿破仑的阵营。而就在一星期前，内伊还曾对法王路易十八信誓旦旦，声称要用"铁笼子"把拿破仑带回巴黎呈献给他。由于部下拒绝听命于他，大批部队哗变，投奔了拿破仑，内伊的决心动摇了。此时，拿破仑派人给他捎来一张纸条，上面写着："我将像在莫斯科近郊之战（指博罗季诺会战）后的第二天那样接见你。拿破仑"，感动之余，内伊不再犹豫，决定重新听从皇帝指挥，他对手下人喊道："士兵们！波旁王朝的事业永远失败了。法国自己选择的合法的朝代正升上皇位。以后应该由皇帝——我们的君主来统治这个美丽的国家。"他的声音立即被"皇帝万岁！内伊元帅万岁！"的欢呼声所淹没。有个失望的保王党军官因此责备内伊，内伊回答说："那么照你说该怎么办呢？难道我能用自己的双手制止大海的怒涛？"

内伊的叛变在巴黎引起一片混乱。"赶紧逃命吧！"——这就是王公贵族闻听此消息后的第一反应。拿破仑从厄尔巴岛神奇地逃出，进而势不可当地进军巴黎，使得王室及其拥护者从最初的不以为然立刻转为完全泄气和极度恐惧，而广大市民、农民和士兵则欢欣鼓舞，准备迎接他们的英雄凯旋。3 月 20 日傍晚，拿破仑在随从人员和骑兵的前呼后拥之下进入巴黎，这一天恰好是他儿子罗马王的生日。路易十八国王及其亲信前一天晚上才从这里仓皇离开，逃往比利时。在杜伊勒里宫前，无数的巴黎市民等候着他，三色旗和帝国的金蜜蜂徽章随着欢呼声此起彼伏，拿破仑的走近使欢呼变得震耳欲聋，人群像疯了似的涌向皇帝，令他寸步难行。拿破仑是被狂欢者们抬进杜伊勒里宫的。在过去，哪怕他取得辉煌的胜利之时，巴黎人都没有像1815年3月20日这天晚上这样迎接过他。这是真正的偶像崇拜。简直令人难以置信，不费一枪一弹，在三个星期内，拿破仑就实现了他先前所作的预言，带着三色旗的雄鹰从一个尖塔飞到另一个尖塔，一直飞到巴黎圣母院的塔顶之上。在这段时间里，巴黎几家报纸见风使舵，口气的变换像只变色龙，由此产生了不少滑稽可笑的报道。例如，有家报纸的第一个消息是："科西嘉怪物在儒安港登陆。"第二个消息是："吃人魔王向格拉斯前进。"第三个消息是："篡位者进入格勒诺布尔。"第四个消息是："波拿巴占领里昂。"第五个消息是："拿破仑接近枫丹白露。"第六个消息就变成了："陛下将于今日抵达自己忠实的巴黎。"所有这些文章都是几天之内登在同一家报纸上，出自同一个编辑部之手。

积极备战迎强敌

夺回政权之后，拿破仑立即抓紧一切时间致力于巩固自己的帝位，恢复赖以安身立命的军事力量，以对付接踵而来的敌对势力。重回巴黎的当天，拿破仑便任命忠诚的达武元帅为陆军大臣，他成立的内阁以国务大臣马雷为首，戈丹出任财政大臣，警务大臣由富歇担任，德克雷将军负责海军。皇帝比谁都清楚地知道，和先前一样，他的再度统治带来的不是橄榄枝而是刀剑，被他的重新出现震惊了的欧洲，一定会竭尽全力来反对他。重建一支能征善战的军队需要充裕的时间，但是拿破仑面临的局势十分严峻，刻不容缓。波旁王朝复辟后统治了10个月，在此期间，由于经济原因，军队被大幅度削减，大批军官只能拿一半薪水，成千上万的军士和士兵复员回乡。路易十八为了笼络人心，废除了大革命时代延续至今的征兵制，而出于同一考虑，拿破仑也不敢贸然恢复这一制度，这就使得尽早重建大军的工作越发艰难。目前拿破仑唯一可行的方法是号召业已退伍的军士、士兵以及被遣返的战俘尽快地重回军营，这些有战斗经验的老兵是部队中急需的骨干。同时拿破仑还需召集国民自卫军，但这支部队依照宪法的规定只能在国内履行保卫之责。但最令拿破仑感到头疼的是他缺乏有能力的高级指挥官。昔日的老部下不少人已厌倦了战争，大部分元帅和将军都已经向路易十八宣誓效忠，包括麦克唐纳、乌迪诺和圣西尔在内，有9位元帅公然拒绝为他卖命。4月10日，拿破仑又下令将贝尔蒂埃、马尔蒙、维克多、佩里尼翁、奥热罗和勒费弗尔6人从元帅名单上清除出去。在马赛担任军区司令的马塞纳元帅，时年57岁，已不适合服现役。所以剩下的高级军官寥寥无几，只有苏尔特、内伊、莫蒂埃、絮歇和布律纳等几位元帅可以担当战场指挥官之责。

在迎击外来干涉之前，拿破仑首先要平定国内的反对派，保王党人在南方掀起了几次叛乱，特别是在旺代地区，波旁势力根深蒂固，直到6月底，2万正规军才将那些叛逆者最终镇压下去，但是这支军队已赶不上滑铁卢战役了。4月15日，拿破仑将一柄元帅权杖授予格鲁希将军。格鲁希时年48岁，是一名优秀的骑兵将领。在1812年的俄国和1814年的法国各次战役中表现卓越，由于成功地击败昂古莱姆公爵领导的叛军而被晋封为元帅，成为拿破仑时代受封的最后一名帝国元帅。

在波旁王朝的短暂统治下，法国军队不仅人员匮乏，武器弹药储备已消耗殆尽，马匹也严重不足。为此，拿破仑于3月23日下令立即生产15万支1777年型步枪，要求图尔和凡尔赛的两家兵工厂在原有的产量基础上再增加两倍。他甚至授权立即向敌对国英国和瑞士购买20万支步枪。3月底，达武又受命将骑兵扩充至3.45万人。到4月30日，拿破仑下令组建4个新军团，即北方军团、摩泽尔军团、莱茵军团和阿尔卑斯军团，并另组建3支部队防守侏拉、瓦尔和比利牛斯边境。其中的北方军团是主力部队，由拿破仑亲自指挥。此外，5月1日达武奉命在巴黎周围修建一条要塞防御带，这是拿破仑在1814年战争中得出的经验教训，即务必关注首都的安全。看起来拿破仑的意图似乎纯粹是为了防御，实际上拿破仑向来是以攻代守，他的战略思想即为"进攻就是最好的防御"。他计划一旦准备就绪后就尽早发动攻势，因为时不我待。到5月底，拿破仑建立起了一支拥有28.4万人的正规部队，另外还有预备部队22.2万人，只是大多数士兵毫无作战经验，有经验的军官更是稀少。

正在维也纳参加分赃会议的列强3月7日得知了拿破仑在法国登陆的消息。当天晚上，维也纳的皇宫中正在举行舞会。这是奥皇为招待欧洲各国的君主和代表而举行的。当舞会正在欢乐的高潮中，客人们突然看见弗朗茨皇帝周围有些骚动，面色苍白、受惊过度的大臣们急急忙忙地从门外冲进来，人们还以为宫中失火。但转瞬之间，一个令人难以置信的消息传遍宫中各个大厅，与会者立即惊慌失措地停止了舞会。刚刚到来的信使带来了消息说，拿破仑离开了厄尔巴岛，已经在法国登陆，并且赤手空拳地直奔巴黎。

经历了最初短暂的惊慌之后，各国政治家们立刻恢复常态，采取行动。为了领土问题吵闹不休的8个大国马上停止了狗咬狗的争斗，3月13日他们发表了一项联合宣言，宣布拿破仑为他们共同的死敌，"世界和平的扰乱者"，因而不受法律保护。欧洲大多数国家的统治者都对拿破仑抱有恐惧和仇恨，他们拒绝与拿破仑谈判，不敢接过他伸来的橄榄枝。去年签署的《肖蒙条约》得到确认，第七次反法同盟于3月25日组成，几乎所有的欧洲国家都先后参与其中，奥地利、英国、普鲁士、俄国这四大强国同意各自出兵15万参战，以彻底打败这个"篡位者"，拔掉这颗眼中钉。屡次击败法军的英国名将阿瑟·韦尔斯利，现在已是威灵顿公爵，当时正作为英国代表出席维也纳会议，4月4日，他从维也纳赶往布鲁塞尔，受命指挥英荷联军，这支联军所需的费用由英国支付。

那个在1814年背叛拿破仑的那不勒斯国王缪拉，本来已被维也纳会议暂时默认其国王称号，但此人得知拿破仑在法国登陆后，突然又想投靠皇帝，立刻起兵向奥地利人宣战。但是缪拉的盲动根本帮不了拿破仑的忙，他很快便被打败，被迫逃到了科西嘉岛避难。

拿破仑估计奥地利和俄国的军队要到6月底才有可能渡过莱茵河，因此目前对巴黎构成直接威胁的是来自比利时西部的威灵顿部队以及占领比利时东部的普鲁士军队，后者由另一个对付法军很有一套的名将布吕歇尔指挥，他在莱比锡战役后被提升为普鲁士元帅。这一次，拿破仑决心不再重蹈1814年的覆辙，被迫打一场他不擅长的防御战，而是要先发制人，以快制敌，先对最近的两个敌手——布吕歇尔和威灵顿，轮流实施打击，在6月底以前必须取得决定性的胜利，以便届时腾出手来对付后面的奥军和俄军。这是一项艰巨的任务，容不得出一点差错。

5月21日，拿破仑任命苏尔特元帅为北方军团的参谋长。这不是个正确的决定，尽管苏尔特是一名颇有能力的指挥官，在过去的奥斯特里茨会战及其他重大战役中做出过卓越的贡献，但现在他已在走下坡路，曾两次惨败于威灵顿手下，这样一个败军之将又有何招数去对付这个难缠的敌人呢？况且苏尔特连军团参谋长都没做过，他的能力与谨慎精细的贝尔蒂埃比起来相形见绌，只是后者现已叛离了昔日的主子。尽管缪拉重新对拿破仑表示忠诚，但是由于他先前的叛离，拿破仑拒绝再让他担任法军骑兵指挥官，而是改用格鲁希，这好像也不是个好的选择，此人从前还没有指挥过一个骑兵军。看来拿破仑确实是军中无大将了，但本来他可以任用达武或絮歇，可他却命达武看守巴黎，让絮歇指挥阿尔卑斯军团，这似乎是有些大材小用。

拿破仑当面对的反法联军，出于给养上的考虑，散布在整个比利时境内。布吕歇尔的下莱茵军团占据着比利时的东半部，以马斯特里赫特和亚琛为基地。威灵顿的英荷联军以奥斯坦德为基地，驻扎在比利时的西半部。从北到南经过布鲁塞尔和沙勒罗瓦的一条分界线将两支军队分开。这给了拿破仑各个击破的战机，拿破仑的作战方案可以有两种选择：其一是先直取布鲁塞尔，打败威灵顿的部队，然后再回过头来对付兵力更为分散的布吕歇尔军队。这样他还可以把正处于威灵顿庇护之下躲在根特的路易十八及其党羽一举荡平。但是如取这一行动方案就有可能将威灵顿驱往东北方向，使之同布吕歇尔会合，那样法军就会在人数上处于明显的劣势。威灵顿估计拿破仑一旦行动可能会采用这一方案，故而他将部队集中于布鲁塞尔西南地区，不过他和布吕歇尔都不相信拿破仑会采取攻势。其二是先击败布吕歇尔，再打垮威灵顿。拿破仑选择了这一方案，他的如意算盘是于6月的第一周将他的北方军团集中在比利时边境，并拟于6月15日在沙勒罗瓦渡过桑布尔河，先在两支联军之间打进一个楔子将它们分割开来，然后挥戈向右，粉碎布吕歇尔军团，将其逐回莱茵河，次日再回师向左，摧毁威灵顿部队，并占领布鲁塞尔。

至6月中旬，比利时方面敌我双方的兵力编成如下：

法国北方军团

步兵及野战炮兵

骑兵及骑炮兵

火炮

近卫军

1.46万人

5000人

118门

近卫军步兵分为老、中、青三部分，另有两个骑兵师

第一军（戴尔隆伯爵德鲁埃）

1.78万人

1800人

46门

第二军（雷耶）

2.18万人

1800人

46门

第三军（旺达姆）

1.6万人

1000人

38门

第四军（热拉尔）

1.39万人

1600人

38门

第六军（洛鲍伯爵穆东）

1.01万人

——

32门

骑兵部队统由格鲁希指挥。

第一骑兵军（帕若尔）

——

2300人

12门

第二骑兵军（艾克斯尔曼）

——

3300人

12门

第三骑兵军（克勒曼）

3700人

12门

第四骑兵军（米豪德）

——

3000人

12门

合计

9.42万人

2.35万人

366门

另有工兵等部队

2000人

总计

约12万人

6月13日，拿破仑已将其部队秘密部署在比利时边境的15英里正面上。该地段此时由普鲁士警戒部队防守。布吕歇尔指挥的普鲁士军队共有12万余人，与拿破仑的兵力大体相当，但其步兵较强，而骑兵和炮兵稍弱。他的司令部已从列日前移至那慕尔。

普鲁士下莱茵军团

步兵及野战炮兵

骑兵及骑炮兵

火炮

位置

第一军（齐腾）

2.97万人

2300 人

88 门

沙勒罗瓦

第二军（皮尔齐）

2.75 万人

4900 人

80 门

那慕尔

第三军（提勒曼）

2.27 万人

2500 人

48 门

锡奈

第四军（比洛）

2.83 万人

3700 人

88 门

列日

共计

10.82 万人

1.34 万人

304 门

威灵顿统率的混合部队在人数上比拿破仑和布吕歇尔的部队都要少，共编为 2 个步兵军和 1 个骑兵军，另外还留有一支预备队，由他亲自指挥。他的指挥部在布鲁塞尔附近。

英荷尼德兰军团

步兵及野战炮兵

骑兵及骑炮兵

火炮

第一军（奥兰治亲王）

2.8万人

3400人

66门

第二军（希尔勋爵）

2.51万人

——

44门

骑兵军（尤布里奇勋爵）

——

1.2万人

36门

预备队

2.3万人

1200人

28门

共计

7.61万人

1.66万人

174门

在这支为数9万余人的联军中，只有三分之一是英军，其余部队由汉诺威、不伦瑞克、拿骚、荷兰和比利时等国士兵混编而成。这是一支杂牌部队，而且还有不少新兵。

除了上述两支离拿破仑最近的军队外，反法联军另有三支部队：施瓦岑贝格指挥的奥地利军21万人，部署在莱茵河上游；巴克莱指挥的俄军15万人，部署在莱茵河中游；弗里蒙指挥的奥地利-意大利联军7.5万人，在意大利的北部。根据普鲁士将军格奈森瑙制订的作战计划，简而言之，就是要充分利用联军数量上的绝对优势来压垮拿破仑军队。威灵顿、布吕歇尔和施瓦岑贝格的军队要直趋巴黎，如果其中一支部队被法军击败，则巴克莱的俄军负责前去援助，而其余两支部队则继续前进。在南部的奥意联军则以里昂为进攻目标。同时威灵顿负责指挥所有在比利时境内的联军兵力，各支部队准备于6月27日至7月1日之间同时越过法国边界。但率先发起主动攻击的却是拿破仑指挥的人数居于劣势的法军。联军虽然人数占优势，可是部署得极其分散，这就给了拿破仑各个击破的机会。

拿破仑认为比利时人在内心里是亲法的，届时可能会起来帮助法军作战，他还相信一旦英军战败，则英国内阁就可能倒台，取而代之的将会是一个亲法派政府。假使英、普两军都被击溃后，战争仍未结束，那么他就要与为数2.3万人的莱茵军（由拉普将军指挥）会合，以打击奥、俄两军。他希望和1814年战争时的情形一样，法军依据内线作战的有利位置，在一开始就取得一个惊人的胜利，以便巩固法国内部的团结与稳定，并挫伤敌人的战斗意志。可以说，这是拿破仑一个近乎幻想的战略指导思想。

里尼、四臂村激战

6月7日拿破仑命令莫蒂埃元帅到苏瓦松报到，负责指挥近卫骑兵，但他因患坐骨神经痛而始终未曾到职，这样拿破仑又损失了一名得力助手。6月12日凌晨4时拿破仑离开巴黎踏上最后的征程，当晚在拉昂过夜。在此地，他找到了正努力组建骑兵预备队的格鲁希元帅，拿破仑对4个骑兵军至今尚未开赴边境感到恼火，因为参谋长苏尔特没有给他们下达任何指示。就在当天，内伊加入了他的阵营，而且发布了一个富有鼓动性的命令，一开头就说："军人们，今天是马伦哥会战和弗里德兰会战的纪念日，"在结尾他又宣称，"时机已经到来了，不是征服就是灭亡！"次日拿破仑口述了一份命令，要求部队于15日开始前进。他还要求部队切实加强营火管制，避免被敌人发现。他甚至婆婆妈妈地叮咛每个士兵都应携带50发子弹，4天的面包和半磅米。4个骑兵军奉命先行，担任法军前卫。

6月14日拿破仑又颁布了一份更为详细的命令，要求所属各军于次日拂晓开始行动，夺取位于沙勒罗瓦和特万之间的桑布尔河上的桥梁。雷耶的第二军和戴尔隆的第一军在左侧，其余部队包括骑兵在右侧渡河。他命令部队在15日午前渡过桑布尔河，但法军实际渡河的时间要长得多。河边的普鲁士军队前哨很快就被打垮了，可是在沙勒罗瓦只有一座桥，绝大部分部队必须由此通过。在晨雾之中，队伍更是拥挤不堪。由于所属部队的一个师长布尔蒙将军在夜间伙同其全部参谋人员叛变，逃到了普鲁士齐腾的军中，热拉尔的第四军行动被延误。直到中午12时30分，法军工兵清除了普鲁士军队在桥上设置的障碍物，部队才得以开始过河。下午3时，拿破仑本人在士兵的欢呼声中进入沙勒罗瓦，在此发布了新的口头命令，他把法军左翼戴尔隆的第一军和雷耶的第二军交由内伊统一指挥，外加一个骑兵军，北上追击敌人。格鲁希奉命指挥法军右翼，包括旺达姆的第三军、热拉尔的第四军和两个骑兵军。第六军和近卫军作为预备队。

拿破仑从沙勒罗瓦渡过桑布尔河，出乎威灵顿的意料，他一直以为法军会取道莫伯日和蒙斯向布鲁塞尔进军，谁知拿破仑并不是先对付他。普鲁士军队虽遭到了法军的突然袭击，但布吕歇尔的反应很快，他立即下令全军在沙勒罗瓦东北12英里的桑布里费集中，在部队没有完全集结前，不同法军决战，但普军由于相当分散，一时尚难以会合于一处，于是他要求齐腾作顽强抵抗以掩护普军的集结。布蒙的叛变使普军对拿破仑的实力和计划了如指掌，布吕歇尔相信自己的力量依然强大，他打算在离桑布里费不远的里尼村再作较量。

次日内伊遵命行事，迫使一支普军东撤，进而他命令骑兵搜索前进，骑兵在北面一个名叫四臂村的农庄同威灵顿的一个拿骚旅进行了一场小规模的战斗。四臂村处在沙勒罗瓦-布鲁塞尔和尼维勒-那慕尔两条大道的交叉点上，它奇特的名字大概就是取自其十分重要的地理位置。由于敌军阵地坚强，内伊的骑兵无法攻克，只好暂时退却。在拿破仑的督促下，格鲁希也有所进展，将普军齐腾部击退。

6月16日清晨，拿破仑起得很早，他以书面形式给内伊和格鲁希下达了最新命令，明确地将法军分成两翼和一支预备队，内伊指挥的左翼由第一军、第二军和几个骑兵师组成，共约4.5万至5万人，格鲁希指挥的右翼，其兵力与之大致相当，近卫军担任预备队，拿破仑本人则视情况在两翼之间来回移动。他要求格鲁希将普军逐往马斯特里赫特，而内伊则要击退四臂村的英军，并向布鲁塞尔乘胜前进。

上述命令发出之后不久，拿破仑收到了格鲁希昨日下午5时签发的一份报告，该报告称，兵力强大的敌军已于夜间由那慕尔方向抵达里尼，并在此地展开。这正是布吕歇尔的普军主力。同时法军左翼也报说有敌军集结。拿破仑立即给内伊送去一份指示，令其集中两个军和骑兵攻击并消灭面前遇到的所有敌人。随即他骑马前往格鲁希处，并在上午侦察了里尼的普军阵地。拿破仑以为他面前只有齐腾的一个军，于是决定对其进攻。此时法军右翼旺达姆的第三军和热拉尔的第四军均已赶到，加上近卫军，拿破仑可支配的兵力计有6.8万人。6月16日下午3时，法军发起攻击，但遭到了普军的顽强抵抗，普军的近距离炮火使法军蒙受了很大损失。普鲁士军队由布吕歇尔亲自指挥，除比洛尚未赶到外，皮尔齐的第二军、提勒曼的第三军都前来增援齐腾的第一军，所以实际在战场上布吕歇尔集中了7万大军，法军并不占有人数优势。拿破仑很快便意识到敌军的兵力比他想象的要大得多，要想马上打赢实在困难，于是他接连给内伊发去几份紧急通知，命令他取消对另一侧敌军的攻击，前来协助打击普鲁士军。经过下午的激战，法军在里尼未能取得任何进展。

拿破仑手中还握有洛鲍的第六军，驻扎在8英里远的沙勒罗瓦郊区，可是他根本就没有动用这支部队，这实在无法解释，可能是他确实忘记了它的存在。等到下午再命令洛鲍前进时已经来不及了，该军直到战役结束都未能赶到，这是拿破仑不该犯的一个严重错误。由于丝毫看不到内伊来援的迹象，拿破仑只好把青年近卫军拉上去支援打得筋疲力尽的部队。到了晚上7点半，近卫军终于通过有力的冲击突破了普军在里尼的中央防线。布吕歇尔亲自率领普军骑兵不顾一切地发起反冲击，试图挽回颓势，但他的部队已经彻底衰竭了，反击失败。布吕歇尔的坐骑被枪弹击中，本人也受伤，要不是副官拼死相救，这位73岁的老元帅险些被俘。最后普军只得趁着夜色拖着沉重的脚步撤离了战场。里尼一战，普鲁士军损失了1.6万人和21门火炮，另有近万人逃散，法军伤亡同样严重，也损失了1.1万余人。会战结束时已是晚上9时30分，由于天色已黑，拿破仑没有指示格鲁希去追歼已遭重创的敌军。

与此同时，内伊在西北6英里处也正指挥法军左翼忙于作战，他的对手是威灵顿的英军。6月16日上午11时，内伊收到了拿破仑在早上发出的一份冗长的书面指示，于是他命令先头部队雷耶的第二军将正面的敌军赶走，但是由于先前的行动迟缓，在前一天晚上敌人的增援部队业已赶到四臂村，号称"铁公爵"的威灵顿本人也在上午10时从布鲁塞尔赶来指挥。故而雷耶显得十分小心翼翼，直到下午2点还没发起进攻，此时他的军队在数量上已居于劣势。于是内伊派人通知戴尔隆军增援雷耶，可是戴尔隆军却不知去向，这令内伊气恼不已。等到内伊的部队向英军发起攻击后，他又收到了苏尔特发来的命令：

> 皇帝指示我通知你，敌军已在桑布里费和布里耶之间集结，格鲁希元帅将于下午2点20分以第三军和第四军发起攻击。陛下的意图是你应大胆攻击当面之敌，将敌逐退后，即移师支援右翼，协助围歼敌人。

内伊既气恼又无奈，他面临着两个任务都可能无法完成的困境。

要击退当面之敌，他的兵力不足，要支援右翼法军，他的先头部队激战方酣，难以撤回，而他的预备队又无影无踪，这叫他如何执行命令呢？显然，发生了意外情况。

事情是这样的：拿破仑的随从参谋拉贝杜瓦耶将军曾送给内伊一份拿破仑用铅笔草书的命令，要求戴尔隆军向东运动，对里尼的普军阵地实施迂回，而这名参谋在半路上正好碰见戴尔隆，于是便把命令直接传给了戴尔隆，令该军按拿破仑要求的方向行动。据戴尔隆的回忆录称，拿破仑那封潦草的手令是拉贝杜瓦耶传达给他的。据说这封手令要求戴尔隆军前进至里尼西北 2 英里处的华涅里（Wagnelee），并从该处迂回到普军右翼。而拉贝杜瓦耶却错把地名读成了汪热尼（Wangenies），这是华涅里以南 3 英里处的一个小村庄。这份手令早已遗失，拉贝杜瓦耶两个月后也命丧黄泉，所以戴尔隆的反常行动成了一个历史不解之谜。拉贝杜瓦耶曾任驻格勒诺布尔的第七步兵团团长，他是波旁军队投向拿破仑的首批军官之一，后被擢升为将军，任拿破仑副官。滑铁卢战役后被捕，被军事法庭以叛国罪于 1815 年 8 月 19 日枪决，他一直没有机会就传令给戴尔隆一事进行解释。

内伊不久又收到苏尔特的进一步指示，再次要求他在击溃英军后马上去协助进攻普军。该命令这样说道：

> 一小时前我曾通知你皇帝将于下午 2 时 30 分攻击位于圣阿芒和布里耶之间的敌军阵地，现战斗正在激烈展开。陛下指示我令你立即行动，迂回敌军右翼，打击其背面。只要你全力以赴，则正面敌军即会崩溃。法兰西的命运操在你的手中。
>
> 执行这一迂回行动不可犹豫。指挥你的兵力向布里耶和圣阿

芒前进，这个胜利将具有决定性。

在激战正酣之时，不仅失去戴尔隆军的支援，还有一连串命令的干扰，内伊大发脾气，他此时手足无措，竟派人去召回戴尔隆，以便帮助他尽快赢得战斗。一怒之下的内伊，竟然失去了判断力，把皇帝的命令放在一边。他也不冷静地考虑一下，既然戴尔隆军已经走远，再召回来也于事无补，等到戴尔隆接到内伊的命令时，已是傍晚时分，他的军队正在接近里尼战场，由于他事先未派人通知，此地的法军还曾误以为是普军而引起惊慌，险些造成混乱。结果戴尔隆只得再顺着原路返回。

在四臂村，内伊的骑兵对英军步兵发起了冲锋，但威灵顿的增援部队源源而来，内伊部队的攻击英勇而无结果，四臂村未能拿下。到了晚上9时，战斗以僵局告终，法军损失了四千多人，威灵顿的部队伤亡则略高于内伊。双方又回到了战前的态势。到了晚上戴尔隆才回到内伊那里，但已为时太晚，无法参战。他本不应该服从内伊的命令，因为事实上时间已不够了，再转回去毫无意义。这样在整个关键的下午，戴尔隆率领2万人和46门火炮就在两个战场之间往来奔波，却始终未能参战。如将这支兵力投入任何一个战场都是有可能产生决定性的战果的。那样的话，滑铁卢之战恐怕就不会发生了。

第十二章
滑铁卢之战与帝国的瓦解

决战序曲：各奔东西

在里尼击退普军后，格鲁希于当天夜里派遣帕若尔的骑兵军向东追击退却的敌军。6月17日凌晨帕若尔报告说，敌军正向东面的那慕尔全面溃退，他已截住敌军后卫，缴获了8门大炮。其实，帕若尔弄错了，落入他手里的只是一个炮兵连，他们是在寻找弹药场时迷了路，结果被法军捕获。整支普鲁士军队实际上正有秩序地向北面的瓦弗尔退却，以便和威灵顿的部队保持接触。

帕若尔的报告于上午送到了拿破仑的手里，当时他正在用早餐。这份报告更加坚定了拿破仑的看法：布吕歇尔的部队正经过那慕尔和列日向马斯特里赫特溃退，现在要对付的只剩威灵顿的部队了。上午9时，拿破仑视察了里尼战场，慰问绷扎所的伤员，检阅了一些部队。他接着命令格鲁希率第三、第四两军和骑兵继续向东前进，侦察和追击那慕尔和列日方向的敌军，并报告敌人的行踪。基于错误的看法而做出的这一命令，是拿破仑在整个军事生涯里犯下的最大的灾难性的战略错误，他的过分自信导致了他的最终垮台。他还未确切辨明敌军的撤退方向，就为了单纯的侦察敌情，派出了3.3万人的大部队和96门火炮，几乎占他可动用的法军兵力的三分之一。这类任务本来只要派一个骑兵军外加一个步兵师就可以完成了。随后拿破仑动身前往内伊处，准备攻击威灵顿，从此他再也没有见过格鲁希。

拿破仑本来命令他的左翼兵力打败威灵顿，但内伊在17日整个上午无所事事，直到下午2点拿破仑抵达四臂村附近时，内伊的部队还停在南边的宿营地。过了好一阵子，内伊和戴尔隆才姗姗来到。内伊辩解说他未能攻下四臂村，是"因为威灵顿全军占领了该地"。事实上，威灵顿获悉布吕歇尔在里尼受挫之后，已预见到拿破仑会全力进攻他，故于17日上午将他的步兵撤退到滑铁卢以南2英里处的圣让山，这是他预先选好的防御阵地。四臂村现在只有6个骑兵旅组成的后卫部队据守，每个骑兵旅配备有一个皇家骑炮兵连。威灵顿还告知布吕歇尔派来的一名联络官，假如布吕歇尔能用一个军来支援他，他就准备在圣让山与拿破仑一战。此时内伊的部队却还坐着准备吃他们的午餐。

拿破仑得知这一消息，眼看到手的猎物从指缝中溜走，不禁大发雷霆。他对戴尔隆说道："法国已经要垮了！上前去，我亲爱的将军！请你自己跑在骑兵的前面，对英军后卫给予猛烈的打击！"他还决定亲自出马进行追击，于是率领米尔德的2个骑兵师直奔四臂村。英军稍作抵抗便退往滑铁卢，法军对英军后卫紧追不舍，赶了6英里多路，直至最后撞到滑铁卢的英军炮口上才停了下来。由于突如其来的一场雷暴雨，地面顿成一片泽国，猝不及防的法军被浇得犹如落汤鸡，而且连吃的东西也没有，只好在道路两旁露宿，庸碌无为的参谋长苏尔特也没有就部队宿营问题做出任何安排。

6月18日午夜2点，一名军官携带格鲁希的一份报告来到拿破仑的大本营。格鲁希在17日经过整整一天的侦察于当晚10点发出的这份报告并不十分清晰明了，但它还是指出一部分普鲁士军队正向滑铁卢以东的瓦弗尔退却，可能会同威灵顿的部队会合。这名传令军官请求拿破仑立即给予答复，以便他把新的指示尽快带回去，但是拿破仑一直毫无动静。直到8个小时以后，亦即上午10时，苏尔特才奉命给格鲁希下达了一份指示：

> 英军已经在滑铁卢占领了阵地，此时陛下正在攻击他们。陛下希望你向瓦弗尔进发，以便与我们接近，随时与我们的行动保持接触，经常与我们联络，并逐退你面前以及在瓦弗尔的普鲁士军队。你必须以最快的速度赶到那里。

但是这份指示并未要求格鲁希提供任何增援。拿破仑相信普军正在溃退之中，因此格鲁希的任务只是赶到瓦弗尔，插到滑铁卢和普军之间，割断布吕歇尔同威灵顿的联系。威灵顿也在这时候收到了布吕歇尔的答复，普鲁士元帅说在6月18日拂晓时分，比洛军就会赶来援助他，其后是皮尔齐军，其他两军在准备就绪之后，也会随之而来。这个好消息令威灵顿大喜过望，他立即决定接受法军的挑战，耐心等候普军的到达。

在格鲁希方面，他从骑兵那里获得了普军正向瓦弗尔行军的消息后，却不准备从侧面追击敌军，而是决定跟着敌人的后卫走。更为糟糕的是他的动作太迟缓，本该在8日拂晓就开始行动，他却在上午八九点钟的时候才动身。慢吞吞地走了两个时辰后，在10时他又停下来给皇帝写信说准备将其兵力集中在瓦弗尔，以便夹在布吕歇尔与威灵顿之间。报告发出之后，他又坐下来吃早餐。到了上午11时30分左右，他正和军长热拉尔在一座花园里散步之时，突然听到远处从圣让山方向传来了炮声。热拉尔立即提议："我想我们应该向那个方向前进。"可是被格鲁希拒绝，他认为这只不过是法军在追击英军的后卫而已。双方意见不合，于是发生了激烈的争执，最后热拉尔提出让他的军单独前去，但格鲁希仍不答应，说他应该服从皇帝的命令，也就是说要盯住普军。他难道就一点也不懂得"将在外君命有所不受"的道理吗？

此时普鲁士军队的情形又是如何呢？比洛的军队已经启程，半小时后皮尔齐和齐腾的两个军也相继动身，提勒曼军则仍留在瓦弗尔监视格鲁希。所以在上午11时30分滑铁卢之战打响时，普军尚有四分之三的兵力在瓦弗尔附近。假如格鲁希肯听从热拉尔的建议，立即向西进发的话，由于他和普军的行程相差无几，那么即使道路条件再恶劣，他也可以追上前去进行救援，可是他却继续向瓦弗尔前进。如果他能够认清形势，即便在抵达瓦弗尔之际，只要他用骑兵监视提勒曼，而将他的两个步兵军调去截击普军增援部队，这样他还可以阻挡住齐腾和皮尔齐的两个军，只有先期出发的比洛军除外。可是格鲁希什么也没有做，他死板固执的个性加上低能愚蠢的指挥，断送了法军的前程。

第一幕：拿破仑的攻击

6月18日拂晓时分，拿破仑偕同苏尔特外出视察战场，他指示法军各部应在威灵顿的阵地前集结，与之相距约1400码，这在英军炮火可以轻易打到的射程之内。他还下令部队上午9点吃过早饭后完成进攻准备。用意虽好，但法军各部早已无米下锅了，因为运输队还远远地落在后面呢。由于许多部队尚未展开，加上雨后的地面泥泞不堪，火炮无法及时进入阵地，法军进攻时间被迫推迟。

上午8时，雨过天晴，拿破仑与其参谋人员共进早餐。他的情绪颇为乐观，特别令他高兴的是他终于可以迫使威灵顿交战了，这个人是拿破仑最想击败的对手。拿破仑对身边的随从宣称："我们获胜的机会至少是百分之九十，而失败的可能性不到百分之十。"拿破仑从未与威灵顿正面交锋过，而苏尔特、雷耶以及戴尔隆都曾在西班牙同威灵顿交过手，或多或少地吃过他的苦头，所以他们并不像他们的皇

威灵顿

帝那么乐观。苏尔特对格鲁希不是很放心，他建议至少应该将他的部队收回一部分。拿破仑的兄弟热罗姆也告诉他英普两军可能会合的情报，可是拿破仑一概置之不理，他太自以为是了，什么都无法改变他头脑中业已形成的固定观念。他始终认为经过里尼一战，普军已遭重创，根本不会再有干预的能力；至于威灵顿的杂牌部队嘛，他只要一拳即可击碎。

在滑铁卢战场拿破仑投入了7.2万人，并有270门火炮的火力支援，威灵顿拥有6.8万人和154门火炮，相比之下法军在炮兵方面占有明显优势。但是法军所要攻击的是威灵顿预先布设好的坚固阵地，还有圣让山作为掩护。威灵顿一直担心拿破仑可能会迂回他的右翼，切断其退往比利时海港城市奥斯坦德的交通线，为了保险起见，威灵顿特地派了一支1.7万人的部队据守滑铁卢以西8英里处的一个预备阵地，并配有20门火炮。拿破仑是精通迂回包抄战术的行家里手，威灵顿采取如此应对措施，当然有他的道理，但是如此一来滑铁卢主阵地兵力就被削弱了。就在前一天，威灵顿还曾经要求布吕歇尔给他提供支援，而他自己却将一支强大的支队放在一边不用，这似乎有些矛盾。如果他将这支部队留在身边伺机而动，或许效果会更好些。这时候拿破仑要是有格鲁希的3.3万人以及96门火炮，将其部署在左翼，而不是闲置在右边，那么滑铁卢大战的最终结果也许就完全是另外一个样子了。

或许是下意识的作用，为了探察东面的敌情，他派了一支轻骑兵团在弗里歇蒙驻守，并派巡逻队四处搜索，以便同格鲁希取得联系。等到法军各部均已进入战斗位置，拿破仑开始检阅他的部队，所到之处都是"皇帝万岁"的热烈欢呼。上午11时，拿破仑向各军司令发布了最后的作战命令：

> 一俟全军下午1时左右按战斗序列部署就绪，皇帝即令内伊元帅发动攻击，夺取交叉路口的圣让山的村庄。为支援这一行动，第二和第六军的12磅重炮连应与第一军的12磅重炮连集中使用。上述24门火炮向据守圣让山的敌军开火。戴尔隆伯爵应率领其左翼率先进攻，必要时，由第一军其余各师予以支援。
>
> 第二军应与戴尔隆伯爵并进。第一军的工兵连队应准备立即在圣让山上设防。

拿破仑的这项计划并没有多少新意，几乎是中世纪僵化刻板战术的翻版。和里尼之战目的一样，他企图以密集方阵突破敌军的中央防线，如果以此对付散漫的马木留克人，或许还能奏效，但用来对付有着坚固阵地且得到强有力炮兵支援的步兵，那就注定要失效了。拿破仑一向自负，轻视英军官兵，他以为只要动用他所宠爱的12磅炮先进行火力准备，随后法军以楔形纵队沿着滑铁卢-布鲁塞尔公路疾进，即可一举打垮威灵顿的军队。真是那样的话，拿破仑也就可以在近卫军的簇拥之下，大摇大摆地前进12英里，轻松拿下布鲁塞尔。他的老近卫军士兵背包里早已装好了届时阅兵式穿的礼服。

与拿破仑的如意算盘相反，威灵顿的防御阵地是经过精心选择的，它沿着圣让山以南一条低缓的山岭延伸，长约4000码，沙勒罗瓦经滑铁卢至布鲁塞尔的公路从其中部穿过。在阵地的右前方600码处，有一座乌古蒙农庄和别墅，四周为一个长方形的果园和灌木林围墙所环绕。距阵地中央正前方300码是拉海圣庄园。这些建筑物都在威灵顿军队的控制之下，作为前哨阵地。

威灵顿的军队是由几个国家的部队拼凑起来的，这支多国部队与英军混合配备于前线各处。关系重大的右翼阵地，即乌古蒙农庄的北面，交由库克将军的第一师守备，其兵力由英国近卫军4个步兵营构成。各骑兵旅作为中央预备队，部署在前线与圣让山之间。另有2个英军骑兵旅构成左翼防线的顶端，那里的地势比较平坦。24个骑炮兵连和大多数的野战炮兵连占领了公路以西山顶一线的阵地，从那里可以居高临下俯射前面的斜坡。联军炮兵根据威灵顿的指示，置法军炮兵于不顾，而集中炮火对法军步兵和骑兵实施近距离射击。

拿破仑将部队展开在本方占领的一座山岭前，面对着威灵顿军队的阵地，戴尔隆的第一军从公路向东延伸约2000码，公路西侧雷耶的第二军也占领了一个类似的正面，其左翼正好在乌古蒙农庄以南。米尔德的第四骑兵军在戴尔隆军之后，克勒曼的第三骑兵军则奉命支援雷耶军。洛鲍的第六军、2个骑兵师以及近卫军担任中央预备队。法军36个炮兵连的大部分部署在山顶一线，拿破仑的3个12磅炮连在威力和射程上都超过了威灵顿的9磅炮和6磅炮。

上午11时30分，举世闻名的滑铁卢决战拉开战幕。法军炮兵用80门大炮而不是原计划的24门12磅炮进行炮火准备，但是其威力并不像拿破仑期望的那样令敌人胆寒。由于法军的大炮多是加农炮，而不是榴弹炮，故而威灵顿按他的老办法，让步兵匍匐躲藏在山后一侧，结果法军的炮弹大都打进了前坡受到雨水浸渍的泥土里，没有给英军造成什么伤害，要是落在坚硬的地表上，这些跳弹肯定会导致人员的大量杀伤。

拿破仑在距前线1400码远的一个农庄观察战场动向，但是他却将整个进攻的指挥权交给了内伊，这真是又一个致命的错误。内伊作战英勇，这点毋庸置疑，但他并不是一个高明的战术家，曾经屡次在战场上出错，给耶拿、包岑等会战造成不良后果。这次不知为何，拿破仑不亲自指挥作战。在瓦格拉姆战役中，拿破仑曾亲自控制比滑铁卢大五倍的战场，掌握调度数量上两倍于现在的部队和大炮。看起来，拿破仑确实是在走向衰退。内伊英勇但却盲目地率领法军向敌军阵地发起冲击，等到法军的步兵纵队快要接近山顶时，躲避在山后的英军士兵立刻上前，不等法军展开，就向其头上发射一阵猛烈的排枪。迎着枪林弹雨进攻英军步兵方阵的法军骑兵，也是损失惨重，唯有后撤。早在5年前在西班牙与威灵顿交战之时，内伊就有一次类似的经历，但那一次是听命于马塞纳，而这一次则是拿破仑下令进行正面攻击的，结果却是一样，均以惨败告终。

拿破仑还有一个不智之举，就是让他的幼弟热罗姆指挥雷耶的第六师。热罗姆时年30岁，他曾当过海军军官，被封为威斯特伐利亚国王，并在远征俄国之战中指挥过军团，但都一事无成。他率领的师构成雷耶军的左翼，在法军炮击的同时对乌古蒙农庄的敌军前哨阵地发动攻击，并且还得到雷耶的援助，好几个旅被投入夺取农庄的战斗，损失巨大，却始终未能攻克。这原本是拿破仑的一次佯攻，目的是为了吸引威灵顿的注意力，使他动用中央阵地的兵力来加强其右翼，结果与拿破仑的意图完全相反，不但没有吸引来英军，反而毫无必要地把法军给牵制住了。

与此同时，在沙勒罗瓦-布鲁塞尔公路以东，戴尔隆军负责夺取另一要点——掩护威灵顿中央防线的拉海圣庄园。法军的进攻也采用了密集纵队，但遭到英军步兵的顽强抵抗，加上英军2个骑兵旅的反冲击，导致秩序大乱，3000人被俘。戴尔隆的进攻虽然失败，但威灵顿左翼的英军也伤亡惨重，步兵师长皮克顿将军和一名骑兵旅长在激战中阵亡，损失了六千余人。

到了下午3时左右，筋疲力尽的雷耶还在对乌古蒙进行着无益的攻击，而戴尔隆则在收罗他的残部，威灵顿的处境也相当困难，他急切地盼望着布吕歇尔实践他的诺言率援军到来，现在一切的关键就取决于普鲁士军队能否及时到达了。

第二幕：威灵顿的胜利

就在法军久攻不克之时，拿破仑又面临一个新的危险：普鲁士军在布吕歇尔的率领下从瓦弗尔向西踏过12英里的泥泞小道，前来援救威灵顿。这位人称"老狐狸"的元帅在瓦弗尔留下提勒曼军牵制格鲁希，自己亲自率领比洛、皮尔齐和齐腾3个军兼程西援。下午1时左右，就在法军对滑铁卢的进攻准备就绪之时，拿破仑的参谋突然观察到在东北方向四五英里远处的地平线上有"一朵黑云"正在逐渐靠近，于是所有的望远镜都对着它观察。苏尔特说他已经看清楚了，是一支部队，参谋人员起初还以为是格鲁希来了。但半小时后，他们的主观愿望破灭了。在弗里歇蒙的一支法军骑兵巡逻队捕获了一名普鲁士传令军官，他携有布吕歇尔致威灵顿的一封信，信中称布吕歇尔正在途中，准备同威灵顿会合。所以这朵神秘的"黑云"就是比洛军的前卫部队，但是他的行军非常缓慢。这个坏消息对法兰西皇帝自以为是的固有观念是一个打击，但他并不紧张，他毫不怀疑在普军到来之前他就可以先将威灵顿解决掉。虽然如此，这个新危机还是必须要加以应付的。为此，拿破仑命令苏尔特迅疾指示格鲁希：

> 目前我们正在滑铁卢附近交战，敌军位于圣让山。因此，请立即移军与我右翼会合。
>
> 再者，截获的敌军信件表明，比洛将进攻我军右翼。我们确信在沙佩尔－圣朗贝高地已经发现该部。所以请不要浪费时间，赶快与我军靠拢，以粉碎比洛。如此，比洛将落入你手中。

传令军官于下午2时15分左右出发，可是由于道路状况不佳，直到下午6时才抵达格鲁希的司令部，此时在瓦弗尔，格鲁希遵照拿破仑的命令同提勒曼军鏖战正酣，无法脱身。拿破仑本应该中止对威灵顿的进攻，转而集中兵力对付出现在法军右翼的普鲁士军队，但他只是从预备队里抽调了部分兵力向东运动，内有洛鲍的第六军和两个轻骑兵师，洛鲍军现只剩2个师，七千多人，先前拿破仑已将其第三个师调给了格鲁希。下午4时30分左右，比洛军的前卫部队终于从森林里冲出，洛鲍当面的普鲁士军有3万人之多，而且后面还有皮尔齐军的2.5万多人，洛鲍哪里抵挡得住，只好退往普朗尚努瓦，法军面临着敌军两面夹击的严重威胁。为此，拿破仑遂命令青年近卫军前去支援洛鲍，得到加强的右翼法军暂时迟滞了普军的推进。

在滑铁卢这一边，拿破仑望眼欲穿，却迟迟不见格鲁希的踪影，他意识到要靠格鲁希的支援，已经没有可能了。或许他可以以退却的方式保全他的主力，但是这样的话，其结果就不仅仅是放弃这个战役，还有可能失去整个战争，因为危机四伏的政治形势不容拿破仑退却，法军的士气也将随着退却而瓦解。所以拿破仑只好坚持到底，他决定乘普军行动迟缓之机，先击溃威灵顿。下午3时30分，皇帝命令拿下拉海圣庄园，以此为基地，由戴尔隆和雷耶的两个军发动总攻击，骑兵主力和近卫军负责支援。

内伊还没有接到拿破仑的指示，就擅自率领米尔德的骑兵军向英军中央阵地发起了一系列冲锋，威灵顿并不想退却，他要坚守到底。他预见到法军一定会有一次猛烈的骑兵冲击，所以联军步兵立即组成方阵。但是这5000名骑兵的英勇冲击的确是锐不可当，他们漫山遍野地冲来，在"皇帝万岁"的呐喊声中，像狂潮一般地突破了敌军防线，并夺取了若干炮兵阵地，可是他们对缴获的火炮却手足无措，接着在英军骑兵的反冲击下又被打退。随后，克勒曼的骑兵军为支援米尔德也发起了冲击，但在联军步兵、炮兵、骑兵的联合反击下遭到同样的结果。内伊的进攻一直是单独使用步兵或骑兵发动攻击，从未试图让这两个军种协同作战，炮兵的支援也是非常可怜，结果屡遭失败。不过，英荷联军方面也是相当困难，威灵顿已经把他的骑兵和步兵预备队用得差不多了，本来他能留下那1.7万人的话，情况就不会如此危急。

下午6时，拿破仑骑着马巡视整个战线，以鼓舞军心，他孤注一掷，决定不惜一切代价突破威灵顿的正面防线，命令内伊再作一次努力拿下拉海圣庄园。由于英国守军打得弹尽粮绝，戴尔隆军团的两个师终于夺取了这个目标，但是法军骑兵业已筋疲力尽，未能扩大战果。内伊派人去向皇帝请求增援，拿破仑却大声喊道："部队？你让我到哪里给你派部队？难道叫我变出部队不成？"拿破仑并非没有部队，他不知道此刻威灵顿的处境已经到了山穷水尽的地步，由于没有动用他最后的预备队乘虚而入，威灵顿火速从其他阵地上调来部队加强中央阵地，并亲自指挥防守，从而在这紧要关头挽救了危局。

拿破仑的手中还有8个营的老年近卫军以及6个营的中年近卫军，假如他肯把一半兵力交给内伊的话，那么威灵顿的中央防线恐怕就要崩溃了。但是拿破仑此刻的形势也是十分危急，普鲁士军在法军右翼集结了大量兵力，威胁到拿破仑的退路。右翼的青年近卫军在普朗尚务瓦已经抵挡不住普军的连续进攻，为了巩固右翼乃至整个后方，他派出2个营去迎战普军，近卫军通过肉搏战，将普军逐出村落，重新稳定了局面。

下午7时，滑铁卢会战达到了高潮。拿破仑决定在日落以前作最后一搏，他终于把8个营的近卫军交给内伊，执意要突破威灵顿的防线。但是内伊没有去扩大在拉海圣庄园已经撕开的口子，而是率领编为两支密集纵队的近卫军，向英军右翼近卫步兵据守的防线发起攻击。尽管在法军猛烈炮火的袭击下，英军步兵蒙受了严重的伤亡，但他们依旧固守阵地，沉着迎战，待法军进入20码以内，才给以迎头痛击。在突如其来的枪林弹雨之下，法国近卫军顿时溃不成军，败下阵来。两支近卫军的对决，以英军获胜告终，拿破仑手里最后一点预备队也打光了，这是他的最后一笔赌注，法军的惨败已不可逆转。

终曲：帝国的末日

法国近卫军的进攻失败后，日落西沉，威灵顿乘机号令部队全线反击，他用马刺催促他的战马，冲到山沿上，并挥舞着他的帽子，这是冲锋的信号。他手下的军队几乎都已精疲力竭，但士气高涨的他们还是发起了最后一击，以骑兵为首，4万人冲下了山坡，英国人的欢呼声宣布这一天是属于他们的了。齐腾的军队也赶到了战场，与位于弗里歇蒙的比洛军一道猛攻法军的右翼。拿破仑在拉海圣极力想集中他的残部以支援近卫军，但是失去斗志的法军已经全线溃败，幸存者都拼命逃往沙勒罗瓦——法军的出发地。他只好将败退下来的近卫军组成三个方阵，保护他沿着布鲁塞尔至沙勒罗瓦的大道缓缓南撤。

晚上9时，威灵顿与布吕歇尔终于会面，两人互相道贺，并决定由普鲁士军队承担起追击法军的任务。法军的撤退混乱不堪，人员、马匹、火炮、车辆塞在一起，这更加剧了法军的溃败。格鲁希也带着他的部队退往桑布尔河，在这次撤退中，他倒是表现出了高超的技巧，保存了他的兵力。可惜如果他在前进时的表现能够及得上撤退时的十分之一的话，那么这次战役的结果也许就完全不同。

滑铁卢战役法军溃逃

　　在这场永载史册的决战中，双方的损失都极为惨重。从拉海圣到乌古蒙，到处都是死尸枕藉。据估计，威灵顿的部队死伤约为1.5万人，布吕歇尔的部队约7000人，而拿破仑的损失达到了2.5万人之多，此外还有8000人被俘，其余则统统溃散，二百多门火炮落入敌军之手。这些数字可以表明当时的战况是如何的惨烈。虽然法军的战术一再失灵，但是威灵顿并不讳言当时的他是如何侥幸地避免失败，在滑铁卢之战结束的当晚他就说道："我从来不曾打过这样一个会战，而且相信以后也永远不会再有了。在我有生以来，我都不曾经历过如此焦急不安的生活，我必须坦率地承认，我从来没有如此地接近失败。"

　　不过，即便是拿破仑获得滑铁卢之战的胜利，从而终结第七次反法同盟，今后还会有第八次、第九次，直到拿破仑被最后击倒，法国无论如何是难以同整个欧洲相匹敌的。在拿破仑看来，滑铁卢之战是英国体系的胜利。英国通过这一战，不仅战胜了法国，也压倒了欧洲其他国家。对于大英帝国而言，特拉法尔加之战是最初一块奠基石，而滑铁卢之战则是最后的一块盖顶石，前一次战役使英国获得了制海权，后一次战役则使它一跃成为世界上最强大的国家。

　　6月21日拿破仑回到了巴黎，议会已决定抛弃他以挽救法国，他的几个亲信劝他解散离心离德的元老院和众议院，并搜罗少数残余部队做最后挣扎，但他表示拒绝。拿破仑知道他的星辰已经陨落了，斗志衰竭的他不愿率领一支乌合之众与敌人死拼，也不愿看到法兰西因他而发生内战和革命。第二天，他在爱丽舍宫宣布自动退位，让他的儿子罗马王继承，是为拿破仑二世。在发布的第二次退位诏书中他痛苦地说道：

法兰西人！

在这场维护国家独立的战争开始时，我曾指望一切努力、全部意志和国家所有的官厅联合一致。我以希望这种联合的成功为根据，我藐视了同我敌对的列强所发出的一切公告。形势出现了变化。我面对法国敌人的憎恨，自行作出牺牲。但愿像他们声明中所说的，他们确实是真诚的，即仅仅仇视我个人！我的政治生命已经完结了，我宣布：我的儿子以拿破仑二世的称号为法兰西人的皇帝。现任的各位大臣将暂时组成一个政府会议。我对于我的儿子的关心，促使我请国会迅速依法建立摄政制。为国家的安全，为保持民族的独立而联合起来。

一个时代终于结束了，拿破仑回到巴黎重新执政前后不过百日，故而史称"百日王朝"。法国议会选出由富歇为首的五人执政委员会，暂时代行管理国家之职。6月25日，拿破仑退到了马尔梅松，住在约瑟芬去世的地方。布吕歇尔的军队乘胜前进，7月3日他们已进至贡比涅，威灵顿则悠闲地跟在普军的后面。同日，达武作为武装部队总司令，签署了投降书，并将残余军队撤过卢瓦尔河。反法联军以胜利者的姿态，趾高气扬地进入巴黎。7月8日，路易十八也结束了惶惶不可终日的流亡生活，带着大包小包的行李一同回来了。在反法联军的刺刀支持下，波旁王朝得以再次复辟。

与世隔绝：小岛的流放者

7月3日，拿破仑到了大西洋港口城市罗什福尔，他想流亡美国，要求执政委员会提供船舰，后者虽然给他派出了两艘小型军舰，但因海洋上有英国军舰严密封锁，拿破仑无法脱逃。复辟后的路易十八命令将他交给英国人，但在此之前，明白自己处境的拿破仑已开始同英国人会谈，要求他们把他带往美国，或是到英国。15日，他登上了英国军舰"伯雷勒芬"号巡洋舰，把自己的命运托付给了英国人。离去时，法国水兵最后一次向他欢呼"皇帝万岁"英国舰长梅特兰给拿破仑提供了最好的待遇。

"伯雷勒芬"号载着拿破仑7月26日驶抵英国港口普利矛斯，城里的英国居民都想一睹法国皇帝的风采，港口每天都是人山人海，小艇成群，都想靠近"伯雷勒芬"号，结果还有几个人落水淹死。但未待多久，英国政府决定将这位退位的皇帝流放到其属地圣赫勒拿岛，这是该岛前任总督推荐的。圣赫勒拿岛是一个火山岛，位于南纬15度半的大西洋上，距离最近的非洲大陆海岸也有2000公里之遥，多山地，孤僻而荒凉。全岛面积只有122平方公里，气候宜人，全年平均温度为21℃。该岛由葡萄牙航海家首先发现，当时归英国东印度公司管辖。圣赫勒拿岛在大洋中如此远离陆地，可彻底断绝拿破仑与法国的一切联系，防止其卷土重来。该岛所有的登陆点都有炮台防卫，最近又在各处悬崖峭壁上设置了信号站，如有船只驶向该岛进行营救，远在60英里外，这些信号站就能发现，用信号将情报迅速发回总督府。拿破仑被囚禁在那里，欧洲各国的王公贵族从此就可以高枕无忧了。他们之所以要将拿破仑终身囚禁，不仅因为他个人的威名使他们心惊肉跳，还因为他们要打击报复这个竟然敢娶帝国公主的暴发户士兵。这种悲剧式的流放，结果反而使拿破仑的一生更增添了具有浪漫主义色彩的魅力，受到欧洲帝王的迫害，使他在法国人心目中又成为一个民族英雄。

7月31日英国海军官员向拿破仑递交了英国政府的书面决定，内称：为防止欧洲和平再受扰乱，决定限制他的自由，"至何程度，视需要而定，务必达到上述首要目的"；同时决定以圣赫勒拿岛为其拘留地，因该岛既有益于健康，又可以实行较小程度的限制。拿破仑闻听要把他囚禁在圣赫勒拿岛时，立即提出长篇大论式的抗议，说人们没有权力把他当作俘虏，他是"经与舰长事先磋商"，作为乘客，坐"伯雷勒芬"号前来的。他要求获得英国公民的权利，并愿在远离海滨的乡间住宅定居，甘受特派官员对他的行动和通信实行监督。到圣赫勒拿岛，不出3个月他就要丧命，要去那里，不如死了的好。但无济于事，英国人已受同盟国的委托，要牢牢看管住他，所以对他的抗议置之不理。并且，英国人把拿破仑作为全体同盟国的战俘而非英国的俘虏来处理，所以各同盟国8月2日在巴黎签署了有关拘禁拿破仑的协约，规定：其他同盟国家应派出专员，以见证拿破仑确已被妥为拘禁。

8月7日，拿破仑被从"伯雷勒芬"号转移到了"诺森伯兰"号巡洋舰上，该舰押送拿破仑去圣赫勒拿岛，拿破仑选定随行的侍从有贝特朗伯爵将军夫妇、蒙托隆伯爵将军夫妇、古尔戈将军、拉斯卡斯伯爵等人。经过67天的航行，英舰于10月17日傍晚把这位被俘的皇帝送到了岛上。英国政府拒绝让拿破仑的众多忠实者前来岛上陪伴他，只有包括上述人员在内的少量随从获准到流放地照顾皇帝。当晚拿破仑住在首府詹姆斯顿的一所住宅里，后来搬到城外的副总督住所"长林"里。"长林"靠近风涛拍岸那一边，较为保险，周围是一片平地，也较易于站岗放哨，并且适宜于骑马、驾车活动或闲游散步，这些都是拿破仑的消遣爱好。

　　1815年11月20日，反法同盟各国与战败国法国签订了第二次巴黎和约。欧洲的地图再一次被重新画过，法国退回到了1790年的边界，失去了十余年征战得来的所有土地；法国必须赔偿7亿法郎巨款，外加私人要求赔偿的2.4亿法郎；反法同盟军队占领法国3—5年；此外，拿破仑军队在外掠夺的各国艺术品也得交还。同时各国还商定，永远不许波拿巴家族重登法国王位。俄、奥、普三国进而结成所谓的"神圣同盟"，声称要按基督教教义保障和平，并确保欧洲大陆有良好的政府，实际上这是一个镇压革命、极其反动的封建军事同盟。

　　内伊在滑铁卢战役失败后，逃跑未成，被波旁政府逮捕，1815年12月以背叛路易十八的罪名被判处死刑。在内伊遭枪决前不到两个月，收复那不勒斯失败而被俘的缪拉也被奥地利人处死。达武被路易十八关押了几年，1817年获释，恢复名誉并被封为贵族。苏尔特也被波旁王朝流放国外，1819年获赦回国，波旁王朝垮台后还曾三度出任法国首相。格鲁希也被逐出法国，被迫旅居美国，1821年获赦回国，后又恢复元帅军衔，并进入贵族院。阴谋家富歇虽然投靠了新主子，被路易十八重新任命为警务大臣，但很快就被免职，1816年被逐出法国，最后死于奥地利。拿破仑的几个兄弟幸运地逃脱了惩罚，后来都居住在意大利。约瑟夫先是逃亡美国，在那里一直待到1832年才回到欧洲。路易·波拿巴自1810年被拿破仑赶下荷兰王位后，余生大部分时间住在意大利，他的儿子后来在法国称帝，是为拿破仑三世。热罗姆·波拿巴在他的侄子夺取法国政权后，成为参议院议长。拿破仑的继子欧仁·德·博阿尔内在意大利的领地得到了维也纳会议的承认，后来成了巴伐利亚的埃希施塔特大公。波拿巴家族里要数拿破仑的境遇最糟糕，对于这位文治武功盛极一时的英雄来说，现在的日子可谓惨痛到了极点：强大的帝国灭亡了，儿子被哈布斯堡家族监管，皇后也远离他而去，他自己则余生遭困，身处万里汪洋之中，牢笼禁锢之下，有如饱受风浪摧残的无主孤舟，被弃之于海上。

经过英国人的修缮扩建，"长林"别墅面貌一新，12月9日拿破仑搬入新居，这回他不用抱怨房间的狭小了。当然，新居同他过去的皇宫是没法比的。新住宅有5个房间归拿破仑使用，3间归蒙托隆一家，两间归拉斯卡斯父子，还有一间归古尔戈。贝特朗一家住在1英里外的一座小别墅里。拿破仑无须英国军官跟随而可以自由活动的范围，大致是一个长约12英里的三角形地带。他要是走出这个范围，就必须有英国军官陪同；而且，倘若海面上出现来历不明的船只，他就必须回到这个范围内。拿破仑一行人的来往信件都必须由总督审查。拿破仑讨厌英国军官跟随，所以几乎从不越过界限，通常只是在"长林"周围的场地活动。

英国人看管得很严：拿破仑一到岛上，总督立刻把不宜留在当地的外国人送走；在圣赫勒拿岛常驻4艘军舰；除了东印度公司的商船外，其他商船非因天气所迫或需要补充淡水，均不得在此地停靠。所以流放者对这些防范措施一开始就是抗议不休，他们意识到，在英国人的严密监视下，几无逃脱的希望。每当雨季来临，他们就闷闷不乐；见到身着鲜红军服的英国兵，他们就唉声叹气。对于法国人提出的让拿破仑不要英国军官跟随而在岛上随意走动的要求，总督也是毫不让步。总而言之，专制皇帝现在要品尝别人的专制统治滋味了，拿破仑的流放生活就这样开始了。

英雄迟暮：拿破仑的最后时光

1816年4月14日以前，圣赫勒拿岛的行政长官是海军少将科伯恩，自此以后，赫德森·洛爵士接任总督之职。赫德森·洛为人迂腐刻板，且非常害怕自己的俘虏逃跑，一直提心吊胆，不肯偏离上司的指示，对拿破仑限制多多，特别是拒绝放宽拿破仑在圣赫勒拿岛上的活动范围。而且自10月9日起，他遵照政府的命令，执行更加严格的拘禁规则，原先的12英里界限被缩短为8英里，太阳一下山就设立岗哨，而不是以前的晚上9时。因此拿破仑一开始就非常讨厌他，几乎不接见这位总督，对洛的吃饭邀请也拒不作答，就因为请柬上写的是"波拿巴将军"。在岛上还有法、俄、奥等6国的特派员，他们都是派来监视他一举一动的特务。拿破仑有时也接见来自英国和其他国家的旅行家，他们都是到印度或非洲或是从那里回欧洲的路上经过圣赫勒拿岛的。连驻扎在这里的英国卫队官兵对英国的这个死敌也是非常尊重，他们向他献花，请求其随从发善心让他们偷偷地去看望拿破仑，有时还流露出伤感的情绪。

拿破仑习惯于每天工作15小时有时甚至18小时的紧张生活，在圣赫勒拿岛的闲散单调令他郁闷，但他竭力忍受种种不快，顽强地活着。他经常长时间地与周围的人谈话，追忆他的戎马征程和治国生涯，要么就是不断地与英国人闹摩擦。跟随拿破仑来圣赫勒拿岛并和他一起住在"长林"的随从们，和来圣赫勒拿岛的旅途中一样，仍然是大吵三六九，小吵天天有，就好像他们还在巴黎的杜伊勒里宫似的。贝特朗、蒙托隆、古尔戈、拉斯卡斯等人虽然对拿破仑忠心耿耿，但彼此之间互相嫉妒，钩心斗角，有时甚至闹得不可开交，要以决斗了断，幸被拿破仑严厉制止。到了1818年，拿破仑失去了拉斯卡斯，他被赫德森·洛驱逐出圣赫勒拿岛，古尔戈也被拿破仑打发回欧洲，他原来的医生也离去了。拉斯卡斯曾经记录了拿破仑的大量谈话和他的口授回忆录，他离开后拿破仑身边就再也没有一位合适的秘书了，因此，对于拿破仑生命的最后几年时光，人们了解得不多。

从1819年起，拿破仑的身体健康每况愈下，内部器官开始同他作对，他的病越来越多了。1820年病情加剧，他已经很少出游，马也早就不骑了。他也不像过去那样健谈，变得寡言少语，时常陷入沉思。1821年3月起，可怕的内部疼痛复发，刀扎般的剧痛预告他的末日将至，而且发作的次数逐渐加多，拿破仑经常呕吐和虚脱，他猜想是患了癌症，这是他家族的遗传病，他的父亲夏尔·波拿巴只活了40岁就因癌症死去了，他的两个妹妹后来也将死于类似症状。但也有人怀疑是英国人或者是波旁王室的奸细给他下了砒霜，导致慢性中毒。英国医生阿诺特获拿破仑准许给他诊治，医生告知贝特朗和蒙托隆说，病人的情况十分严重。但是拿破仑拒绝吃药和进食，又不让别人移动他，病情越来越恶化，拿破仑也被折磨得非常痛苦。可当疼痛稍稍减轻时，拿破仑就力图鼓起周围人的勇气，他甚至开玩笑说："癌是从体内来的滑铁卢。"

4月13日，自知不久于人世的拿破仑命令蒙托隆记下他口述的遗嘱。15日他又亲手抄写这份遗嘱，并在上面签字。遗嘱里这样说道："我希望把我的骨灰安葬在塞纳河畔，安葬在我如此热爱的法国人民中间。"这一句后来被镌刻在巴黎荣誉军人院的大理石板上。在这个遗嘱中，他称马尔蒙、奥热罗、塔列朗和拉法耶特是叛徒，他们曾经两次帮助法国的敌人获得胜利。马尔蒙被称为叛徒是由于他在1814年3月30日的关键时刻背弃了拿破仑；奥热罗是由于1814年4月曾同拿破仑发生过激烈的争吵；塔列朗是由于他很早就开始暗中反对拿破仑，并同反法同盟沆瀣一气；拉法耶特是因为在1815年6月的议会中反对过他。遗嘱其他部分大多是有关分给各人的金钱的数目：贝特朗可以得到50万金法郎，他最亲近的侍从马尔尚可得40万，在岛上服侍他的其他仆人每人可得到10万，拉斯卡斯以及其余忠于他的将军和大臣也都有一份。拿破仑财产总数多达2亿金法郎，他在遗嘱中说，其中的一半分给在他的旗帜下战斗过的军官和士兵，另一半则分给1814年和1815年遭受外国侵犯的法国各地。遗嘱中还谈到了英国人和赫德森·洛，他说："我被英国的寡头政治和雇佣兵杀死得太早。英国人民要早些为我报仇。"他在遗嘱里叫儿子永远也不要反对法国，并且记住这一座右铭："一切为了法国人民。"拿破仑三天之后又对蒙托隆口授了一封信，要蒙托隆在他死后用这封信把发生的事情通知总督，并且要求英国人将他所有的随从人员和仆人从圣赫勒拿岛送回欧洲。

到了5月2日，医生告诉拿破仑的随从人员，死亡已经十分接近他们的皇帝了。5月4日，在医生的坚持下，为了不让病人知道，给他服用了一些甘汞，产生了效果，病人能睡了，甚至还吃了一点东西。这是拿破仑的回光返照。5月5日是拿破仑生命中的最后一天，痛苦使他从半昏迷状态中跳下了床，跌在了蒙托隆的身上。人们赶忙将他抬起来，但他再也不能恢复知觉了，接连几个小时都躺着不动，睁开眼睛没有呻吟。拿破仑的意志像铁一般坚强，以前即使在最疼痛的时候，他也几乎不呻吟，只是辗转反侧而已。此刻他的嘴唇嗫嚅着，但谁也听不清他在说什么。这一天大西洋上出现了最猛烈的暴风雨，圣赫勒拿岛上的大树被连根拔起，一些房屋被摧毁，整个"长林"庄园也在风雨飘摇之中。在拿破仑的房间里，集合了他的随从人员和仆人，有的在床边，有的在门前。总督赫德森·洛和英国卫队的军官一得知拿破仑濒临死亡，就连忙赶来，留在这所房子的其他房间里。离床最近的人听见拿破仑最后的话是："法兰西……军队……冲锋……"

1821年5月5日下午6时，风暴停息，太阳放出一阵灿烂的光辉沐浴海岛，随即沉入海洋，在昏迷中弥留了数小时的拿破仑也终于与世长辞，享年51岁8个月又20天。哭泣着的侍从马尔尚把他所保存的拿破仑在1800年6月14日马伦哥一战中所穿的大氅盖在拿破仑的身上。然后总督和军官们走进来，向死者低头默哀。贝特朗和蒙托隆也将各国在圣赫勒拿岛上的代表请入屋内。他们到岛上几年了，这还是第一次走进皇帝的房子，因为皇帝从不接见他们。随后医生对拿破仑的遗体进行了检验，只发现胃已溃烂，其他内脏完整无损，说明拿破仑可能是死于胃癌。

拿破仑的遗体被涂了防腐油，陈于灵堂供人瞻仰。四天以后，他的灵柩从"长林"运出，拿破仑身穿生前最喜爱的绿色军服，灵柩盖上放着他的佩剑和他在马伦哥战役中穿过的战袍。在送葬队伍中，除了随从人员和仆人以外，还有驻岛英国卫队全体官兵、英国海军全体官兵、以总督为首的官员以及几乎全岛居民。当枢材放入墓穴的时候，英国人给死去的皇帝致以最后的军人礼，枪炮齐鸣，回声响遍山峦，远播重洋，告知彼岸的世界，古往今来最伟大的战士和执政者已经长眠了。

拿破仑的遗体终究不会长埋于荒僻的海隅，1840年终于得以迁葬回到故国，安放在了巴黎残废军人院中，永远伴随于爱戴他和他爱戴的法国人民身边。巴黎以满腔的热情迎接他们的英雄回归，为他举行隆重接灵仪式的是新国王路易·菲利普，前奥尔良公爵，他曾经被拿破仑预言有朝一日将登上法国王位。

瑞典国王查理十四·约翰，即昔日曾在拿破仑麾下作战，后来又领兵与之对抗的前法国元帅让·巴蒂斯特·贝尔纳多特，曾经发表过这样一番评论：

> 拿破仑并不是被世人征服的。他比我们所有人都伟大。但上帝之所以惩罚他是因为他只相信自己的才智，把他那部庞大的战争机器用到了山穷水尽的地步。然而凡事物极必反，古今概莫能外。

这的确是一篇中肯的墓志铭。拿破仑尽管遭受了惨重的失败，但他在治理国家、指挥作战和激励人民等方面所表现出来的卓越才能和创造出来的丰功伟绩，堪称超群绝伦，在他那个时代无人可及。他的一生是光辉灿烂的一生，充满了传奇色彩的一生。人类毕竟不把最高的荣誉授予那些谨小慎微、知难而退、毫无建树传于后世的庸碌之辈，而是把它授予胸怀大志、敢作敢为、百折不挠，甚至在自己和千百万人同遭大祸之际依然主宰着千百万人之心的人。拿破仑就是这样一位奇迹创造者。这位伟人驾驭了法国革命，改造了法国人民的生活，他发起了自十字军东征以来最伟大的运动，给欧洲带去了平等、自由和博爱的思想，为意大利、德意志、尼德兰和瑞士奠定了广泛而深厚的精神基础，并把千万人的思念最终引向南大西洋上那块孤独的小岛，他必将永远屹立于人类文明史上千古不朽者的最前列。

图书在版编目（CIP）数据

拿破仑帝国：法兰西热血荣光 / 李宏图，郑春生，何品著. —北京：中国国际广播出版社，2021.12
（世界帝国史话）
ISBN 978-7-5078-4996-7

Ⅰ.①拿…　Ⅱ.①李…　②郑…　③何…　Ⅲ.①拿破仑（Napoleon，Bonaparte 1769-1821）—传记 ②法国—近代史 Ⅳ.① K835.655.2 ②K565.4

中国版本图书馆CIP数据核字（2021）第185598号

拿破仑帝国：法兰西热血荣光

著　　者	李宏图　郑春生　何品	
责任编辑	梁　媛	
校　　对	张　娜	
设　　计	国广设计室	

出版发行	中国国际广播出版社有限公司 ［010-89508207（传真）］
社　　址	北京市丰台区榴乡路88号石榴中心2号楼1701
	邮编：100079
印　　刷	北京九天鸿程印刷有限责任公司

开　　本	710×1000　1/16
字　　数	340千字
印　　张	25.75
版　　次	2021 年 12 月 北京第一版
印　　次	2021 年 12 月 第一次印刷
定　　价	58.00 元